INTERMEDIATE FINANCIAL ACCOUNTING STUDY GUIDE

国家特色专业

普通高等学校会计应用型规划教材

中级财务会计学学习指南

（第三版）

崔晓钟 刘勇 夏江华 杨火青 编著

东北财经大学出版社
Dongbei University of Finance & Economics Press

大连

图书在版编目（CIP）数据

中级财务会计学学习指南 / 崔晓钟等编著 . —3 版 . —大连 ： 东北财经大学出版社，2016.8（2017.6重印）
（普通高等学校会计应用型规划教材）
ISBN 978－7－5654－2349－9

Ⅰ．中⋯ Ⅱ．崔⋯ Ⅲ．财务会计—高等学校—教学参考资料 Ⅳ．F234.4

中国版本图书馆CIP数据核字（2016）第136248号

东北财经大学出版社出版

（大连市黑石礁尖山街217号 邮政编码 116025）

教学支持：（0411）84710309

营 销 部：（0411）84710711

总 编 室：（0411）84710523

网 址：http：//www.dufep.cn

读者信箱：dufep@dufe.edu.cn

大连理工印刷有限公司印刷 东北财经大学出版社发行

幅面尺寸：185mm×260mm 字数：343千字 印张：15.5 插页：1

2016年8月第3版 2017年6月第6次印刷

责任编辑：王 莹 责任校对：齐 心

封面设计：冀贵收 版式设计：钟福建

定价：28.00元

第三版前言

　　潘煜双教授主编的浙江省精品课程教材《中级财务会计学》(已列入浙江省"十一五"重点教材建设项目)自出版以来受到广大读者的普遍好评,应读者的要求出版相配套的学习指南。本书旨在帮助高等院校财经类专业的学生和企业财会人员更好地学习中级财务会计学这门课程,同时也能为高等院校相关课程教学提供帮助。

　　本书作为《中级财务会计学》(第三版)的学习指导用书,力求体现如下特点:

　　1.为了方便教学和学生自我测试,本书在体系结构的设计上、概念的阐述上、各章节内容的安排上,都与主教材保持一致,以便广大学生和企业财会人员结合本教材更好地理解、掌握中级财务会计学的基本理论和相关业务的会计处理。

　　2.为了帮助学生更好地运用本书进行学习,本书配有配套光盘。配套光盘中包含了主教材各章主要知识点详解,特别针对一些重要的会计处理进行了归纳和总结,并以会计语言——会计分录的形式表示出来,这样能更好地帮助学习者理解和记忆。此外,配套光盘中还收录了各章习题中选择题和判断题的计算机作答及提示系统,为学习者参加无纸化考试提供些许准备。

　　3.各章习题按照由浅入深、难度适中的原则设置,包括单项选择题、多项选择题、判断题、计算与会计处理题等多种题型,并且在给出答案的同时配备了详细的解析,特别适合学习者自我检测。

　　4.本书也可以作为企业财会人员职称考试、注册会计师考试以及其他相关从业资格考试的参考用书。

　　本书第一章、第十三章和第十四章由嘉兴学院夏江华老师编写;第二章、第三章、第四章、第五章和期末综合模拟试题及答案由嘉兴学院崔晓钟老师编写;第六章、第七章、第八章和第九章由嘉兴学院杨火青老师编写;第十章、第十一章和第十二章由嘉兴学院刘勇老师编写。

　　本书在编写过程中得到了嘉兴学院现代会计研究所许多老师的支持和帮助,特别是潘煜双教授提出了很多指导性的宝贵建议,在此表示衷心的感谢!

　　由于编者水平有限,书中难免存在一些不足和疏漏之处,恳请业内专家和读者批评指正。

编　者

2016年6月

目 录

第一章 总 论

第一章

一、学习目的及要求

通过本章学习，了解社会环境对财务会计的影响；重点掌握企业财务会计的基本概念框架，包括会计的基本概念，会计信息质量要求，会计基本假设和会计基础，会计确认、计量的基本原则，财务报告要素等。

二、本章主要知识点

◇会计的含义

◇会计信息质量要求

◇会计基本假设和会计基础

◇会计确认、计量的基本原则

◇财务报告要素

三、本章习题

（一）单项选择题

1.我国中期财务报告会计准则规定，对于与理解本中期财务状况、经营成果和现金流量有关的重要交易或事项，也应当在附注中作相应披露。这一要求体现的会计信息质量要求是（　　）。

A.相关性　　　　　B.谨慎性　　　　　C.实质重于形式　　　D.重要性

2.下列事项中体现了可比性要求的是（　　）。

A.发出存货的计价方法一经确定，不得随意改变，确有需要改变的在财务报告中说明

B.对赊销的商品，出于对方财务状况恶化的原因，没有确认收入

C.对资产发生的减值相应计提减值准备

D.对有的资产采用公允价值计量

3.企业提供的会计信息应有助于财务会计报告使用者对企业过去、现在或者未来的情况做出评价或者预测。这体现了会计信息质量要求中的（　　）要求。

A.相关性　　　　　B.可靠性　　　　　C.可理解性　　　　　D.可比性

4.甲企业于5月份购入了一批原材料，会计人员在7月份才入账。该事项违背的会计信息质量要求是（　　）要求。

  A.相关性　　　　　　B.客观性　　　　　　C.及时性　　　　　　D.明晰性

5.下列有关会计信息质量要求的说法中，正确的是（　　）。

A.相关性要求企业在确认、计量和报告会计信息的过程中，充分考虑使用者的决策模式和信息需要

B.可理解性要求企业假定会计信息使用者不具备经营和会计知识，努力提供通俗易懂的会计信息

C.重要性的应用需要依赖职业判断，企业应当根据其所处的环境和实际情况，从项目的大小方面加以判断

D.当可靠性与及时性两者之间发生冲突时，应当以相关性作为会计处理的判断标准

6.将基金管理公司管理的证券投资基金作为核算主体，与基金管理公司的核算区别开来的规定，体现了（　　）。

  A.会计事项的经济实质重于法律形式

  B.重要的会计事项要单独核算和披露

  C.会计主体不同于法律主体

  D.持续经营条件下不应改变核算原则和方法

7.下列有关会计主体的表述不正确的是（　　）。

  A.企业的经济活动应与投资者的经济活动相区分

  B.会计主体可以是独立的法人，也可以是非法人

  C.会计主体可以是营利组织，也可以是非营利组织

  D.会计主体必须要有独立的资金，并独立编制财务报告对外报送

8.下列说法不正确的是（　　）。

  A.出现权责发生制和收付实现制的区别，其原因是会计分期假设的存在

  B.由于有了会计分期假设，进而才出现了应收、应付、摊销等会计处理方法

  C.明确持续经营假设，这样会计人员可以相应选择会计政策和估计方法

D.对于难以用货币来计量的事项，如企业经营战略、研发能力等，企业不必在财务报告中补充披露有关财务信息

9.关于货币计量假设，下列说法中不正确的是（　　）。

  A.货币计量假设并不表示货币是会计核算中唯一的计量单位

  B.假定货币的币值是基本稳定的

  C.存在多种货币的情况下，我国境内的企业均要求以人民币作为记账本位币

  D.货币计量假设为历史成本计量奠定了基础

10.下列关于会计基础表述正确的是（　　）。

  A.我国事业单位和行政单位均采用收付实现制

B.收付实现制要求企业凡不属于当期的收入和费用，即使款项在当期收付，也不应作为当期的收入或费用

C.权责发生制要求企业凡是当期已经实现的收入和已经发生或应当负担的费用，无论款项是否收付，都应当作为当期的收入和费用

D.权责发生制是以收到或支付现金作为确认收入和费用的依据

11.下列不属于会计计量属性的是（　　）。

A.历史成本　　　　B.现值　　　　　C.未来现金流量　　D.公允价值

12.当期与以前期间、以后期间的差别，权责发生制和收付实现制的区别的出现，都是基于（　　）的基本假设。

A.会计主体　　　　B.持续经营　　　C.会计分期　　　　D.货币计量

13.资产按购置资产时所付出的对价的公允价值计量，其采用的会计计量属性是（　　）。

A.重置成本　　　　B.历史成本　　　C.公允价值　　　　D.现值

14.下列项目中，属于反映企业财务状况的会计要素是（　　）。

A.利润　　　　　　B.资产　　　　　C.费用　　　　　　D.收入

15.下列说法正确的是（　　）。

A.只有企业拥有所有权的资源才称为资产

B.待处理财务损失也是企业的资产之一

C.融资租赁固定资产是企业的资产

D.甲公司从原材料供应商预订了一批A材料，A材料也是甲公司的资产之一

16.下列各事项中，使负债增加的是（　　）。

A.分期付款方式购入固定资产　　　　B.用银行存款购买公司债券

C.发行股票　　　　　　　　　　　　D.支付现金股利

17.依据企业会计准则的规定，下列有关收入和利得的表述中，正确的是（　　）。

A.收入源于日常活动，利得也可能源于日常活动

B.收入会影响利润，利得也一定会影响利润

C.收入源于日常活动，利得源于非日常活动

D.收入会导致所有者权益的增加，利得不一定导致所有者权益的增加

18.下列各项中，不属于收入确认范围的是（　　）。

A.运输劳务收入　　　　　　　　　　B.罚没收入

C.出租固定资产的收益　　　　　　　D.销售收入

19.下列可以确认为费用的是（　　）。

A.向股东分配的现金股利　　　　　　B.固定资产清理净损失

C.企业为购买材料物资发生的支出　　D.到银行办理转账支付的手续费

20.下列可以确认为企业资产的有（　　）。

A.企业的人力资源

B.企业发生的研究支出，可以可靠计量，但很难判断能否给企业带来相关经济利益

C.企业赊销一批商品给某客户，与该商品有关的风险与报酬已转移给了该客户，但该客户财务状况持续恶化，企业仍然确认了一项应收账款

D.企业经营租出一项固定资产，企业仍然照提折旧

（二）多项选择题

1.下面的表述符合财务会计基本特征的有（　　　）。

A.主要提供一个企业的财务信息

B.财务会计从数据处理开始

C.在基本财务报表中，资产负债表和利润表以权责发生制为基础

D.由于不确定性的存在和以权责发生制为基础，财务会计允许会计人员进行合理的估计和判断

2.在有不确定因素情况下做出合理判断时，下列事项符合谨慎性会计信息质量要求的是（　　　）。

A.设置秘密准备，以防备在利润计划完成不佳的年度转回

B.不要高估资产和预计收益

C.合理估计可能发生的损失和费用

D.尽可能低估负债和费用

3.根据可靠性要求，企业会计核算应当做到（　　　）。

A.满足会计信息使用者决策的需要　　　　B.以实际发生的交易事项为依据

C.如实反映交易事项的真实情况　　　　　D.保证企业会计信息的完整

4.下列对可比性要求说法正确的有（　　　）。

A.企业对于已经发生的交易或者事项，应当及时进行会计确认、计量和报告，不得提前或者延后

B.同一企业不同时期发生的相同或者相似的交易或者事项，应当采用一致的会计政策，不得随意变更

C.不同企业发生的相同或者相似的交易或者事项，应当采用规定的会计政策，确保会计信息口径一致、相互可比

D.企业提供的会计信息应当清晰明了，便于财务报告使用者理解和使用

5.下列不属于会计信息质量要求的有（　　　）。

A.及时性　　　　　　　　　　　　B.相关性

C.配比原则　　　　　　　　　　　D.划分收益性支出和资本性支出

6.衡量一项会计信息是否有相关性，主要体现在该信息是否具有（　　　）。

A.预测价值　　　B.反馈价值　　　C.谨慎性　　　D.可靠性

7.下列各项中，不属于反映会计信息质量要求的是（　　　）。

A.会计核算方法一经确定不得变更

B.会计核算应当注重交易或事项的实质

C.会计核算应当以实际发生的交易或事项为依据

D.会计核算应当以权责发生制为基础

8.下列组织可以作为一个会计主体进行核算的有（　　　）。

A.合伙企业　　　　　　　　　　　B.分公司

C.股份有限公司　　　　　　　　　　D.母公司及其子公司组成的企业集团

9.权责发生制是依据持续经营和会计分期两个基本假设来正确划分不同会计期间资产、负债、收入、费用等会计要素的归属，通常要采用特殊的会计项目包括（　　　）。

A.应收项目　　　B.应付项目　　　C.摊销项目　　　D.预提项目

10.将一项资源确认为资产时，应当符合（　　　）。

A.预期会给企业带来经济利益　　　　B.应是由过去的经济事项引起的

C.相关的经济利益可能流入企业　　　D.该资源的成本能可靠计量

11.下列会引起所有者权益的变动的有（　　　）。

A.所有者投入的资本　　　　　　　　B.利得和损失

C.留存收益　　　　　　　　　　　　D.向银行融资借入款项

12.下列说法正确的有（　　　）。

A.企业用银行存款偿还了一笔借款，由于该行为导致经济利益流出，所以应确认为一项费用

B.费用会导致经济利益流出企业，其流出额要能够可靠计量则确认为费用

C.费用应当是在日常活动中发生的

D.日常活动中产生的费用包括销售成本、生产成本、折旧费、投资损失等

13.下列资产中，属于本企业资产范围的有（　　　）。

A.经营租赁方式租入设备　　　　　　B.经营租赁方式租出设备

C.融资租入设备　　　　　　　　　　D.盘亏的存货

14.下列项目中，不应作为负债确认的有（　　　）。

A.因购买原材料而暂欠外单位的货款

B.向银行借入1年期借款

C.因经济纠纷导致的法院尚未判决且金额无法合理估计的对外赔偿

D.计划向银行借款500万元

15.我国企业财务报告的目标是向（　　　）提供与企业财务状况、经营成果和现金流量等有关的会计信息，反映企业管理层受托责任履行情况，有助于财务报告使用者做出经营决策。

A.银行　　　　　　B.投资者及股东　　　C.债权人　　　　D.管理者

（三）判断题

1.判断一项会计事项是否具有重要性，主要取决于会计制度的规定，而不是取决于会计人员的职业判断，所以，同一个事项在某一企业具有重要性，在另一企业也具有重要性。　　　　　　　　　　　　　　　　　　　　　　　　　　　　　　　　（　　　）

2.利润是企业在日常活动中取得的经营成果，因此它不应包括企业在偶发事件中产生的利得和损失。　　　　　　　　　　　　　　　　　　　　　　　　　　　　　（　　　）

3.在负债金额既定的情况下，企业本期净资产的增加额就是企业当期实现的利润数额，净资产的减少额就是企业本期亏损额。　　　　　　　　　　　　　　　　　（　　　）

4.企业对其所使用的机器设备、厂房等固定资产，只有在持续经营的前提下才可以在

机器设备的使用年限内，按照与资产有关的经济利益的预期实现方式，合理确定采用某一折旧方法计提折旧。 （　　）

5.无论在何种情况下，企业都应按照持续经营的基本假设选择会计核算的原则和方法。 （　　）

6.货币计量假设并不表示货币是会计核算中唯一的计量单位。 （　　）

7.配比原则包括收入和费用在因果关系上的配比，也包括收入和费用在时间意义上的配比。 （　　）

8.处置固定资产净损失会造成经济利益流出，所以它属于企业会计准则所定义的"费用"范围。 （　　）

9.财务报告的目标就是向财务报告使用者提供决策有用的信息。 （　　）

10.会计信息的价值，关键是看其与使用者的决策需要是否相关，是否有助于决策或者提高决策水平。 （　　）

四、 本章习题答案及解析

（一）单项选择题

1.D【解析】要求在附注中披露重要交易或事项，这样不至于使报告使用者做出错误判断，这体现了重要性的信息质量要求。

2.A【解析】选项B体现了实质重于形式要求；选项C体现了谨慎性要求；选项D体现了相关性要求。

3.A

4.C【解析】企业5月份发生的业务应在5月份及时入账。

5.A【解析】选项B，可理解性要求企业应假定使用者具备相关的经营和会计知识；选项C，重要性的判断应从项目的性质和金额大小两方面加以判断；选项D，需要在及时性和可靠性之间做出权衡，以最好地满足财务报告使用者的经济决策需要作为会计处理的判断标准。

6.C【解析】会计主体不同于法律主体。一般来说，法律主体往往是一个会计主体，但是会计主体不一定是法律主体。基金管理公司是法律主体同时也是会计主体，证券基金只是会计主体。

7.D【解析】当某一会计主体不能独立对外时，如独立核算的销售部门等，则无须对外报送独立的财务报告。

8.D【解析】如果这些信息对于决策者也很重要的话，企业应该在财务报告中补充披露有关非财务信息。

9.C【解析】在存在多种货币的情况下，应确定一种记账本位币。我国境内的企业一般要求以人民币作为记账本位币，但也允许采用某种外币（如美元等）作为记账本位币。

10.C【解析】权责发生制是指在会计核算中，凡属于本期已经实现的收入和已经发生或应当负担的费用，无论款项是否收付，均应作为当期的收入与费用；凡不属于当期的收入和费用，即使款项在当期收付，也不应作为当期的收入或费用。与其相对的是收付实现制，收付实现制是指以实际收到或付出的款项作为确认收入或费用依据。目前，我国的行政单位采用收付实现制，事业单位除经营业务采用权责发生制外，其他业务也采用收付实现制，而企业则一律以权责发生制为基础。

11.C【解析】会计计量属性有历史成本、重置成本、可变现净值、现值、公允价值。

12.C

13.B【解析】当前环境下取得某项资产或负债的公允价值就是未来环境下该项资产或负债的历史成本。

14.B【解析】反映财务状况的会计要素包括资产、负债和所有者权益；收入、费用和利润属于反映经营成果的会计要素。

15.C【解析】企业控制的资源也可以是企业的资产，而非一定要拥有所有权；待处理财产损失不能给企业带来经济利益，不能确认为企业的资产；资产应是过去的交易或事项形成的，所以预订的A材料不应当认定为企业的资产。

16.A【解析】选项B属于资产内部的一增一减，不影响负债；选项C会导致资产和所有者权益同时增加，不会影响负债；选项D会导致资产和负债同时减少，不符合题意。

17.C【解析】选项A，利得源于非日常活动；选项B，利得不一定会影响利润，比如计入所有者权益的利得；选项D，不管是直接计入当期损益的利得还是直接计入所有者权益的利得，最终都会导致所有者权益的增加。

18.B【解析】收入是指企业在日常活动中形成的、会导致所有者权益增加的、与所有者投入资本无关的经济利益的总流入，收入不包括为第三方或客户代收的款项，也不包括处置固定资产净收益、出售无形资产所得及罚没收入等。

19.D【解析】费用应当是日常活动发生的，故选项B错误；费用导致经济利益的流出，但该流出不包括向所有者分配的利润，故选项A错误；费用最终会导致所有者权益减少，不会导致企业所有者权益减少的经济利益的流出不是费用，故选项C错误。

20.D【解析】人力资源的成本或价值往往无法可靠计量，所以不应当确认为资产；研究支出，由于很难判定是否能给企业带来经济利益，所以也不符合资产的确认条件，不应确认为资产；客户的财务状况持续恶化，这种情况下，相关的经济利益也很难认定为"很可能"流入企业，不应确认为资产

（二）多项选择题

1.ABCD

2.BC【解析】A、D两项违背了谨慎性的会计信息质量要求。

3.BCD【解析】A选项属于"相关性"要求。

4.BC【解析】选项A体现的是及时性要求；选项D体现的是可理解性要求。

5.CD【解析】配比原则、划分收益性支出与资本性支出原则是确认、计量的原则。

6.AB

7.AD【解析】满足会计信息可比性要求，并非表明企业不得变更会计政策，如果按照规定或者在会计政策变更后可以提供更可靠、更相关的会计信息，可以变更会计政策。权责发生制属于会计基础。

8.ABCD【解析】会计主体是指企业会计确认、计量和报告的空间范围，是会计信息所反映的特定单位。本题所有选项均可作为会计主体。

9.ABCD【解析】权责发生制是依据持续经营和会计分期两个基本假设来正确划分不同会计期间资产、负债、收入、费用等会计要素的归属，并运用一些诸如应收、应付、预提、待摊等项目来记录由此形成的资产和负债等会计要素。

10.ABD【解析】相关的经济利益应是很可能流入企业。

11.ABC【解析】向银行借入的款项属于负债，不属于所有者权益。

12.BC【解析】用银行存款偿还借款，这是负债的减少，不能确认为费用；日常活动中产生的费用与日常活动中的收入是相对应的。

13.BC【解析】选项A，属于出租方的资产；选项D，盘亏的存货不能再给企业带来经济利益的流入，不再符合资产的定义，不属于企业的资产。

14.CD【解析】本题的考核点是负债的定义，负债是指企业过去的交易或者事项形成的、预期会导致经济利益流出企业的现时义务。选项C，金额无法合理估计，不符合确认负债的条件，选项D属于计划中的行为，所以C、D都不应作为负债确认。

15.ABCD

（三）判断题

1.×【解析】是否具有重要性很大程度上依赖于会计人员的职业判断，因此，一个事项在某一企业具有重要性，但在另一企业未必具有重要性。

2.×【解析】利润包括日常活动的业绩，也包括非日常活动的业绩。

3.×【解析】本期净资产即所有者权益的变动。除了企业盈亏以外，还有实收资本变动或资本公积变动等因素影响所有者权益。

4.√

5.×【解析】如果企业处于破产清算阶段，不能持续经营时，则不能再按照持续经营的基本假设选择会计核算的原则和方法。

6.√【解析】会计核算主要以货币为计量单位。

7.√

8.×【解析】费用应当是在日常活动中发生的。处置固定资产不属于日常活动。

9.×【解析】财务报告还有一个目标是反映企业管理层受托责任的履行情况。

10.√【解析】相关性会计信息质量要求就是要求企业提供的会计信息应当与财务报告使用者的经济决策需要相关，有助于财务报告使用者对企业相关情况做出评价或预测。

—— 第二章 ◀ **货币资金**

通过本章学习，了解库存现金、银行存款和其他货币资金的相关管理规定；了解各种结算方式的内容；掌握库存现金、银行存款和其他货币资金的相关账务处理；学会如何编制银行存款余额调节表。

◇现金管理

◇库存现金的核算

◇银行存款的核算

◇其他货币资金的核算

（一）单项选择题

1.没有专门设置"备用金"账户的企业，内部各部门之间周转使用的备用金，应通过（　　）账户核算。

A."库存现金"　　　　B."其他应收款"　　　C."其他货币资金"　　D."银行存款"

2.企业资产中最活跃的组成部分是（　　）。

A.流动资产　　　　　B.货币资金　　　　　C.固定资产　　　　　D.专项资金

3.按照现金管理制度的有关规定，下列支出不应使用现金支付的是（　　）。

A.发放职工工资 7 000 元　　　　　　　B.支付商品价款 55 000 元

C.支付职工医药费 4 000 元　　　　　　D.购买零星办公用品支付 600 元

4.货币资金的最大特点是（　　）强。

A.流动性　　　　　　B.稳定性　　　　　　C.收益性　　　　　　D.风险性

5.我国商业汇票的付款期限由交易双方商定，但最长不得超过（　　）。

A.2 个月　　　　　　B.3 个月　　　　　　C.6 个月　　　　　　D.1 年

6.库存现金必须每天与（　　）核对。

A.库存现金日记账　　B.银行存款日记账　　C.总账余额　　　　　D.库存商品余额

7.我国会计上所说的现金是指（　　）。

A.企业内部各部门的备用金　　　　　　　B.企业库存人民币和外币

C.其他符合现金定义的票证　　　　　　　D.信用证存款

8.企业一般不得从本单位的现金收入中直接支付现金，因特殊情况需要支付现金的，应事先报经（　　）审查批准。

A.企业单位负责人　　B.上级主管部门　　C.开户银行　　　　D.财税部门

9.如果有确凿证据表明存在银行或其他金融机构的款项已经部分不能收回，或者全部不能收回的，应当作为当期损失，记入（　　）账户。

A."财务费用"　　　B."管理费用"　　　C."营业外支出"　　D."其他业务成本"

10.企业对现金清查过程中发现的多余现金，未经批准处理之前，应借记"库存现金"账户，贷记（　　）账户。

A."营业外收入"　　　　　　　　　　　　B."其他业务收入"

C."待处理财产损溢"　　　　　　　　　　D."其他应付款"

11.下列各项中，不通过"其他货币资金"科目核算的是（　　）。

A.外埠存款　　　　B.存出投资款　　　C.备用金　　　　D.信用卡存款

12.除中国人民银行另有规定外，支票的提示付款期限一般为自出票日起（　　）天。

A.7　　　　　　　　B.10　　　　　　　C.15　　　　　　　　D.0

13.按照《中华人民共和国银行结算办法》的规定，企业（　　）。

A.可有偿出借账户　　　　　　　　　　　B.不准出租、出借账户

C.可签发远期支票　　　　　　　　　　　D.可有偿出租账户

14.对于银行已经入账而企业尚未入账的未达账项，我国企业应当（　　）。

A.根据"银行对账单"记录的金额入账

B.根据"银行存款余额调节表"和"银行对账单"自制原始凭证入账

C.在编制"银行存款余额调节表"的同时入账

D.待有关结算凭证到达后入账

15.属于无法查明原因的现金溢余，经批准后应（　　）。

A.计入其他业务收入　　　　　　　　　　B.冲减管理费用

C.计入营业外收入　　　　　　　　　　　D.冲减营业外支出

16.企业将款项汇往外地开立专用采购账户时，应记入（　　）账户。

A."物资采购"　　　B."在途物资"　　　C."预付账款"　　　D."其他货币资金"

17.企业的工资、奖金等现金的支取，可以通过（　　）办理。

A.基本存款账户　　B.一般存款账户　　C.临时存款账户　　D.专用存款账户

18.下列可以采用托收承付结算方式的是（　　）。

A.代销　　　　　　B.提供劳务　　　　C.赊销　　　　　　D.寄销

19.具有使用灵活、票随人到、兑现性强等特点，适用于先收款后发货或钱货两清的商品交易的结算方式是（　　）。

A.银行汇票　　　　B.银行本票　　　　C.支票　　　　　　D.商业汇票

20.企业发现现金短缺属于无法查明的其他原因，按照管理权限经批准处理时，应在（　　）科目核算。

A."其他应收款"　　B."营业外支出"　　C."管理费用"　　D."财务费用"

21.关于银行预留印鉴的管理，下列说法中错误的是（　　）。

A.财务专用章应由专人保管

B.个人名章必须由本人或其授权人员保管

C.严禁一人保管支付款项所需的全部印章

D.单位负责人的印章必须由其本人保管

（二）多项选择题

1.《中华人民共和国银行结算办法》中规定了银行结算纪律，即（　　）。

A.不准出租、出借银行账户　　　　　　B.不准签发空头支票和远期支票

C.不准套取银行信用　　　　　　　　D.不准异地转账结算

E.不准超过结算起点支付现金

2.下列属于"其他货币资金"核算范围的项目有（　　）。

A.银行本票存款　　　　　　B.外埠存款　　　　　　C.信用卡存款

D.存出投资款　　　　　　　E.银行汇票存款

3.以下不符合企业会计准则的做法是（　　）。

A.属于无法查明的其他原因导致的现金溢余，经批准处理后冲减管理费用

B.属于无法查明的其他原因导致的现金短缺，经批准处理后计入管理费用

C.现金短缺属于责任人赔偿的部分，计入其他应收款

D.已经存入证券公司并购买了股票或债券的现金，计入存出投资款

E.属于无法查明的其他原因导致的现金溢余，经批准处理后计入营业外收入

4.货币资金的内容主要包括（　　）。

A.库存现金　　　　　　　　B.银行存款　　　　　　C.其他货币资金

D.流动资金　　　　　　　　E.银行汇票存款

5.货币资金内部控制制度主要表现在（　　）。

A.货币资金授权批准制度　　B.职务分离制度　　　　C.凭证稽核控制

D.货币资金定期盘点与核对控制　　　　　　　　E.印鉴分管原则

6.为加强现金管理，财务部门应该严格遵守（　　）。

A.管账不管钱，管钱不管账，账款分开管理

B.配备专职出纳员，负责现金的收付保管工作

C.不能"白条抵库"

D.库存现金的限额一般不超过单位3~5天的日常零星开支

E.需设置"库存现金日记账"和"库存现金总分类账"

7.下列事项中，必须编制付款凭证的是（　　）。

A.现金送存银行　　　　　　B.从银行提取现金　　　C.现金购买办公用品

D.销售商品取得现金　　　　E.支付购买商品款，通过银行转账

8.由于未达账项导致企业银行存款的余额与银行对账单的余额在同一日期不一致的情况有（　　　）。

A.银行已记作企业存款增加，而企业尚未接到收款通知，尚未记账的款项

B.银行已记作企业存款减少，而企业尚未接到付款通知，尚未记账的款项

C.企业已记作银行存款增加，而银行尚未记账的款项

D.企业已记作银行存款减少，而银行尚未记账的款项

E.因相关人员的疏忽，漏登了一笔银行存款

9.信用卡按使用对象不同，分为（　　　）。

A.单位卡　　　　　　B.个人卡　　　　　　C.金卡

D.普通卡　　　　　　E.银卡

10.银行承兑汇票到期，如果承兑申请人无力支付票款，应由（　　　）。

A.承兑银行付款　　　　　　B.银行对承兑申请人执行扣款

C.由收款企业付款　　　　　　D.承兑申请企业在1个月付款

E.承兑银行对承兑申请企业计收利息

11.下列符合企业银行存款开户的有关规定的是（　　　）。

A.一般存款账户可以办理工资、奖金等现金的支取

B.临时存款账户可以办理转账结算，但不能办理现金收付

C.一个企业只能选择一家银行的一个营业机构开立一个基本存款账户

D.不得在同一家银行的几个分支机构开立一般存款账户

E.一般存款账户可以办理转账结算和现金缴存，但不能办理现金的支取

12.出纳人员不得兼任的工作有（　　　）。

A.稽核　　　　　　B.会计档案保管　　　　　　C.费用账目的登记工作

D.债权账目的登记工作　　　　　　E.企业内部生产成本核算

13.下列事项中，符合现金管理有关规定的有（　　　）。

A.企业对于当日送存现金有困难的，由开户银行确定送存时间

B.因特殊情况需要坐支现金的，应当事先报经开户银行审批

C.企业从开户银行提取现金，只要由本单位出纳人员签字盖章即可

D.如果现金长短款是由于单据丢失或记账产生的差错，应补办手续入账或更正错误

E.不准用银行账户代其他单位和个人存入或支取现金

14.下列各项中，符合《中华人民共和国现金管理暂行条例》规定的可以用现金结算的有（　　　）。

A.为职工交纳社会保障费支付的款项

B.向个人收购农副产品支付的款项

C.向企业购买大宗材料支付的价款

D.支付给职工个人的劳保福利费

E.出差人员必须携带的差旅费

15.根据中国人民银行有关支付结算办法的规定，下列结算方法说法正确的是

（   ）。

  A.银行本票的付款期限为自出票日起1个月

  B.在银行开立存款账户的法人以及其他组织之间必须具有真实的交易关系或债权债务关系，才能使用商业汇票

  C.单位可以将销货收入的款项存入其信用卡账户，但不得从单位卡中支取现金

  D.采用托收承付结算方式时，购销双方必须签订合法的购销合同，并在合同上写明使用托收承付结算方式

  E.签发空头支票，银行除退票外，还按票面金额处以5%的罚款

16.货币资金的管理和控制应当遵循的原则有（   ）。

  A.严格职责分工   B.实行交易分开   C.实施内部稽核

  D.实行一人一岗   E.实施定期轮岗

17.下列项目中，不通过"其他货币资金"科目核算的有（   ）。

  A.银行本票存款   B.不能提前支取的定期存款

  C.信用证保证金存款   D.外币贷款抵押存款

  E.企业存放在证券公司客户保证金账户中的余款

18.以下不符合企业会计制度规定的做法的是（   ）。

  A.属于无法查明原因的现金溢余，经批准后冲减管理费用

  B.属于无法查明原因的现金短缺，经批准后计入管理费用

  C.企业内部周转使用备用金的，可以单独设置"备用金"科目，使用和报销有关备用金支出时都通过"备用金"科目核算

  D.因吸收存款单位已宣告破产，其破产财产不足以清偿的部分，记入"营业外支出"科目

  E.外埠存款不计利息，一律转账，不得支取现金

19.作为应收票据核算的有（   ）。

  A.转账支票   B.银行承兑汇票   C.银行汇票

  D.商业承兑汇票   E.银行本票

20.现金的特征有（   ）。

  A.货币性   B.流动性   C.风险性

  D.收益性   E.通用性

（三）判断题

1.企业需要到外地临时或零星采购，可以将款项通过银行汇入采购地银行，这部分汇入采购地银行的资金应通过"其他应收款"账户核算。   （ ）

2.1 000元以下的零星支出可以使用现金结算。   （ ）

3.存出投资款在"银行存款"账户核算。   （ ）

4."库存现金"账户反映企业的库存现金，包括企业内部部门周转使用、由各部门保管的定额备用金。   （ ）

5.按货币资金的内部控制规范要求，出纳人员可以兼管稽核、会计档案保管及收入、

支出、费用等账目登记工作。 （　　）

6. 为了减少货币资金管理和控制中产生舞弊的可能性，并及时发现有关人员的舞弊行为，对涉及货币资金管理和控制的业务人员应实行定期轮换岗位制度。 （　　）

7. 职务分离控制要求一人一岗。 （　　）

8. 库存现金的清查包括出纳人员每日清算核对和清查小组定期与不定期的清查。 （　　）

9. 为了简化现金收支手续，企业可随时坐支现金。 （　　）

10. 在银行开立存款账户的法人与其他经济组织之间须具有真实的交易关系、债权债务关系，才能使用商业汇票。 （　　）

11. 银行承兑汇票简称银行汇票，通过"应收票据"科目核算。 （　　）

12. 银行存款余额调节表的作用不只是为了核对账目，而且是企业调整银行存款账目余额的原始凭证。 （　　）

13. 采用信用证付款方式的企业，委托银行开出的信用证，以及企业使用的各种信用卡，可在"其他货币资金"科目进行核算。 （　　）

14. 银行汇票可以用于转账，也可以用于提现。 （　　）

（四）计算与会计处理题

1. 嘉腾公司2016年5月份发生的部分经济业务如下：

（1）5月1日，签发现金支票一张，从开户银行提取现金20 000元备用。

（2）5月2日，收到零星销售商品款702元，其中，价款600元，增值税税额102元。

（3）5月3日，单位办公室职工王强原出差借款1 000元，报销800元，剩余200元交回。

（4）5月4日，单位财务科职工李明出差预借差旅费800元。

（5）5月9日，开出现金支票，提取现金20 000元，备发工资。

（6）5月10日，以现金支付职工工资20 000元。

（7）5月12日，用现金支付报销办公用品费800元。

（8）5月12日，为企业行政管理部门报销业务招待费900元。

（9）5月12日，销售产品价款10 000元，增值税税率为17%，收到银行汇票并送存银行。

（10）5月13日，采用托收承付结算方式从E公司采购甲材料，价款50 000元，增值税税率为17%，验货付款。材料已入库，款项已付。

（11）5月15日，委托银行开出50 000元银行汇票采购丙材料。

（12）5月15日，汇出80 000元去南京设立采购专户，采购员张强同日前往南京。

（13）开出转账支票100万元，转入证券公司账户用于购买相关证券。

（14）5月25日，采购的丙材料入库，货款42 000元，增值税税率为17%，余款退回。

（15）5月25日，张强完成采购任务，相关材料货款60 000元，增值税税率为17%，余款已转回。

（16）进行现金清查时发现现金短缺3 500元。

（17）经查发现现金短缺的 3 500 元中 1 000 元系出纳人员造成的，且已无法追回；剩余的 2 500 元无法查明原因。

要求：编制相关会计分录。

2.嘉伟公司在中国工商银行开设基本存款账户，2016 年 12 月 31 日收到银行的对账单显示银行存款余额为 693 835 元，但公司银行存款日记账余额为 783 856 元。经查发现如下事项：

（1）2016 年 11 月公司开出的转账支票中，11 月 29 日开给海腾公司的 30 000 元的转账支票未包含在 11 月 30 日的银行对账单中，而是包含在 12 月 31 日的银行对账单中，11 月份开出的其他的转账支票均已出现在 11 月 30 日的银行对账单中。

（2）公司 12 月份开给伟达公司的转账支票 32 000 元没有出现在银行对账单中。

（3）公司收到腾飞公司的转账支票 73 000 元，送存银行，并已记账，但并未出现在银行对账单中。

（4）公司委托银行向万得公司收取的 12 000 元已收到，但这笔款项没有包含在公司银行存款日记账中。

（5）银行从嘉伟公司的账户中代扣水电费 63 456 元，但这笔款项在公司银行存款日记账中没有反映。

（6）银行对账单显示公司赚取利息 2 600 元，扣除相关税费及服务费 165 元。

要求：根据上述资料编制该公司 2016 年 12 月 31 日的银行存款余额调节表（结果填入表 2-1 中）。

表 2-1
银行存款余额调节表

2016 年 12 月 31 日

单位：元

项目	金额	项目	金额
银行对账单余额		公司银行存款日记账余额	
调整后的余额		调整后的余额	

四、 本章习题答案及解析

（一）单项选择题

1.B【解析】没有单独设置"备用金"账户的企业，相关备用金应通过"其他应收款"账户核算。

2.B【解析】企业资产中最活跃的资产就是货币资金，专项资金由于其用途受到限制，其流动性不如一般的货币资金。

3.B【解析】按照现金管理制度的有关规定，购买商品价格在 1 000 元以上的款项支付必须采用转账方式。

4.A【解析】货币资金与其他资产相比最大的特点就是流动性强。

5.C【解析】我国商业汇票的付款期限由交易双方商定，但最长不得超过6个月。

6.A【解析】库存现金必须每天与库存现金日记账核对。

7.B【解析】我国会计上所说的现金是狭义的现金，就是指企业库存人民币和外币。

8.C【解析】按照《中华人民共和国现金管理暂行条例》的规定，企业一般不得从本单位的现金收入中直接支付现金，因特殊情况需要支付现金的，应事先报经开户银行审查批准。

9.C【解析】如果有确凿证据表明存在银行或其他金融机构的款项已经部分不能收回，或者全部不能收回的，不属于日常活动，应将其记入"营业外支出"账户。

10.C【解析】企业对现金清查过程中发现的多余现金，未经批准处理之前，应借记"库存现金"账户，贷记"待处理财产损溢"账户。

11.C【解析】其他货币资金包括外埠存款、银行汇票存款、银行本票存款、信用证保证金存款、信用卡存款和存出投资款等。备用金不通过"其他货币资金"科目核算。

12.B【解析】除中国人民银行另有规定外，支票的提示付款期限一般为自出票日起10天。

13.B【解析】按照《中华人民共和国银行结算办法》的规定，企业不得出租、出借账户，不得签发远期支票。

14.D【解析】通过"银行存款余额调节表"和"银行对账单"，企业可以正确掌握企业银行存款的实有数及其与企业银行存款日记账余额的一致性，不能将其作为记账和调账的依据；未达账项必须等到结算凭证到达后入账。

15.C【解析】属于无法查明原因的现金溢余，经批准后，借记"待处理财产损溢——待处理流动资产损溢"，贷记"营业外收入——现金溢余"科目。

16.D【解析】企业将款项汇往外地开立专用采购账户时，应记入"其他货币资金——外埠存款"账户。

17.A【解析】基本存款账户是企业办理日常结算和现金收付的账户，企业的工资、奖金等现金的支取，只能通过基本存款账户办理。

18.B【解析】办理托收承付结算的款项，必须是商品交易，以及因商品交易产生的劳务供应的款项，代销、寄销和赊销商品的款项，不得办理托收承付结算。

19.A【解析】银行汇票具有使用灵活、票随人到、兑现性强等特点，适用于先收款后发货或钱货两清的商品交易。

20.C【解析】属于无法查明的原因，根据管理权限经批准处理后，借记"管理费用"科目，贷记"待处理财产损溢——待处理流动资产损溢"科目。

21.D【解析】单位负责人的印章可以由其授权人员保管。

（二）多项选择题

1.ABCE【解析】转账结算是企事业单位之间主要结算方式，无论是异地还是同城。

2.ABCDE【解析】其他货币资金的核算范围包括：外埠存款、银行汇票存款、银行本票存款、信用卡存款、信用证保证金存款和存出投资款。

3.AD【解析】属于无法查明的其他原因导致的现金溢余，经批准处理后计入营业外收入，短缺则计入管理费用，已经存入证券公司但尚未购买股票或债券的现金，计入存出投资款。

4.ABCE【解析】货币资金主要包括：库存现金、银行存款和其他货币资金。银行汇票存款属于其他货币资金。

5.ABCDE【解析】参见教材。

6.ABCDE【解析】参见教材。

7.ABCE【解析】A选项和C选项应编制现金付款凭证，B选项和E选项应编制银行存款付款凭证，D选项应编制现金收款凭证。

8.ABCD【解析】E选项不属于未达账项。

9.AB【解析】信用卡按使用对象不同，分为单位卡和个人卡；按信誉等级不同，分为金卡和普通卡。

10.AE【解析】银行承兑汇票到期，如果承兑申请人无力支付票款，应由承兑银行付款，同时承兑银行对承兑申请企业计收利息。

11.CDE【解析】企业的工资、奖金等现金的支取，只能通过基本存款账户办理。一般存款账户不能办理现金的支取；临时存款账户可以办理转账结算，也可以根据国家现金管理的规定办理现金收付。

12.ABCD【解析】出纳人员不得兼任稽核、会计档案保管和收入、费用、债权、债务账目的登记工作。

13.ABDE【解析】企业从开户银行提取现金，应当写明用途，由本单位财会部门负责人签字盖章，经开户银行审核后，予以支付现金。

14.BDE【解析】参见《中华人民共和国现金管理暂行条例》的规定。

15.BD【解析】选项A，银行本票的付款期限为自出票日起不超过2个月；选项C，单位卡账户的资金一律从其基本存款账户转入，不得交存现金，不得将销货收入的款项存入该账户，也不得支取现金；选项E，签发空头支票要按票面金额处以5%但不低于1 000元的罚款。

16.ABCE【解析】一般来说，货币资金的管理和控制应当遵循如下原则：严格职责分工、实行交易分开、实施内部稽核和实施定期轮岗制度。

17.BD【解析】其他货币资金包括：外埠存款、银行汇票存款、银行本票存款、信用证存款、信用卡存款和存出投资款等。E选项属于存出投资款。

18.ACE【解析】属于无法查明原因的现金溢余，经批准后计入营业外收入；企业内部周转使用备用金的，可以单独设置"备用金"科目，除了增加或减少拨入的备用金外，使用或报销有关备用金支出时不再通过"备用金"科目核算，外埠存款不计利息，除采购员差旅费可以支取少量现金外，一律转账。

19.BD【解析】商业汇票通过"应收票据"账户核算。商业汇票包括商业承兑汇票和银行承兑汇票。

20.ABE【解析】参见教材。

（三）判断题

1.×【解析】企业需要到外地临时或零星采购，可以将款项通过银行汇入采购地银行，这部分汇入采购地银行的资金应通过"其他货币资金——外埠存款"账户核算。

2.√

3.×【解析】存出投资款在"其他货币资金"账户核算。

4.×【解析】"备用金"通过"备用金"或"其他应收款"账户核算。

5.×【解析】按货币资金的内部控制规范要求，出纳人员不得兼管稽核、会计档案保管及收入、支出、费用等账目登记工作。

6.√

7.×【解析】职务分离控制要求不相容职务要分开。

8.√

9.×【解析】按照《中华人民共和国现金管理暂行条例》及其实施细则的规定，开户单位支付现金，可以从本单位的现金库存中支付或者从开户银行提取，不得从本单位的现金收入中直接支出（即坐支）。

10.√

11.×【解析】银行承兑汇票通过"应收票据"账户核算，是企业的应收债权，银行汇票通过"其他货币资金"账户核算，是企业的货币资金。

12.×【解析】银行存款余额调节表的作用只是为了核对账目，不能作为企业调整银行存款账目余额的原始凭证。

13.√

14.×【解析】银行汇票一般用于转账，只有填明"现金"字样并且汇票的申请人和收款人均为个人的银行汇票才可以用于提现。

（四）计算与会计处理题

1.编制的会计分录如下：

（1）借：库存现金 20 000

贷：银行存款 20 000

（2）借：库存现金 702

贷：主营业务收入 600

应交税费——应交增值税（销项税额） 102

（3）借：库存现金 200

管理费用 800

贷：其他应收款 1 000

（4）借：其他应收款 800

贷：库存现金 800

（5）借：库存现金 20 000

贷：银行存款 20 000

（6）借：应付职工薪酬 20 000

　　　　贷：库存现金　　　　　　　　　　　　　　　　　　　　20 000
（7）借：管理费用　　　　　　　　　　　　　800
　　　　贷：库存现金　　　　　　　　　　　　　　　　　　　　　800
（8）借：管理费用　　　　　　　　　　　　　900
　　　　贷：库存现金　　　　　　　　　　　　　　　　　　　　　900
（9）借：银行存款　　　　　　　　　　　　11 700
　　　　贷：主营业务收入　　　　　　　　　　　　　　　　　10 000
　　　　　应交税费——应交增值税（销项税额）　　　　　　　1 700
（10）借：原材料　　　　　　　　　　　　50 000
　　　　　应交税费——应交增值税（进项税额）　　8 500
　　　　贷：银行存款　　　　　　　　　　　　　　　　　　　58 500
（11）借：其他货币资金——银行汇票存款　50 000
　　　　贷：银行存款　　　　　　　　　　　　　　　　　　　50 000
（12）借：其他货币资金——外埠存款　　　80 000
　　　　贷：银行存款　　　　　　　　　　　　　　　　　　　80 000
（13）借：其他货币资金——存出投资款　1 000 000
　　　　贷：银行存款　　　　　　　　　　　　　　　　　　1 000 000
（14）借：原材料　　　　　　　　　　　　42 000
　　　　　应交税费——应交增值税（进项税额）　7 140
　　　　　银行存款　　　　　　　　　　　　　860
　　　　贷：其他货币资金——银行汇票存款　　　　　　　　　50 000
（15）借：原材料　　　　　　　　　　　　60 000
　　　　　应交税费——应交增值税（进项税额）　10 200
　　　　　银行存款　　　　　　　　　　　　9 800
　　　　贷：其他货币资金——外埠存款　　　　　　　　　　　80 000
（16）借：待处理财产损溢——待处理流动资产损溢　3 500
　　　　贷：库存现金　　　　　　　　　　　　　　　　　　　3 500
（17）借：其他应收款　　　　　　　　　　1 000
　　　　　管理费用　　　　　　　　　　　2 500
　　　　贷：待处理财产损溢——待处理流动资产损溢　　　　　3 500
2.编制的2016年12月31日的银行存款余额调节表见表2-2。

表 2-2   **银行存款余额调节表**

2016 年 12 月 31 日   单位：元

项目	金额	项目	金额
银行对账单余额	693 835	公司银行存款日记账余额	783 856
加：公司已收银行未收		加：银行已收公司未收	
腾飞公司的转账支票	73 000	向万得公司收取的款项	12 000
		利息收入	2 600
减：公司已付银行未付		减：银行已付公司未付	
开给伟达公司的转账支票	32 000	水电费	63 456
		相关税费及服务费	165
调整后的余额	734 835	调整后的余额	734 835

第三章

应收和预付款项

| 一、 | 学习目的及要求 |

通过本章学习，了解应收账款、应收票据、预付账款、其他应收款和长期应收款的相关概念；掌握应收账款、应收票据、预付账款、其他应收款、坏账准备的相关会计处理；重点掌握坏账准备、商业折扣和现金折扣的账务处理；一般了解应收债权出售和融资以及长期应收款的相关会计处理。

| 二、 | 本章主要知识点 |

◇应收账款

◇应收票据

◇预付账款和其他应收账款

◇长期应收款

◇应收债权出售和融资

| 三、 | 本章习题 |

（一）单项选择题

1.企业收到的商业承兑汇票到期，如承兑人无力付款，则应将其转入（　　）账户。

A."应收账款"　　　B."应付账款"　　　C."其他应收款"　　　D."预付账款"

2.下列项目中不通过"其他应收款"账户核算的是（　　）。

A.为职工代垫的水电费　　　　　　　　B.租入包装物交纳的押金

C.应向保险公司收取的赔偿款　　　　　D.为客户代垫的运杂费

3.下列票据中应通过"应收票据"账户核算的是（　　）。

A.转账支票　　　　B.银行汇票　　　　C.银行本票　　　　D.商业汇票

4.某企业于6月10日持当年5月15日由外埠付款方开户银行签字承兑的3个月期的商业汇票到银行申请贴现，其贴现天数为（　　）天。

A.66　　　　　　　B.67　　　　　　　C.68　　　　　　　D.69

5.对于已核销又收回的应收账款，应当（　　）。

A.直接调整资产减值损失

B.先转回到应收账款，再作收回处理或直接调整坏账准备

C.只在备查簿中记录

D.由企业自行确定处理方法

6.对于预付账款不多的企业，可以不设置"预付账款"账户，实际发生预付账款时，记入（　　）。

A."应收账款"账户的借方　　　　　　B."应付账款"账户的贷方

C."应收账款"账户的贷方　　　　　　D."应付账款"账户的借方

7.我国企业会计准则规定，存在现金折扣的情况下，应收账款入账价值应采用（　　）。

A.净价法　　　　　B.直接法　　　　　C.转销法　　　　　D.总价法

8.带息商业汇票，期末计提利息时，应编制的会计分录为（　　）。

A.借：财务费用　　　　　　　　　　B.借：应收票据

　　贷：应收票据　　　　　　　　　　　贷：财务费用

C.借：应收账款　　　　　　　　　　D.借：应收账款

　　贷：财务费用　　　　　　　　　　　贷：管理费用

9.下列项目中，不通过"长期应收款"账户核算的是（　　）。

A.融资租赁中出租人应向承租人收取的融资租赁款

B.采用递延方式分期收款，实质上具有融资性质的销售商品产生的应收款项

C.企业正常销售商品的应收款项

D.采用递延方式分期收款，实质上具有融资性质的提供劳务产生的应收款项

10.企业销售商品时代垫的运杂费应记入（　　）账户。

A."应收账款"　　B."预付账款"　　C."其他应收款"　　D."应付账款"

11.企业在采用总价法核算的情况下，发生的现金折扣应当作为（　　）处理。

A.营业收入减少　　B.销售费用增加　　C.财务费用增加　　D.管理费用增加

12.某公司5月1日销售商品，并于当日收到面值10万元、年利率6%、期限3个月的银行承兑汇票一张。6月30日，该应收票据的账面价值为（　　）万元。

A.10　　　　　　B.10.05　　　　　　C.10.1　　　　　　D.10.15

13.下列各项中，按照现行企业会计准则的规定，销售企业应当作为财务费用处理的是（　　）。

A.购货方获得的现金折扣　　　　　　B.购货方获得的商业折扣

C.购货方获得的销售折扣　　　　　　D.购货方放弃的现金折扣

14.2016年1月5日，某企业将一张带息银行承兑汇票到银行贴现。该票据面值为1 000 000元，2015年12月31日已计提利息700元，尚未计提利息900元，银行贴现息为500元。该应收票据贴现时计入财务费用的金额为（　　）元。

A.-200　　　　　B.-400　　　　　C.400　　　　　D.500

15.某企业采用账龄分析法核算坏账。该企业2014年12月31日"坏账准备"科目贷方余额为5万元；2015年发生坏账8万元，发生坏账回收2万元。2016年12月31日应收账

款余额为 120 万元（其中，未到期应收账款为 40 万元，估计损失 1%；过期 1 个月应收账款为 30 万元，估计损失 2%；过期 2 个月的应收账款为 20 万元，估计损失 4%；过期 3 个月应收账款为 20 万元，估计损失 6%；过期 3 个月以上应收账款为 10 万元，估计损失 10%）。企业 2016 年应提取的坏账准备为（　　）万元。

    A.5　　　　　　　B.4　　　　　　　C.3　　　　　　　D.-5

16.2016 年 4 月 5 日，A 公司销售一批商品给 B 公司，开出的增值税专用发票上注明的销售价款为 400 000 元，增值税销项税额为 68 000 元，款项尚未收到。双方协商，B 公司应于 2016 年 10 月 31 日付款。2016 年 7 月 6 日，经与中国银行协商后约定：A 公司将应收 B 公司的货款出售给中国工商银行，价款为 413 520 元；在应收 B 公司的货款到期无法收回时，中国工商银行不能向 A 公司追偿。A 公司根据以往经验，预计该批商品将发生销售退回的金额为 35 100 元，其中，增值税销项税额 5 100 元，成本 25 000 元，实际发生的销售退回由 A 公司承担。A 公司出售该笔应收账款发生的出售损益为（　　）元。

    A.54 480　　　　　B.19 380　　　　　C.24 480　　　　　D.49 380

17.某企业采用应收账款余额百分比法核算坏账，坏账准备的计提比例为 1%。该企业 2015 年 12 月 31 日"坏账准备"科目有贷方余额 40 万元。2016 年该企业发生坏账 6 万元，已核销的坏账又收回 12 万元。2016 年 12 月 31 日应收账款总账借方余额为 3 000 万元，其中，应收账款明细科目借方余额合计数为 5 000 万元，应收账款明细科目贷方余额合计数为 2 000 万元；预收账款总账贷方余额为 200 万元，其中，预收账款明细科目借方余额合计数为 100 万元，预收账款明细科目贷方余额合计数为 300 万元。该企业 2016 年应提取的坏账准备为（　　）万元。

    A.5　　　　　　　B.-14　　　　　　C.-8　　　　　　D.4

18.企业对不附追索权的应收债权出售发生的损益应计入（　　）。

    A.管理费用　　　　B.营业外收入　　　C.营业外支出　　　D.其他业务成本

19.嘉海公司为增值税一般纳税企业，适用的增值税税率为 17%。2016 年 8 月 1 日，嘉海公司向甲公司销售一批商品，价目表上标明的价格总额为 20 000 元。因属批量销售，嘉海公司同意给甲公司 10% 的商业折扣；同时，为鼓励甲公司及早付清货款，嘉海公司规定的现金折扣条件为：5/10，2/20，N/30。假定嘉海公司 8 月 8 日收到该笔销售的价款（含增值税税额），则实际收到的价款为（　　）元。

    A.20 160　　　　　B.21 060　　　　　C.23 400　　　　　D.20 007

20.甲公司于 2016 年 8 月 1 日收到乙公司开具的商业承兑汇票一张，面值为 234 000 元，年利率为 4%，期限为 6 个月，则 2016 年 12 月 31 日的资产负债表中列示的"应收票据"项目金额应是（　　）元。

    A.200 000　　　　B.234 000　　　　C.237 900　　　　D.236 340

21.在按应收账款年末余额百分比法计提坏账准备的情况下，已确认的坏账又收回时，应借记（　　）科目。

    A."应收账款"或"银行存款"　　　　B."资产减值损失"

    C."坏账准备"　　　　　　　　　　D."营业外收入"

22.甲公司1月20日收到带息商业承兑汇票一张，期限6个月，面值100 000元，票面利率6%，贴现利率8%，4月1日到银行办理了贴现，由于承兑人到期没有能力支付该笔款项，银行将贴现票据退回甲公司并将该票据款项划回。截至本年12月31日，承兑人仍然没有付款，甲公司应将该笔业务登记为（　　　）。

A.应收票据100 253元

B.应收票据100 000元和应收账款253元

C.应收账款103 000元和相应的坏账准备

D.应收账款105 500元和相应的坏账准备

（二）多项选择题

1.应收账款的核算范围包括（　　　）。

A.应收销售商品的货款　　　B.应收提供劳务的账款　　　C.应收保险公司赔款

D.存出保证金　　　　　　　E.为购货单位代垫的运杂费

2.下列各项中，不能全额提取坏账准备的有（　　　）。

A.逾期3年以上且有充分证据表明其收回的可能性极小

B.计划对应收款项进行债务重组

C.与关联方发生的应收款项

D.债务单位因遇自然灾害长期停产而长期无法偿还的应收款项

E.债务人逾期未履行偿债义务

3.12月20日，某企业将持有的一张10月8日取得的6个月期限、面值为100万元的不带息商业承兑汇票贴现，该业务会导致本年末的资产负债表中（　　　）。

A.货币资金项目增加数低于100万元

B.货币资金项目增加数等于100万元

C.应收票据项目减少

D.短期借款增加

E.附注"已贴现的商业承兑汇票"增加100万元

4.按照现行企业会计准则，以下表述正确的有（　　　）。

A.企业收到应收票据时按票据的面值入账

B.企业收到应收票据时按票据的到期值入账

C.企业应于期末对带息票据计提利息，增加应收票据的账面价值

D.企业收到带息票据，在到期或贴现前账面价值保持不变

E.应收票据到期，承兑人无力付款，应将应收票据转入应收账款，继续计提利息

5."坏账准备"账户的借方登记（　　　）。

A.发生坏账损失　　　　　B.计提的坏账准备　　　　　C.转销坏账损失

D.已核销又收回的坏账　　E.冲销多计提的坏账准备

6.下列说法中，正确的有（　　　）。

A.坏账损失核算的直接转销法不符合权责发生制原则和配比原则

B.用备抵法核算坏账损失能更好地贯彻权责发生制原则和配比原则

C.坏账损失采用备抵法核算体现谨慎性信息质量特征

D.坏账损失采用备抵法核算更能体现重要性信息质量特征

E.坏账损失采用备抵法核算更能体现相关性信息质量特征

7.根据现行企业会计准则的有关规定，下列项目中应计提坏账准备的有（　　　）。

A.应收票据　　　　　　　B.应收账款　　　　　　　C.预付账款

D.其他应收款　　　　　　E.预收账款

8.下列各项中，会引起应收账款账面价值发生变化的有（　　　）。

A.结转到期不能收回的应收票据

B.计提应收账款坏账准备

C.将应收账款出售给银行（附追索权）

D.收回已转销的坏账

E.发生坏账予以核销，核销数小于坏账准备的贷方余额

9.采用备抵法计提坏账准备，估计坏账损失的方法有（　　　）。

A.账龄分析法　　　　　　B.销货百分比法　　　　　C.年数总和法

D.应收账款余额百分比法　　E.个别认定法

10.我国会计上作为应收票据处理的票据有（　　　）。

A.银行汇票　　　　　　　B.银行本票　　　　　　　C.商业承兑汇票

D.银行承兑汇票　　　　　E.转账支票

11.坏账损失核算采用备抵法的优点有（　　　）。

A.符合谨慎性原则

B.使报表使用者了解企业真实的财务状况

C.消除虚列的应收账款

D.避免虚增利润

E.符合可靠性信息质量特征的要求

12.下列关于现金折扣和商业折扣的说法，正确的有（　　　）。

A.商业折扣是指为促进销售在商品标价上给予的扣除

B.现金折扣是债权人为鼓励债务人早日付款而向债务人提供的债务扣除

C.存在商业折扣的情况下，企业应收账款入账金额应按扣除商业折扣后的实际售价和相关的税费确认

D.我国会计实务中采用总价法核算存在现金折扣的交易

E.总价法是将未扣除现金折扣前的金额作为应收账款的入账价值

13.企业采用应收账款余额百分比法计提坏账准备时，以下项目应记入"坏账准备"科目贷方的有（　　　）。

A.发生的坏账损失

B.已经作为坏账核销的应收账款又收回

C.本期应收账款余额与计提比例的乘积

D.年末应收账款余额与计提比例的乘积大于坏账准备余额的部分

E.年末应收账款余额与计提比例的乘积小于坏账准备余额的部分

14.2016年4月5日收到带息商业承兑汇票一张,面值为100 000元,票面利率6%,期限为6个月,该票据在2016年8月8日贴现,贴现率8%,假设该企业与承兑企业在同一票据交换区,则下列表述正确的是(　　　)。

A.商业承兑汇票的入账价值为100 000元

B.票据的到期值为103 000元

C.贴现天数为58天

D.票据到期日为2016年10月5日

E.贴现息为1 327.56元

(三)判断题

1.我国现行企业会计准则规定,企业计提坏账准备的方法应采用备抵法,但估计坏账损失的方法可以自行确定。 (　　)

2.企业已确认并转销的坏账损失,如果以后又收回,应及时按照收回的金额借记"银行存款"科目,贷记"坏账准备"科目。 (　　)

3.企业支付的包装物押金和收取的包装物押金均应通过"其他应付款"账户核算。 (　　)

4.我国企业会计准则规定,应收账款按照扣除商业折扣但是包含现金折扣的金额加以确认。 (　　)

5.已确认为坏账的应收账款,并不意味着企业放弃了其追索权,一旦重新收回,应及时入账。 (　　)

6.由于企业应收及预付款项均属于债权,因此,都存在发生坏账损失的风险,按现行制度规定都应提取一定比例的坏账准备。 (　　)

7.由于企业的应收账款和预收账款均属于债权,因此,都存在发生坏账损失的风险,按现行制度规定都应提取一定比例的坏账准备。 (　　)

8.按规定,预付账款业务不多的企业,可以不设置"预付账款"科目,预付的货款在"应付账款"科目的借方核算。 (　　)

9.在我国会计实务中,带息应收票据(银行承兑汇票)贴现时,应将其贴现利息直接计入当期损益。 (　　)

10.应收账款采用总价法核算情况下购货方享受的现金折扣与采用净价法核算情况下购货方放弃的现金折扣,均通过财务费用核算。 (　　)

11.预收账款明细科目如有借方余额,应将其数额列示在资产负债表"预付款项"项目中。 (　　)

12.贴现是银行对企业进行短期贷款的一种形式。 (　　)

13.企业内部各部门、各单位从财会部门领走的供周转使用的现金不属于企业的"库存现金",因此,不应在"库存现金"科目核算。 (　　)

14.无论企业取得的是带息票据还是不带息票据,均按到期值入账。 (　　)

15."坏账准备"账户在期末结账前如为贷方金额,反映的内容是已确认的坏账损失

超出坏账准备的余额。　　　　　　　　　　　　　　　　　　　　　（　　）

16.企业采用应收账款余额百分比法计提坏账准备，期末坏账准备的余额一定等于应收账款余额的一定百分比计算的坏账准备金额。　　　　　　　　　（　　）

17.我国企业会计准则规定，应收账款按照扣除现金折扣但包含商业折扣的金额加以确认。　　　　　　　　　　　　　　　　　　　　　　　　　　　（　　）

18.期末计提应收票据的利息，冲减财务费用，但应保持应收票据的账面价值不变。
　　　　　　　　　　　　　　　　　　　　　　　　　　　　　　　　（　　）

（四）计算与会计处理题

1.甲公司在2016年7月1日向乙公司销售一批商品，开出的增值税专用发票上注明的销售价款为40 000元，增值税税额为6 800元。为及早收回货款，甲公司和乙公司约定的现金折扣条件为：2/10，1/20，N/30。假定计算现金折扣时不考虑增值税。

要求：编制甲公司销售商品的会计分录以及分别在7月9日、7月18日和7月底收到货款的会计分录。

2.A公司2015年发生的有关经济业务如下：

（1）A公司前欠甲公司货款500 000元，经协商同意用商业承兑汇票抵付，6月8日，甲公司收到A公司签字承兑的3个月期的商业承兑汇票一张。

（2）7月10日，甲公司向A公司提示付款，A公司当即签发转账支票一张计500 000元。

（3）11月21日，A公司销售产品一批计价款400 000元，增值税税额68 000元，商品自提，收到乙公司签字承兑的3个月期的带息商业承兑汇票一张，利率为6%。

（4）12月31日，计提上述商业承兑汇票利息入账。

（5）2016年2月20日，乙公司承兑的商业汇票到期，经付款提示，乙公司无力付款。

要求：根据上述资料进行必要的计算，并编制A公司相关业务的会计分录。

3.嘉伟公司2014年采用应收账款余额百分比法计提坏账准备，2014年年末应收账款余额为5 000 000元，公司确定计提坏账准备的比例为3%。假定该公司当期首次采用备抵法核算坏账损失。2015年6月25日确认坏账损失为90 000元，经批准予以核销，2015年12月31日应收账款余额为12 000 000元。2016年9月5日上年核销的应收账款又收回70 000元，2016年12月31日应收账款余额为13 000 000元。

要求：根据上述资料编制相关的会计分录。

4.甲公司2015年10月30日向A公司销售一批商品，价款600万元，增值税税率17%，产品已经发出，次日收到A公司签发的带息商业汇票，期限6个月，面值702万元，甲公司于2016年2月7日将票据贴现，该商业汇票票面年利率6%，贴现率9%。

要求：

（1）编制销售商品和年末计息的会计分录（单位：万元）。

（2）假定该汇票是商业承兑汇票，分别编制贴现时以及到期A公司按时承兑和无力付款的会计分录（单位：万元）。

（3）假定该汇票是银行承兑汇票，编制贴现时的会计分录（单位：万元）。

5.嘉海公司于2016年6月1日将一笔账面价值为585万元的应收账款，按无追索权的约定（扣除可能发生的10%后）93折出售给当地的商业银行，若发生销售退货仍由嘉海公司承担。嘉海公司预计该批货物中被退回的商品价款为50万元，其中产品成本占80%，增值税销项税额为8.5万元。

要求：

（1）编制出售该笔应收账款的会计分录；

（2）假设发生销售退回的商品价款为60万元，编制相关会计分录；

（3）假设发生销售退回的商品价款为50万元，编制相关会计分录；

（4）假设发生销售退回的商品价款为40万元，编制相关会计分录。

四、 本章习题答案及解析

（一）单项选择题

1.A【解析】商业汇票到期，承兑人无力付款，则应将其金额从"应收票据"账户转入"应收账款"账户。

2.D【解析】为客户代垫的运杂费应记入"应收账款"科目。

3.D【解析】转账支票通过"银行存款"核算，银行汇票和银行本票通过"其他货币资金"账户核算。

4.D【解析】21+31+14+3=69（天），贴现天数计算中，头和尾只算一天，即算头不算尾或算尾不算头，承兑人在外埠的则要多加3天。

5.B【解析】对于已核销又收回的应收账款，应当先转回到应收账款，再作收回处理或直接调整坏账准备。

6.D【解析】对于不设置"预付账款"账户的企业，实际发生预付账款时记入"应付账款"账户的借方。

7.D【解析】存在现金折扣的应收账款入账价值确认方法有净价法和总价法，我国规定采用总价法。

8.B【解析】带息票据期末计提利息时，一方面增加应收票据的账面价值，另一方面冲减财务费用。

9.C【解析】企业正常销售商品的应收款项通过"应收账款"科目核算。

10.A【解析】企业销售商品时代垫的运杂费应记入"应收账款"账户。

11.C【解析】企业在采用总价法核算的情况下，发生的现金折扣作为一种理财费用，计入财务费用。

12.C【解析】10+10×6%÷12×2=10.1（万元）。

13.A【解析】商业折扣按净价处理，销售折扣冲减营业收入。

14.B【解析】票据到期值=1 000 000+700+900=1 001 600（元），应收票据的账面价值=1 000 000+700=1 000 700（元），贴现额=1 001 600-500=1 001 100（元），应计入财务费用的金额=1 000 700-1 001 100=-400（元）。

15.A【解析】企业2016年应提取的坏账准备=40×1%+30×2%+20×4%+20×6%+10×

10%-（5-8+2）=5（万元）。

16.B【解析】468 000-413 520-35 100=19 380（元）。

17.A【解析】坏账准备的提取应以应收账款科目明细账借方余额和预收账款明细账科目借方余额之和为基础计提。（5 000+100）×1%-（40+12-6）=5（万元）。

18.C【解析】不附追索权的应收债权出售发生的损益应计入营业外支出。

19.A【解析】一般情况下，增值税部分没有现金折扣。20 000×（1-10%）×（1-5%）+20 000×（1-10%）×17%=20 160（元）。

20.C【解析】234 000+234 000×4%÷12×5=237 900（元）。

21.A【解析】已确认的坏账又收回时，应先恢复应收账款的价值或直接调整坏账准备。

22.C【解析】对于附追索权票据贴现视同抵押获取短期借款，票据到期承兑人无力付款，应将"应收票据"的金额转入"应收账款"，以后不再计提利息。100 000×6%÷12×6+100 000=103 000（元）。

（二）多项选择题

1.ABE【解析】C选项和D选项通过"其他应收款"账户核算。

2.BCE【解析】A选项和D选项必须全额计提坏账准备。

3.ADE【解析】由于商业承兑汇票的贴现附有追索权，视同抵押获取短期借款，所以不影响应收票据项目，但增加了短期借款，所以C选项错误，D选项正确。由于贴现息的存在，导致贴现额低于100万元，所以A选项正确。

4.AC【解析】应收票据到期，承兑人无力付款，应将应收票据转入应收账款，依据谨慎性原则不能继续计提利息。

5.ACE【解析】计提的坏账准备和已核销又收回的坏账记入"坏账准备"账户的贷方。

6.ACE【解析】直接转销法下，确认应收账款时同时确认了相应的收益和费用，但在以后期间确认坏账损失，不符合权责发生制原则和配比原则。备抵法还体现了谨慎性和相关性的信息质量特征。

7.ABCD【解析】根据现行企业会计准则的规定，应收票据、应收账款、预付账款和其他应收款都可以计提坏账准备，预收账款是负债，不能计提坏账准备。

8.AB【解析】C选项视同抵押借款不影响应收账款的账面价值；D选项和E选项都不影响应收账款的账面价值。

9.ABDE【解析】参见教材。

10.CD【解析】A选项和B选项通过"其他货币资金"核算，转账支票通过"银行存款"核算。

11.ABCD【解析】坏账准备的提取，主要依赖估计，一定程度上会影响可靠性，但可以提高相关性。

12.ABCDE【解析】参见教材。

13.BD【解析】发生坏账损失记入"坏账准备"科目借方，E选项记入"坏账准备"

科目借方。

14.ABCDE【解析】应收票据按面值入账，票据到期值=100 000+100 000×6%÷12×6=103 000（元）；贴现天数=24+30+4=58（天）；票据到期日：10月5日；票据贴现息=103 000×8%÷360×58=1 327.56（元）。

（三）判断题

1.√

2.√

3.×【解析】支付的包装物押金通过"其他应收款"账户核算。

4.√

5.√

6.√

7.×【解析】预收账款属于债务。

8.√

9.×【解析】在我国会计实务中，带息应收票据（银行承兑汇票）贴现时，将应收票据的账面价值与贴现额之间的差额计入当期损益。

10.√

11.×【解析】预收账款明细科目如有借方余额，应将其数额列示在资产负债表应收账款中。

12.√

13.√

14.×【解析】无论企业取得的是带息票据还是不带息票据，均按面值入账。

15.×【解析】"坏账准备"账户在期末结账前如为借方金额，反映的内容是已确认的坏账损失超出坏账准备的余额。

16.√

17.×【解析】我国企业会计准则规定，应收账款按照扣除商业折扣但是包含现金折扣的金额加以确认。

18.×【解析】期末计提应收票据的利息，冲减财务费用，同时增加应收票据的账面价值。

（四）计算与会计处理题

1.7月1日销售实现时，按销售总价确认收入：

借：应收账款 46 800

　贷：主营业务收入 40 000

　　　应交税费——应交增值税（销项税额） 6 800

如果乙公司在7月9日付清货款，则按销售总价40 000元的2%享受现金折扣800元，甲公司实际收款46 000元：

借：银行存款 46 000

　　财务费用 800

贷：应收账款 46 800

如果乙公司在7月18日付清货款，则按销售总价40 000元的1%享受现金折扣400元，甲公司实际收款46 400元：

借：银行存款 46 400

  财务费用 400

  贷：应收账款 46 800

如果乙公司在7月底才付清货款，则甲公司按全额收款：

借：银行存款 46 800

  贷：应收账款 46 800

2.编制的会计分录如下：

（1）借：应付账款 500 000

   贷：应付票据 500 000

（2）借：应付票据 500 000

   贷：银行存款 500 000

（3）借：应收票据 468 000

   贷：主营业务收入 400 000

    应交税费——应交增值税（销项税额） 68 000

（4）应计提的利息=468 000×6%÷360×（9+31）=3 120（元）

借：应收票据 3 120

  贷：财务费用 3 120

（5）借：应收账款 475 020

   贷：应收票据（468 000+3 120） 471 120

    财务费用 3 900

3.2014年12月31日计提坏账准备：

借：资产减值损失 150 000

  贷：坏账准备 150 000

2015年6月25日核销坏账：

借：坏账准备 90 000

  贷：应收账款 90 000

2015年12月31日，未计提坏账准备前，坏账准备的余额为60 000元（150 000-90 000），所以：

应计提的坏账准备=12 000 000×3%-60 000=300 000（元）

借：资产减值损失 300 000

  贷：坏账准备 300 000

2016年9月5日收回已核销的应收账款：

借：应收账款 70 000

  贷：坏账准备 70 000

2016年12月31日，未计提坏账准备前，坏账准备的余额为430 000元（360 000＋70 000），所以：

应计提的坏账准备=13 000 000×3%-430 000=-40 000（元）

借：坏账准备 40 000

  贷：资产减值损失 40 000

4.（1）销售商品：

借：应收票据 702

  贷：主营业务收入 600

    应交税费——应交增值税（销项税额） 102

年末计息：

借：应收票据（702×6%÷360×62） 7.254

  贷：财务费用 7.254

（2）票据到期值=702+702×6%÷12×6=723.06（万元）

贴现期=22+31+29=82（天）

贴现息=723.06×9%÷360×82=14.823（万元）

贴现额=723.06-14.823=708.237（万元）

借：银行存款 708.237

  贷：短期借款 708.237

如果到期承兑人按时承兑，则：

借：短期借款 708.237

  财务费用 1.017

  贷：应收票据 709.254

如果到期承兑人无力付款，则：

借：短期借款 708.237

  财务费用 14.823

  贷：银行存款 723.06

借：应收账款 723.06

  贷：应收票据 709.254

    财务费用 13.806

（3）借：银行存款 708.237

    财务费用 1.017

    贷：应收票据 709.254

5.（1）借：银行存款 4 896 450

    营业外支出 368 550

    其他应收款 585 000

    贷：应收账款 5 850 000

（2）借：主营业务收入 600 000

　借：应交税费——应交增值税（销项税额）　　　　　102 000
　　　贷：其他应收款　　　　　　　　　　　　　　　　　585 000
　　　　　银行存款　　　　　　　　　　　　　　　　　　117 000
借：库存商品　　　　　　　　　　　　　　　　　　480 000
　　贷：主营业务成本　　　　　　　　　　　　　　　　　480 000
（3）借：主营业务收入　　　　　　　　　　　　　　500 000
　　　　　应交税费——应交增值税（销项税额）　　　　85 000
　　　　贷：其他应收款　　　　　　　　　　　　　　　　585 000
借：库存商品　　　　　　　　　　　　　　　　　　400 000
　　贷：主营业务成本　　　　　　　　　　　　　　　　　400 000
（4）借：主营业务收入　　　　　　　　　　　　　　400 000
　　　　　应交税费——应交增值税（销项税额）　　　　68 000
　　　　　银行存款　　　　　　　　　　　　　　　　　117 000
　　　　贷：其他应收款　　　　　　　　　　　　　　　　585 000
借：库存商品　　　　　　　　　　　　　　　　　　320 000
　　贷：主营业务成本　　　　　　　　　　　　　　　　　320 000

第四章　存　货

一、学习目的及要求

通过本章学习，了解存货的概念及分类；了解存货的估价方法和存货清查方法；掌握不同取得方式的存货的初始计量的会计处理；掌握发出存货的计价方法，重点掌握先进先出法和月末一次加权平均法；掌握计划成本法的程序和账务处理；掌握计提存货跌价准备的方法及会计处理。

二、本章主要知识点

◇存货的概念与特征
◇存货的初始计量
◇发出存货的计价
◇计划成本法与存货估价法
◇存货的期末计量
◇存货清查

三、本章习题

（一）单项选择题

1.下列各项支出中，不计入存货成本的是（　　）。

A.可以抵扣的增值税进项税额　　　　B.入库前的挑选整理费

C.购买存货而发生的运输费　　　　　D.运输途中的合理损耗

2.购进存货运输途中发生的合理损耗应（　　）。

A.计入存货的采购成本　　　　　　　B.由运输单位赔偿

C.计入销售费用　　　　　　　　　　D.由保险公司赔偿

3.在物价持续上涨期间，能使企业当期利润最大的存货计价方法为（　　）。

A.移动加权平均法　　B.先进先出法　　　　C.加权平均法　　　　D.个别计价法

4.某企业月初库存A产品180件，每件2 520元；月中又购进两批A产品，其中一次是540件，每件2 880元，另一次是180件，每件2 700元。则月末A产品的加权平均单价为（　　）元/件。

A.2 772　　　　　B.2 952　　　　　C.2 775　　　　　D.3 211

5.企业发生的原材料盘亏或毁损损失中，不应作为管理费用列支的是（　　）。

A.收发计量造成的盘亏损失　　　　　B.管理不善造成的盘亏损失

C.自然灾害造成的毁损净损失　　　　D.保管中发生的定额内自然损耗

6.出借包装物采用一次摊销的情况下，出借包装物报废时收回的残料价值应冲减（　　）。

A.主营业务成本　　B.管理费用　　C.包装物成本　　D.销售费用

7.按照规定，在成本与可变现净值孰低法下，对成本与可变现净值进行比较，以确定当期存货跌价准备金额时，一般应当（　　）。

A.按存货类别进行比较　　　　　　B.由企业根据实际情况做出选择

C.按全部存货进行比较　　　　　　D.按单个存货项目进行比较

8.商品流通企业对于存货的附带成本（如运输费、装卸费等）一般应计入（　　）。

A.营业外支出　　B.管理费用　　C.销售成本　　D.存货成本

9.期末对存货采用成本与可变现净值孰低法计价时，其可变现净值的含义是（　　）。

A.预计存货的售价

B.现时重置成本

C.公允价值

D.预计售价减去进一步加工成本和销售所必需的预计税金及费用

10.A公司为增值税一般纳税企业，增值税税率为17%，因销售商品出租给B公司包装物一批，收取押金4 680元。因B公司逾期未退还租用的包装物，按协议规定，A公司没收全部押金4 680元。在该业务中，甲企业记入"其他业务收入"账户的金额为（　　）元。

A.4 680　　　　　B.4 200　　　　　C.4 000　　　　　D.680

11.某企业为增值税一般纳税企业。本月购进原材料300千克，单价30元/千克，增值税税额为1 530元；发生的保险费为550元，入库前的挑选整理费用为170元；验收入库时发现数量短缺10%，经查属于运输途中合理损耗。该企业该批原材料实际单位成本为每千克（　　）元。

A.32.4　　　　　B.33.33　　　　　C.35.28　　　　　D.36

12.下列各项企业自行生产存货过程中发生的成本，不计入存货成本的是（　　）。

A.生产设备发生的修理费　　　　　B.生产工人的工资

C.车间管理人员工资　　　　　　　D.投入的原材料

13.企业取得货物时发生的下列相关税费或支出中，不应计入货物取得成本的是（　　）。

A.存货采购过程中发生的合理损耗

B.存货购入后发生的仓储费

C.材料入库发生的挑选费

D.随同加工费支付的不可抵扣的增值税

14.甲企业采用先进先出法计算发出材料的成本。2016年4月1日结存A材料200千克，每千克实际成本为300元；4月4日和4月17日分别购进A材料300千克和400千克，每千克实际成本分别为280元和320元；4月10日和4月27日分别发出A材料400千克和350千克。A材料月末账面余额为（　　）元。

A.45 000　　　　　　B.42 000　　　　　　C.48 000　　　　　　D.50 000

15.甲公司采用成本与可变现净值熟低法计量期末存货，按单项存货计提存货跌价准备。2016年12月31日，甲公司库存自制半成品成本为70万元，用于加工A产品40件，预计加工完成该产品尚需发生加工费用32万元，预计A成品不含增值税的销售价格为每件2.5万元，销售费用为6万元。A产品有20件已签订了销售合同，每件2.4万元，假定该库存自制半成品未计提存货跌价准备，不考虑其他因素。2016年12月31日，甲公司该库存自制半成品应计提的存货跌价准备为（　　）万元。

A.4　　　　　　　　B.10　　　　　　　　C.18　　　　　　　　D.30

16.2016年12月31日，甲公司A材料的账面金额为100 000元，由于市场价格下跌，预计可变现净值为80 000元。2016年12月31日，A材料的账面金额为110 000元，由于市场价格有所上升，使得A材料的预计可变现净值为105 000元。则甲公司2016年12月31日应确认存货跌价准备（　　）万元。

A.15 000（借方）　　　　　　　　　　B.15 000（贷方）

C.5 000（贷方）　　　　　　　　　　　D.35 000（贷方）

17.某零售企业年初库存商品成本50万元，售价72万元。当年购入商品实际成本120万元，售价总额200万元，当年销售收入为当年购入商品售价总额的80%。在采用零售价法的情况下，该商店年末库存商品成本为（　　）万元。

A.67.2　　　　　　B.70　　　　　　　　C.60　　　　　　　　D.80

18.在有购货折扣的情况下，计入存货历史成本的购货价格是指（　　）。

A.供货单位的报价减去商业折扣

B.供货单位的报价

C.供货单位的报价加上运输成本

D.供货单位的报价减去最大的现金折扣

19.按照规定，存货在资产负债表上列示的价值应该是（　　）。

A.账面余额　　　　　　　　　　　B.可变现净值

C.成本与可变现净值熟低者　　　　D.公允价值

20.企业在存货清查中发现，存货实存数大于账面数，对此差额会计上在调整存货账面价值的同时，应作（　　）处理。

A.冲减制造费用

B.其他业务收入

C.待处理财产损溢——待处理流动资产损溢

D.营业外收入

21.某商品流通企业2016年1月1日A类商品库存为2 000元，本月购进3 600元，本月销售收入4 000元。上月A类商品的毛利率为30%，则按毛利率法计算的本月已销商品的成本为（　　）元。

A.540　　　　　　　B.800　　　　　　　C.2 800　　　　　　　D.3 600

22.某一般纳税企业本期购入一批商品，进货价格为80万元，增值税进项税额为13.60万元。所购商品到达后验收发现商品短缺40%，其中5%为合理损耗，另35%的短缺尚待查明原因。该商品应计入存货的实际成本为（　　）万元。

A.48　　　　　　　B.76　　　　　　　C.80　　　　　　　D.52

23.某工业企业为增值税一般纳税人，购入乙种原材料50吨，收到的增值税专用发票上注明的售价为每吨1 200元，增值税税额为10 200元。另发生运输费用600元（不考虑运输费用的增值税），装卸费用200元，途中保险费用180元。原材料运抵企业后，验收入库原材料为49.6吨，运输途中发生合理损耗0.4吨。该原材料的实际单位成本为（　　）元/吨。

A.1 200　　　　　　　B.1 219.6　　　　　　　C.1 216　　　　　　　D.1 229.44

24.随同商品出售单独计价的包装物，其成本应计入（　　）。

A.销售费用　　　　B.其他业务成本　　　　C.管理费用　　　　D.制造费用

25.随同商品出售不单独计价的包装物，其成本应计入（　　）。

A.销售费用　　　　B.其他业务成本　　　　C.管理费用　　　　D.制造费用

26.企业摊销的出借周转材料成本，应计入（　　）。

A.销售费用　　　　B.其他业务成本　　　　C.营业外支出　　　　D.制造费用

27.企业摊销的出租周转材料成本，应计入（　　）。

A.销售费用　　　　B.其他业务成本　　　　C.管理费用　　　　D.制造费用

28.某企业月初库存原材料的计划成本为8 000元，材料成本差异为借方余额100元，本月购进的原材料计划成本为24 000元，实际成本为23 100元，该企业本月材料成本差异率为（　　）。

A.3.1%　　　　　　　B.−3.1%　　　　　　　C.2.5%　　　　　　　D.−2.5%

29.某企业本月材料成本差异率为−2%，本月生产直接领用原材料的计划成本为30 000元，计入生产成本的金额为（　　）元。

A.29 400　　　　　　　B.30 600　　　　　　　C.30 000　　　　　　　D.31 000

30.某企业"原材料"账户余额350 000元，"材料成本差异"账户余额3 000元（贷方），"存货跌价准备"账户余额7 000元（贷方），假设不考虑其他存货，期末反映在资产负债表上"存货"的金额为（　　）元。

A.340 000　　　　　　　B.354 000　　　　　　　C.346 000　　　　　　　D.350 000

31.某工业企业期末"原材料"科目余额为20万元，"生产成本"科目余额为40万元，"在产品"科目余额为25万元，"材料成本差异"科目贷方余额为6万元，"库存商品"科目余额为40万元，"工程物资"科目余额为30万元，"存货跌价准备"科目余额为5万元，则该工业企业期末资产负债表中"存货"项目的金额为（　　）万元。

A.144　　　　　　　B.74　　　　　　　C.114　　　　　　　D.120

（二）多项选择题

1.下列项目中，应计入材料采购成本的有（　　）。

A.制造费用　　　　　　　B.进口关税　　　　　　　C.运输途中的合理损耗

D.一般纳税人购入材料支付的增值税　　　　　　E.采购价格

2.对存货实行实地盘存制的企业确定当期耗用或销售存货成本时，主要依据（　　）等因素。

A.期初结存存货　　　　　B.本期购入存货　　　　　C.本期发出存货

D.期末结存存货　　　　　E.本期购入存货发生的进项增值税

3.在我国的会计实务中，下列项目中构成企业存货实际成本的有（　　）。

A.支付的买价　　　　　B.入库后的挑选整理费　　　C.运输途中的合理损耗

D.一般纳税人购货时的增值税进项税额　　　　　E.入库前的挑选整理费

4.一般纳税人企业委托外单位加工用于直接对外销售的存货，其实际成本应包括（　　）。

A.加工中实际耗用有关存货的实际成本

B.加工费用

C.受托加工单位代收代缴的消费税

D.加工存货的往返运杂费

E.加工中支付的增值税

5.企业对于下列的存货盘亏或毁损事项进行处理时，应当计入管理费用的有（　　）。

A.因收发计量原因造成的存货盘亏净损失

B.因核算差错造成的存货盘亏净损失

C.因定额内损耗造成的存货盘亏净损失

D.因管理不善造成的存货盘亏净损失

E.因自然灾害造成的存货毁损净损失

6.企业购进材料一批，已验收入库，但结算凭证未到，货款尚未支付，应作处理为（　　）。

A.材料验收入库即入账　　　　　　　B.材料验收入库时暂不入账

C.月末按暂估价入账　　　　　　　　D.下月初用红字冲回

E.月末估计入账，下月相关凭证到达，再进行补充登记

7."材料成本差异"账户贷方的核算内容有（　　）。

A.入库材料成本超支差异　　　　　　B.入库材料成本节约差异

C.结转发出材料应负担的超支差异　　D.结转发出材料应负担的节约差异

E.库存材料节约差异

8.下列各项中，属于本单位存货的有（　　）。

A.持有以备出售的产成品　　　　　　B.处在生产过程中的在产品

C.在生产过程中耗用的材料和物料　　D.在提供劳务过程中耗用的材料和物料

E.收到订货款但尚未完工的产品

9.下列应计入销售费用的业务有（　　　）。

A.领用随产品出售单独计价的包装物　　　B.领用随产品出售不单独计价的包装物

C.摊销出租包装物的成本　　　D.摊销出借包装物的成本

E.生产车间生产产品领用的包装物

10.期末通过比较发现存货的账面价值低于可变现净值，则可能（　　　）。

A.按差额首次计提存货跌价准备　　　B.按差额补提存货跌价准备

C.按差额转回存货跌价准备　　　D.不进行账务处理

E.按差额以已提取的存货跌价准备为限转回存货跌价准备

11.企业每期都应当重新确定存货的可变现净值，企业在定期检查时，如果发现了（　　　），应当考虑计提存货跌价准备。

A.市价持续下跌，并且在可预见的未来无回升的希望

B.使用该原材料生产的产品成本大于产品的售价

C.因产品更新换代，原有库存原材料已不适应新产品的需要，而该材料的市价又低于其账面成本

D.因企业所提供的商品或劳务过时或消费者偏好改变而使市场需求变化，导致市价下跌

E.存货的账面价值低于可变现净值

12.下列各项存货中，属于周转材料的是（　　　）。

A.委托加工物资　　　B.包装物　　　C.低值易耗品

D.委托代销商品　　　E.受托代销商品

13.企业期末存货成本如果计价过高，可能会引起（　　　）。

A.当期销售收入增加　　　B.当期销售成本增加　　　C.当期利润增加

D.当期所得税增加　　　E.当期销售成本减少

14.用于生产的材料、在产品或自制半成品等需要经过加工的存货，在计算其可变现净值时，应从估计售价中扣除的项目有（　　　）。

A.存货的账面成本　　　B.存货估计完工成本

C.存货的储存费用　　　D.估计销售所必须发生的费用

E.销售存货发生的销项增值税

15.下列有关存货的会计处理方法中，正确的有（　　　）。

A.确定存货实际成本的买价是指购货价格扣除商业折扣和现金折扣以后的金额

B.存货的加工成本是指加工过程中实际发生的人工成本等，不包含按照一定方法分配的制造费用

C.对于盘亏的存货，属于自然灾害或者非正常原因造成的存货毁损，应将其净损失计入营业外支出

D.通过提供劳务取得的存货，其成本按从事劳务提供人员的直接人工和其他直接费用以及可归属于该存货的间接费用确定

E.发出原材料采用计划成本核算的应于资产负债表日调整为实际成本

16.下列有关存货可变现净值的表述中，正确的有（　　　）。

A.用于出售的材料，其可变现净值通常应当以市场销售价格为基础确定

B.持有存货的数量多于销售合同订购数量，超出部分的存货可变现净值应当以产成品或商品的合同价格为基础确定

C.没有销售合同的存货，其可变现净值应当以产成品或商品市场销售价格为基础确定

D.为执行销售合同而持有的存货，通常应当以产成品或商品合同价格为基础确定其可变现净值

E.如果亏损合同存在存货标的，并且企业选择执行合同，则要对其标的物存货计提跌价准备

17.企业资产负债表的"存货"项目中，应当包括的项目有（　　　）。

A.原材料　　　　　　　　B.生产成本　　　　　　　　C.工程物资

D.委托代销商品　　　　　E.受托代销商品

18.下列各项业务中，可以引起期末资产负债表上"存货"项目发生增减变动的有（　　　）。

A.企业购入的原材料已到达企业但相关凭证尚未收到

B.计提存货跌价准备

C.已收到发票账单并支付货款但尚未收到材料

D.盘盈的存货

E.已确认销售收入但尚未发出的商品

19.根据企业会计准则的规定，发出存货的计价应当采用（　　　）。

A.移动加权平均法　　　　B.月末一次加权平均法　　　C.先进先出法

D.后进先出法　　　　　　E.个别计价法

20.企业发出的下列原材料中，相关增值税进项税额不予抵扣的有（　　　）。

A.建造生产经营用固定资产（设备）领用的原材料

B.建造厂房领用的原材料

C.投资转出的原材料

D.福利部门领用的原材料

E.抵债转出的原材料

（三）判断题

1.存货发出必须遵循成本流转与实物流转相一致的原则。（　　　）

2.每期期末都应当重新确定存货的可变现净值，如果以前减记存货价值的影响因素已经消失，则减记的金额应当予以恢复，并在原已计提的存货跌价准备的金额内转回。（　　　）

3.因收发计量差错造成的存货盘亏，应计入产品生产成本。（　　　）

4.企业为建造固定资产而购买的材料，期末如果尚未领用，应在资产负债表的"存货"项目中列示。（　　　）

5.某化工厂所生产的某化工产品，在储存1个月之后才符合产品质量标准，该储存期间所发生的储存费用应计入当期管理费用。（　　）

6.企业接受的投资者投入的存货，只能按照合同价或协议价入账。（　　）

7.会计期末仍有未经批准处理的待处理财产损溢，在财务报表中单列项目反映。
（　　）

8.企业采购的物资，在途中发生非正常短缺与损耗，报经批准后，直接计入存货的成本或相关损益。（　　）

9.企业对存货采用计划成本法核算，期末在资产负债表上反映调整后的实际成本。
（　　）

10.发出存货的计价方法，企业在各期可以任意选择。（　　）

11.商品流通企业采购存货过程中发生的运输费、装卸费、包装费、保险费以及入库前的挑选整理费等都应计入当期损益。（　　）

12.对于材料已到并已验收入库，但发票账单等结算凭证未到且没有支付货款的，企业应在月末对该材料暂估入账，下月初用红字冲回。（　　）

13.发出材料应负担的成本差异，通常按月分摊或者在季末甚至年末一次分摊。
（　　）

14.企业采购存货所支付的增值税不得计入存货成本。（　　）

15.存货区别于其他资产的最基本特征是企业持有存货的最终目的是为了出售。
（　　）

16.采用实地盘存制核算，平时发出存货的成本是倒挤出来的，由于非正常原因导致的存货短缺、毁损全部挤进了发出存货的成本，削弱了对存货的日常控制。（　　）

17.某企业购入一批存货50吨，每吨100元，入库时发现少了0.5吨，经查系途中合理损耗，于是材料明细账中仍记录50吨，每吨100元。（　　）

18.企业购入存货入库后的挑选整理费用应计入存货的成本。（　　）

19.没收的出借包装物的押金，应作为营业外收入。（　　）

20.随同商品出售但不单独计价的包装物，应于包装物发出时作为包装费用，计入所包装商品的成本。（　　）

（四）计算与会计处理题

1.某企业为一般纳税人企业，存货按实际成本计价，2016年7月发生下列经济业务：

（1）购入A材料，增值税发票上注明购买价款50 000元，增值税税额8 500元，货款已通过银行转账支付，材料未到。

（2）购入B材料，增值税发票上注明购买价款100 000元，增值税税额17 000元，上月已预付了50 000元，以转账支票支付运杂费3 000元。材料已验收入库，剩余款项尚未支付。

（3）生产领用A材料，实际成本为60 000元。

（4）领用随同商品出售但不单独计价的包装物1 000个，每个2.5元。

（5）销售D商品及随同D商品出售单独计价的包装物6 000个，D商品成本20元/个、售价30元/个，包装物成本2元/个、售价3元/个，增值税税额33 660元，款项已收。

（6）购入C材料，已验收入库，但发票账单尚未到达。

（7）月末上述C材料的发票账单尚未到达，C材料的估计成本为40 000元。

要求：根据上述资料，编制相关的会计分录。

2.（1）万泰公司从外地购入A材料1 000千克，每千克2元，计2 000元，增值税税额340元，支付外地运杂费205元（不考虑运杂费中的增值税）、采购人员差旅费205元；材料验收入库时，短少20千克属定额内损耗。

（2）万泰公司3月份A材料资料如下：

期初结存300千克，每千克22元；2日购进300千克，每千克21元；7日发出400千克；12日购进500千克，每千克20元；17日发出300千克；22日购进100千克，每千克22元；27日发出存货250千克。

要求：

（1）根据资料（1），计算购入A材料的采购总成本和单位成本；

（2）根据资料（2），在永续盘存法下，分别按先进先出法和加权平均法计算本月发出A材料的存货成本和期末结存的A材料成本。

3.新华有限责任公司为一般纳税企业，对材料采用计划成本计价，2016年10月份有关材料业务如下：

（1）10月1日，红字冲回上月末按暂估价入账的20 000元的"原材料——B材料"。

（2）10月3日，上月购进B材料的结算单据到达，增值税专用发票上注明的买价为18 000元，增值税税率为17%，另由供货方代垫运杂费1 400元，货款及运杂费均以银行存款支付，材料的计划成本为20 000元。

（3）10月15日，从宏达工厂购入材料一批，货款30 000元，增值税税额5 100元，运杂费1 100元（不考虑运杂费中的增值税）；材料已验收入库，计划成本为28 500元，发票等结算凭证已收到，企业因资金不足而尚未付款。

（4）10月23日，以银行存款偿还宏达工厂本月15日的材料货款。

（5）10月25日，购入A材料一批，增值税专用发票上注明买价81 800元、增值税税额13 906元；计划成本为80 000元，材料已验收入库，签发2个月期的商业承兑汇票。

（6）10月31日，本月发出材料汇总表见表4-1。

表4-1

发料凭证汇总表

2016年10月

单位：元

领用部门及用途	A材料	B材料	合计
基本生产车间——甲产品	70 000	50 000	120 000
辅助生产车间——供电车间	10 000	12 000	22 000
基本生产车间——一车间	4 000	3 000	7 000
管理部门	5 000	2 000	7 000
销售部门		1 000	1 000
合计	89 000	68 000	157 000

其中，A材料的材料成本差异率为2%，B材料的材料成本差异率为-1%。

要求：结转发出材料的计划成本和本月发出材料应分配的成本差异额，并编制会计分录。

4.嘉海公司生产部门1月1日领用一批低值易耗品，成本60 000元。该批低值易耗品使用6次后报废，每月可使用一次，报废后残料入库，可作价1 000元。该公司1—6月份材料成本差异分别为1%、2%、3%、-1%、-2%、-2.5%。

要求：分别编制采用一次转销法和五五摊销法结转该批低值易耗品的成本的相关会计分录。

5.嘉威公司是一家生产家电产品的上市公司，为增值税一般纳税企业，2015年12月31日，嘉威公司期末存货的有关资料见表4-2。

表4-2　　　　　　　　　　　嘉威公司期末存货有关资料

存货品种	数量	单位成本（万元）	账面余额（万元）	备注
甲产品（台）	300	10	3 000	
乙产品（台）	400	2.5	1 000	
丙产品（台）	1 200	1.5	1 800	
合计			5 800	

（1）2015年12月31日，甲产品市场销售价格为每台13万元，预计销售费用及税金为每台0.5万元。

（2）2015年12月31日，乙产品市场销售价格为每台2.4万元。嘉威公司已经与某企业签订一份不可撤销的销售合同，约定在2016年2月10日向该企业销售乙产品150台，合同价格为每台3万元。乙产品预计销售费用及税金为每台0.2万元。

（3）2015年12月31日，丙产品市场销售价格为每台1.7万元，预计销售费用及税金为每台0.1万元，丙产品的存货跌价准备余额为250万元，2015年销售丙产品结转存货跌价准备100万元。

（4）2016年12月31日，丁配件的市场销售价格为每件1.2万元。现有丁配件可用于生产400台丙产品，丁配件每加工一台丙产品需要的加工成本为0.5万元。2015年年末丁配件400件，单位成本1.3万元/件，账面余额520万元。

嘉威公司按单项存货、按年计提跌价准备，除了丙产品外，对其他存货未计提存货跌价准备。

要求：计算嘉威公司2015年12月31日和2016年12月31日应计提或转回的存货跌价准备，并编制相关的会计分录（单位：万元）。

四、　本章习题答案及解析

（一）单项选择题

1.A【解析】由于增值税进项税额可以抵扣，因而不能计入存货成本。

2.A【解析】购进存货运输途中的合理损耗应计入存货的采购成本。

3.B【解析】由于先进先出法下，先购入存货的成本在后购入存货的成本之前转出，能够提高当期利润。

4.A【解析】（180×2 520+540×2 880+180×2 700）÷（180+540+180）=2 772（元/件）。

5.C【解析】A、B和D选项应计入管理费用。

6.D【解析】由于出借包装物摊销时计入了销售费用，所以报废时的残料价值应冲减销售费用。

7.D【解析】根据企业会计准则，计提存货跌价准备时应按单个存货项目进行比较。

8.D【解析】根据企业会计准则，商品流通企业对于存货的附带成本应计入存货成本。

9.D【解析】企业会计准则规定，可变现净值等于预计售价减去进一步加工成本和销售所必需的预计税金及费用。

10.C【解析】没收的押金视同销售，4 680元包含了增值税，应确认的收入=4 680÷（1+17%）=4 000（元）。

11.D【解析】（300×30+550+170）÷[300×（1−10%）]=36（元/千克）。

12.A【解析】设备的修理费计入管理费用。

13.B【解析】存货入库后的仓储费应计入管理费用。

14.C【解析】4月10日发出材料成本=200×300+200×280=116 000（元）；4月27日发出材料成本=100×280+250×320=108 000（元），月末A材料余额=150×320=48 000（元）。

15.B【解析】该自制半成品的可变现净值=20×2.5−6+20×2.4−32=60（万元），低于半成品成本，应计提的跌价准备=70−60=10（万元）。

16.A【解析】2016年A材料发生减值5 000元，已有跌价准备20 000元，应转回15 000元。

17.B【解析】成本占零售价的比率=（50+120）÷（72+200）×100%=62.5%；月末存货成本=[200×（1−80%）+72]×62.5%=70（万元）。

18.A【解析】存货历史成本的购货价格是指供货单位的报价减去商业折扣。

19.C【解析】企业会计准则规定，期末存货在资产负债表上应按成本与可变现净值孰低法反映其价值。

20.C【解析】企业发现存货盘盈，应调整存货账面价值，同时应作"待处理财产损溢"处理，报经批准后计入管理费用。

21.C【解析】已销商品的毛利=4 000×30%=1 200（元），已销商品的成本=4 000−1 200=2 800（元）。

22.D【解析】合理损耗已计入存货的成本，35%的非合理损耗不应计入存货成本，80×（1−35%）=52（万元）。

23.D【解析】合理损耗计入存货成本，存货的入账价值=1 200×50+600+200+180=60 980（元）；入库重量应按实际重量记录，单位成本=60 980÷49.6=1 229.44（元/吨）。

24.B【解析】随同商品出售单独计价的包装物，出售的收入计入其他业务收入，相应的成本摊销计入其他业务成本。

25.A【解析】随同商品出售不单独计价的包装物，是为了出售而发生的，相应的成本摊销计入销售费用。

26.A【解析】企业出借的周转材料是为了销售而出借的，相应的摊销成本计入销售费用。

27.B【解析】出租周转材料有相应的收入，即其他业务收入，根据配比原则，相应的摊销成本应计入其他业务成本。

28.D【解析】成本差异=23 100−24 000+100=−800（元），差异率=−800÷（24 000+8 000）×100%=−2.5%。

29.A【解析】领用原材料的实际成本=30 000×（1−2%）=29 400（元）。

30.A【解析】350 000−7 000−3 000=340 000（元）。

31.C【解析】"存货"项目的金额=20+40+25−6+40−5=114（万元）。

（二）多项选择题

1.BCE【解析】制造费用是指应由产品生产成本负担的，是加工成本而非采购成本，不能直接计入各产品成本的有关费用；进口关税和运输途中的合理损耗应计入存货成本；一般纳税人购入材料支付的增值税应作为进项税额抵扣，不计入存货成本。

2.ABD【解析】实地盘存制是对各项财产物资，平时在账簿中只登记增加数，不登记减少数，月末根据实地盘存的结存数来倒推当月财产物资的减少数，再据以登记有关账簿的一种方法，即本期发出数=账面期初余额+本期收入数−期末实际结存数。所以选项C和选项E不正确。

3.ACE【解析】存货的成本主要包括入库前的购买价款、运输费、装卸费以及挑选整理费用等，入库后的挑选整理费用不应计入存货成本。

4.ABCD【解析】一般纳税人加工中支付的增值税可以抵扣，不应计入委托加工物资的成本。委托外单位加工用于直接对外销售的存货，支付的消费税计入存货的成本，委托外单位加工用于继续生产应税消费品的存货，支付消费税不计入委托加工物资的成本。

5.ABCD【解析】因自然灾害造成的存货毁损净损失计入营业外支出。

6.BCD【解析】购进的材料已验收入库，但结算凭证未到，货款尚未支付，等到凭证到达再登记入账，月末若还未到达，则按暂估价入账，下月初用红字冲回，等到凭证到达再登记入账。

7.BCE【解析】入库材料的超支差异、结转发出材料应负担的节约差异通过"材料成本差异"账户的借方核算。入库材料成本的节约差异、结转发出材料应负担的超支差异、库存材料节约差异通过"材料成本差异"账户的贷方核算。

8.ABCDE【解析】存货是指企业在日常活动中持有以备出售的产成品或商品、处在生产过程中的在产品、在生产过程或提供劳务过程中耗用的材料和物料等。

9.BD【解析】选项A和选项C计入其他业务成本，选项E计入生产成本或制造费用。

10.DE【解析】期末存货的账面价值低于可变现净值，如前期没有提取过存货跌价准备，则无须进行账务处理，如前期已提取存货跌价准备，则按差额以已提取的存货跌价准备为限转回存货跌价准备。

11.ABCD【解析】存货的账面价值低于可变现净值，无须提取存货跌价准备。

12.BC【解析】根据企业会计准则，周转材料包括低值易耗品、包装物以及建筑所需的脚手架、木模板等。

13.CDE【解析】期末存货成本计价过高，导致当期销售成本偏低，利润增加，所得税增加。

14.BD【解析】在计算其可变现净值时，应从估计售价中扣除销售所必须发生的各项税费以及存货的估计完工成本。

15.CDE【解析】存货实际成本的买价是指购货价格扣除商业折扣的金额（包含现金折扣）；现金折扣是企业提前付款获取的收益，是一种理财收益。存货的加工成本是指加工过程中实际发生的人工成本以及按照一定方法分配的制造费用等。

16.ACDE【解析】持有存货的数量多于销售合同订购数量，超出部分的存货可变现净值应当以市场销售价格作为基础确定，选项B不符合题意。

17.ABDE【解析】生产成本是处于生产过程中的存货，虽然受托代销商品不是受托代销单位的存货，但是我国企业会计准则规定，为了加强代销单位对代销商品的管理，仍将受托代销存货纳入代销企业的存货核算之中，并同时确认一笔"受托代销商品款"（负债）。

18.ABCDE【解析】A选项应暂估入账，B选项必然影响存货的账面价值，C选项作为在途物资（实际成本法）或材料采购（计划成本法）入账，D选项按重置成本确定盘盈存货的价值并调整存货的账面价值，E选项，应确认销售收入但尚未发出的商品，该商品的相关风险和报酬已经转移，不能再作为企业的存货。

19.ABCE【解析】"后进先出法"在新企业会计准则中已经不再使用。

20.BD【解析】按照新的税法规定，为构建和购买生产经营用固定资产（设备）的相关进项增值税可以抵扣，厂房不属于设备，所以B选项正确，福利部门领用的原材料的增值税进项税额不予抵扣。

（三）判断题

1.×【解析】存货发出的计价方法中只有个别成本法遵循了成本流转与实物流转相一致的原则。

2.√

3.×【解析】因收发计量差错造成的存货盘亏，应计入管理费用。

4.×【解析】企业为建造固定资产而购买的材料，期末如果尚未领用，应在资产负债表的"工程物资"项目中列示。

5.×【解析】本题中发生的仓储费是生产该化工产品所必需的，所以相应的仓储费应计入该化工产品的成本。

6.×【解析】企业接受的投资者投入的存货，按照合同价或协议价入账，但合同价或协议价不公允的除外。

7.×【解析】企业会计准则规定，企业的财产损溢应查明原因，在期末结账前处理完毕，处理后，"待处理财产损溢"科目应无余额。对于年中各期末的"待处理财产损溢"科目余额，可以根据该财产的流动性分别列示于资产负债表中的"其他流动资产"或"其他非流动资产"项目下。

8.×【解析】企业采购的物资，在途中发生非正常短缺与损耗，应先记入"待处理财产损溢"科目，然后再报经批准进行相关处理。

9.√

10.×【解析】发出存货的计价方法一旦选定，不得随意改变。

11.×【解析】根据企业会计准则，无论是工业企业还是商品流通企业，采购存货过程中发生的运输费、装卸费、包装费、保险费以及入库前的挑选整理费等都应计入存货成本。

12.√

13.×【解析】发出材料应负担的成本差异通常应在月末通过成本差异的分摊，将发出存货与结存存货调整为实际成本。

14.×【解析】一般纳税人企业采购存货所支付的增值税不应计入存货的成本，但小规模纳税人企业采购存货所支付的增值税应计入存货的成本。

15.√

16.√

17.×【解析】本题中重量应记录49.5吨。

18.×【解析】企业购入存货入库后的挑选整理费用应计入当期损益。

19.×【解析】没收的出借包装物的押金，应冲减销售费用。

20.×【解析】随同商品出售但不单独计价的包装物，应采用一次转销法或五五摊销法计入销售费用。

（四）计算与会计处理题

1.编制的会计分录如下：

（1）借：在途物资   50 000

    应交税费——应交增值税（进项税额） 8 500

     贷：银行存款   58 500

（2）借：原材料   103 000

    应交税费——应交增值税（进项税额） 17 000

     贷：预付账款   117 000

      银行存款   3 000

（3）借：生产成本   60 000

     贷：原材料   60 000

（4）借：销售费用   2 500

     贷：周转材料   2 500

（5）借：银行存款   231 660

    贷：主营业务收入——D商品   180 000

        其他业务收入——包装物销售   18 000

        应交税费——应交增值税（销项税额）   33 660

借：主营业务成本   120 000

    其他业务成本   12 000

    贷：库存商品——D商品   120 000

        周转材料——包装物   12 000

（6）暂不做账务处理。

（7）借：原材料   40 000

    贷：应付账款——暂估应付账款   40 000

下月初用红字冲回。

2.相关处理过程如下：

（1）A材料的采购成本=2 000+205=2 205（元）

A材料的单位成本=2 205÷（1 000-20）=2.25（元/千克）

（2）先进先出法下：

7日发出A材料的成本=300×22+100×21=8 700（元）

17日发出A材料的成本=200×21+100×20=6 200（元）

27日发出A材料的成本=250×20=5 000（元）

本月发出A材料的总成本=8 700+6 200+5 000=19 900（元）

期末结存A材料的成本=150×20+100×22=5 200（元）

加权平均法下：

A材料的加权平均单位成本=（300×22+300×21+500×20+100×22）÷（300+300+500+100）

=20.92（元/千克）

月末结存A材料的成本=250×20.92=5 230（元）

本月发出A材料的总成本=25 100-5 230=19 870（元）

3.相关处理过程如下：

（1）借：原材料——B材料   20 000

    贷：应付账款   20 000

（2）借：材料采购——B材料   19 400

        应交税费——应交增值税（进项税额）   3 060

    贷：银行存款   22 460

借：原材料——B材料   20 000

    贷：材料采购   19 400

        材料成本差异   600

（3）借：材料采购   31 100

        应交税费——应交增值税（进项税额）   5 100

贷：应付账款		36 200
借：原材料	28 500	
材料成本差异	2 600	
贷：材料采购		31 100
（4）借：应付账款	36 200	
贷：银行存款		36 200
（5）借：材料采购	81 800	
应交税费——应交增值税（进项税额）	13 906	
贷：应付票据		95 706
借：原材料	80 000	
材料成本差异	1 800	
贷：材料采购		81 800

（6）A材料应结转的材料成本差异为：89 000×2%=1 780（元）

其中应计入生产成本——基本生产成本：70 000×2%=1 400（元）

其中应计入生产成本——辅助生产成本：10 000×2%=200（元）

其中应计入制造费用：4 000×2%=80（元）

其中应计入管理费用：5 000×2%=100（元）

B材料应结转的材料成本差异为：68 000×（−1%）=−680（元）

其中应计入生产成本——基本生产成本：50 000×（−1%）=−500（元）

其中应计入生产成本——辅助生产成本：12 000×（−1%）=−120（元）

其中应计入制造费用：3 000×（−1%）=−30（元）

其中应计入管理费用：2 000×（−1%）=−20（元）

其中应计入销售费用：1 000×（−1%）=−10（元）

会计分录如下：

发出A、B材料：

借：生产成本——基本生产成本	70 000	
——辅助生产成本	10 000	
制造费用	4 000	
管理费用	5 000	
贷：原材料——A材料		89 000
借：生产成本——基本生产成本	50 000	
——辅助生产成本	12 000	
制造费用	3 000	
管理费用	2 000	
销售费用	1 000	
贷：原材料——B材料		68 000

结转A、B材料的材料成本差异：

借：生产成本——基本生产成本	1 400
——辅助生产成本	200
制造费用	80
管理费用	100
贷：材料成本差异——A材料	1 780
借：生产成本——基本生产成本	500
——辅助生产成本	120
制造费用	30
管理费用	20
销售费用	10
贷：材料成本差异——B材料	680

4.编制的会计分录如下：

（1）一次转销法下，在领用当月编制如下分录：

借：制造费用	60 000
贷：周转材料	60 000
借：制造费用	600
贷：材料成本差异	600

6月份报废时：

借：原材料	1 000
贷：制造费用	1 000

（2）五五摊销法下，领用当月编制如下分录：

借：周转材料——在用	60 000
贷：周转材料——在库	60 000
借：制造费用	30 000
贷：周转材料——摊销	30 000
借：制造费用	300
贷：材料成本差异	300

6月份第二次摊销，该低值易耗品报废：

借：制造费用	30 000
贷：周转材料——摊销	30 000
借：周转材料——摊销	60 000
贷：周转材料——在用	60 000
借：制造费用	750
贷：材料成本差异	750
借：原材料	1 000
贷：制造费用	1 000

5.相关处理过程如下：

（1）甲产品的可变现净值=300×（13-0.5）=3 750（万元），大于成本3 000万元，则甲产品不用计提存货跌价准备。

（2）乙产品有合同部分的可变现净值=150×（3-0.2）=420（万元），其成本=150×2.5=375（万元），则有合同部分不用计提存货跌价准备；无合同部分的可变现净值=250×（2.4-0.2）=550（万元），其成本=250×2.5=625（万元），应计提跌价准备=625-550=75（万元）。

借：资产减值损失　　　　　　　　　　　　　　　　　　　　　　　　　　　75

　贷：存货跌价准备　　　　　　　　　　　　　　　　　　　　　　　　　　75

（3）丙产品的可变现净值=1 200×（1.7-0.1）=1 920（万元），高于成本120万元（1 920-1 800），则2015年12月31日丙产品不用计提跌价准备，同时要把原计提的存货跌价准备余额150万元（250-100）转回120万元。

借：存货跌价准备　　　　　　　　　　　　　　　　　　　　　　　　　　120

　贷：资产减值损失　　　　　　　　　　　　　　　　　　　　　　　　　120

（4）丁配件对应的丙产品的成本=520+400×0.5=720（万元），可变现净值=400×（1.7-0.1）=640（万元），丙产品发生了减值，低于其账面价值520万元，其差额80万元计提存货跌价准备，则2016年12月31日丁配件对应的丙产品需要计提存货跌价准备50万元（520-440-30）。

借：资产减值损失　　　　　　　　　　　　　　　　　　　　　　　　　　50

　贷：存货跌价准备　　　　　　　　　　　　　　　　　　　　　　　　　50

第五章 投 资

一、 学习目的及要求

通过本章学习，了解金融资产的概念及分类，掌握交易性金融资产和指定为以公允价值计量且其变动计入当期损益的金融资产、持有至到期投资、可供出售金融资产以及长期股权投资的初始计量和处置的基本要求和会计处理；熟练掌握交易性金融资产和可供出售金融资产的公允价值变动的会计处理；掌握持有至到期投资利息收入确认的会计处理；掌握权益法和成本法下长期股权投资持有期间的收益的确认；掌握简单的成本法和权益法相互转换的会计处理；掌握金融资产发生减值的会计处理。

二、 本章主要知识点

◇交易性金融资产的分类及核算

◇持有至到期投资的核算

◇可供出售金融资产的核算

◇长期股权投资的成本法和权益法

◇长期股权投资的成本法和权益法的转换

三、 本章习题

（一）单项选择题

1.不属于交易性金融资产的是（　　）。

A.取得该金融资产的目的主要是为了近期内出售、回购或赎回

B.属于进行集中管理的可辨认金融工具组合的一部分，且有客观证据证明企业近期采用短期获利方式对该组合进行管理

C.属于衍生工具，主要指国债期货、远期合同、股指期货等，套期工具除外

D.取得该金融资产的目的主要是为了进行战略性投资

2.关于交易性金融资产，下列说法中错误的是（　　）。

A.以公允价值计量且其变动计入当期损益的金融资产包含交易性金融资产

B.以公允价值计量且其变动计入当期损益的金融资产和交易性金融资产是同一概念

C.以公允价值计量且其变动计入当期损益的金融资产包含交易性金融资产和直接指

定为以公允价值计量且其变动计入当期损益的金融资产

D.交易性金融资产主要是为了近期内出售而持有的金融资产

3.关于交易性金融资产的计量，下列说法中正确的是（　　）。

A.应按取得交易性金融资产的公允价值和相关交易税费之和作为初始确认金额

B.应当按照取得该交易性金融资产的公允价值作为初始入账金额，相关的交易税费作为投资收益的借项

C.资产负债表日，应将交易性金融资产的公允价值变动计入投资收益

D.处置该金融资产时，其公允价值与初始入账金额之间的差额应确认为投资收益，不调整公允价值变动损益

4.下列与交易性金融资产有关的业务中，不应贷记"投资收益"的是（　　）。

A.持有期间被投资单位宣告发放现金股利

B.持有期间获得的债券利息

C.资产负债表日，持有的股票市价大于其账面价值

D.企业转让交易性金融资产收到的价款大于其账面价值的差额

5.下列与交易性金融资产有关的业务中，不影响"投资收益"科目的是（　　）。

A.购入交易性金融资产支付的交易费用

B.资产负债表日，交易性金融资产的公允价值发生变动

C.处置交易性金融资产时，"交易性金融资产——公允价值变动"科目有余额

D.确认持有期间获得债券利息

6.2016年1月1日，新华公司从二级市场支付价款204万元（含已到付息期但尚未领取的利息4万元）购入大海公司发行的债券，另发生交易费用0.7万元。该债券面值为200万元，剩余期限为2年，票面年利率为4%，每半年付息一次，新华公司管理层拟在短期内随时出售大海公司债券。新华公司于2016年1月和7月分别收到该债券2015年下半年和2016年上半年利息每次4万元；2016年6月30日该债券的公允价值为230万元（不含利息）；2016年8月30日，新华公司将该债券全部出售，取得价款235万元。不考虑其他因素，新华公司从取得至出售大海公司债券累计确认的投资收益为（　　）万元。

A.34.3　　　　　B.39　　　　　C.38.3　　　　　D.45

7.关于持有至到期投资的计量，下列说法中不正确的是（　　）。

A.应当按取得该金融资产的公允价值和相关交易费用之和作为初始确认金额

B.应当按取得该金融资产的公允价值作为初始确认金额，相关交易费用在发生时计入当期损益

C.采用摊余成本进行后续计量

D.其摊余成本等于其账面价值

8.交易性金融资产与可供出售金融资产最根本的区别是（　　）。

A.持有时间不同　　　　　　　　B.被投资对象不同

C.投资目的不同　　　　　　　　D.投资性质不同

9.企业购入股票作为交易性金融资产，构成该项资产的初始投资成本的是（　　）。

A.股票的面值

B.实际支付的价款

C.股票的公允价值

D.股票的公允价值和支付的交易费用之和

10.2016年1月1日，甲公司购入乙公司2015年1月1日发行的面值为50万元、期限6年、票面利率为6%、每年12月31日付息的债券，并将其划分为交易性金融资产，实际支付价款55万元，其中包含债券利息3万元，交易费用1 000元。甲公司债券的初始确认金额为（　　　　）。

    A.55万元   B.52万元   C.51.9万元   D.54.9万元

11.企业持有的交易性金融资产获得现金股利，应当（　　　　）。

    A.计入投资收益   B.计入资本公积

    C.冲减财务费用   D.冲减初始确认金额

12.企业持有的交易性金融资产发生公允价值变动，应当计入（　　　　）。

    A.公允价值变动损益   B.投资收益

    C.资本公积   D.营业外收入

13.资产负债表日企业持有的交易性金融资产应按（　　　　）计量。

    A.公允价值   B.账面价值

    C.可变现净值   D.成本与市价孰低法

14.企业持有的下列投资中，投资对象可以是债券而不能是股票的是（　　　　）。

    A.交易性金融资产   B.持有至到期投资

    C.可供出售金融资产   D.长期股权投资

15.甲公司将持有交易性金融资产（股票）出售，该股票投资的初始成本为50 000元，出售时该股票的账面价值为60 000元，已宣告但尚未发放的现金股利为1 000元，实际出售的价款为80 000元。处置该交易性金融资产时确认的投资收益为（　　　　）元。

    A.30 000   B.20 000   C.29 000   D.31 000

16.2015年5月1日甲公司购入乙公司股票并将其划分为交易性金融资产，支付价款206万元，其中包含已宣告但尚未发放的现金股利6万元，另支付手续费0.8万元，2015年6月30日收到该股票价款中包含的现金股利，2015年12月31日该股票的公允价值为240万元；2016年3月20日甲公司将该股票出售，实际收到价款380万元。甲公司通过该股票获得的投资净收益为（　　　　）万元。

    A.180   B.174   C.179.2   D.140

17.同上，2015年12月31日，乙公司股票在甲公司资产负债表上列示的金额为（　　　　）万元。

    A.206   B.200   C.240   D.380

18.企业购入债券作为持有至到期投资，债券的初始确认金额为（　　　　）。

    A.债券面值   B.债券公允价值

    C.债券面值加相关交易费用   D.债券公允价值加相关交易费用

19.企业购入的持有至到期投资,利息调整是由于( )引起的。

A.债券的溢折价和相关交易税费 　　　 B.债券的溢折价

C.购入债券的相关交易税费 　　　 D.已到付息期但尚未领取的利息

20.企业购入债券作为持有至到期投资,初始确认金额与面值之间的差额作为( )。

A.投资收益 　　　 B.利息调整 　　　 C.财务费用 　　　 D.应计利息

21.债券溢价主要是因为( )。

A.市场利率高于票面利率 　　　 B.票面利率高于市场利率

C.实际利率高于市场利率 　　　 D.实际利率低于市场利率

22.甲公司于2016年1月2日从证券市场上购入乙公司于2015年1月1日发行的债券,该债券为3年期,票面利率为5%,每年1月5日支付上年度的利息,到期日为2018年1月1日,到期日一次归还本金和最后一次利息。甲公司购入债券的面值为1 000万元,实际支付价款为1 011.67万元,另支付相关费用20万元。甲公司购入后将其划分为持有至到期投资。购入债券的实际利率为6%。

要求:根据上述资料,不考虑其他因素,回答下列第(1)题至第(2)题(计算过程中结果保留两位小数)。

(1)甲公司2016年1月2日持有至到期投资的初始投资成本为( )万元。

A.1 011.67 　　　 B.1 000 　　　 C.981.67 　　　 D.1 031.67

(2)2016年12月31日,甲公司应确认的投资收益为( )万元。

A.58.90 　　　 B.50 　　　 C.49.08 　　　 D.60.70

23.债券的折价主要是因为( )。

A.市场利率高于票面利率 　　　 B.票面利率高于市场利率

C.实际利率高于市场利率 　　　 D.实际利率低于市场利率

24.甲公司于2015年1月1日购入某公司发行的5年期、(2016年12月31日到期)一次还本分期付息的公司债券,划分为持有至到期投资,次年1月3日支付利息。票面年利率为6%,面值总额为3 000万元,公允价值总额为3 120万元;另支付交易费用2.27万元。假定该公司每年年末采用实际利率法摊销债券溢折价,实际利率为5%。2015年12月31日该持有至到期投资的摊余成本为( )万元。

A.3 073.3 　　　 B.3 081.86 　　　 C.3 107.56 　　　 D.3 080.08

25.持有至到期投资每年计入投资收益的金额为( )。

A.持有至到期投资摊余成本×实际利率

B.持有至到期投资账面价值×票面利率

C.持有至到期投资账面余额×实际利率

D.持有至到期投资账面余额×票面利率

26.持有至到期投资摊余成本等于( )。

A.持有至到期投资的账面余额

B.持有至到期投资的账面价值

C.初始确认金额-已偿还的本金-借方利息调整的摊销数

D.持有至到期投资初始投资成本

27.溢价购入未发生减值的、一次还本分次付息的债券作为持有至到期投资，期末投资收益与应收利息的大小关系是（　　　）。

A.应收利息等于投资收益　　　　　　B.应收利息小于投资收益

C.应收利息大于投资收益　　　　　　D.无法确定

28.企业持有的作为持有至到期投资的一次还本付息的债券，确认利息收入时应借记（　　　）。

A.应收利息　　　　　　　　　　　　B.持有至到期投资——应计利息

C.投资收益　　　　　　　　　　　　D.其他应收款

29.可供出售金融资产持有期内公允价值上升，则（　　　）。

A.计入其他综合收益

B.计入投资收益

C.作为公允价值变动损益计入当期损益

D.不作任何处理

30.下列有关可供出售金融资产后续计量中，正确的是（　　　）。

A.按照公允价值进行计量，变动损益计入当期投资收益

B.按照摊余成本进行后续计量

C.按照公允价值进行后续计量，变动损益计入其他综合收益（减值除外）

D.按照公允价值进行后续计量，变动损益计入当期公允价值变动损益

31.资产负债表日，可供出售金融资产（债券）的公允价值高于其摊余成本的差额时，会计处理为：借记"可供出售金融资产"科目，贷记（　　　）科目。

A.其他综合收益　　　　　　　　　　B.投资收益

C.资产减值损失　　　　　　　　　　D.可供出售金融资产减值准备

32.可供出售金融资产在发生减值时，不可能涉及的会计科目是（　　　）。

A.资产减值损失

B.其他综合收益

C.可供出售金融资产——公允价值变动

D.公允价值变动损益

33.根据企业会计准则的要求，企业购入债券作为可供出售金融资产，其利息调整的摊销应当采用（　　　）。

A.直线法　　　　　　　　　　　　　B.实际利率法

C.直线法或实际利率法　　　　　　　D.实际利率法或年数总和法

34.企业在持有可供出售金融资产期间获得的现金股利应当（　　　）。

A.计入投资收益　　　　　　　　　　B.计入公允价值变动损益

C.冲减财务费用　　　　　　　　　　D.计入其他业务收入

35.可供出售金融资产提取减值准备，已计入其他综合收益的公允价值变动累计损失，应当转入（　　　）。

A.公允价值变动损益　　　B.投资收益　　　C.营业外支出　　　　D.资产减值损失

36.2016年5月7日，A公司支付800万元取得一项股权投资作为可供出售金融资产，支付的价款中包含已宣告发放但尚未领取的现金股利30万元，另支付交易费用5万元，A公司该项可供出售金融资产的入账价值为（　　　）万元。

A.805　　　　　　　B.770　　　　　　　C.765　　　　　　　D.775

37.2016年1月1日，甲公司自证券市场购入面值总额为1 000万元的债券。购入时实际支付价款990万元，另外支付交易费用10万元。该债券发行日为2016年1月1日，系分期付息、到期还本债券，期限为5年，票面年利率为5%，甲公司计算确定的实际年利率也为5%，每年12月31日支付当年利息。甲公司将该债券作为可供出售金融资产核算。2016年年末该项债券投资的公允价值下降为700万元，甲公司预计该项债券投资的公允价值还会下跌。不考虑其他因素，则下列说法中正确的是（　　　）。

A.甲公司应于2016年年末借记其他综合收益300万元

B.甲公司应于2016年年末确认资产减值损失300万元

C.2016年年初该项可供出售金融资产的账面价值为750万元

D.2016年年末该项可供出售金融资产应确认的投资收益为35万元

38.甲公司2013年3月2日自证券市场购入乙公司发行的股票100万股，共支付价款1 500万元（包含已宣告但尚未发放的现金股利20万元），另支付交易费用5万元。甲公司将其划分为可供出售金融资产核算。2013年12月31日，该股票的公允价值为1 600万元。2014年12月31日，该股票的公允价值为1 300万元。甲公司预计该股票价格的下跌是暂时的。因受到外界不利因素的影响，2015年12月31日，该股票的公允价值下降为600万元；随着各方面情况的好转，2016年12月31日该股票的公允价值上升到1 000万元。

要求：根据上述资料，不考虑其他因素，回答下列问题：

（1）2013年3月2日，可供出售金融资产的初始入账金额为（　　　）万元。

A.1 505　　　　　　　B.1 485　　　　　　　C.1 480　　　　　　　D.1 500

（2）2014年12月31日，甲公司累计确认的其他综合收益为（　　　）万元。

A.115　　　　　　　B.-185　　　　　　　C.-300　　　　　　　D.0

（3）2015年12月31日，甲公司的下列会计处理中正确的是（　　　）。

A.借：其他综合收益　　　　　　　　　　　　　　　　　　　　　700

　　贷：可供出售金融资产——公允价值变动　　　　　　　　　　　　　700

B.借：资产减值损失　　　　　　　　　　　　　　　　　　　　　700

　　贷：可供出售金融资产——公允价值变动　　　　　　　　　　　　　700

C.借：资产减值损失　　　　　　　　　　　　　　　　　　　　1 000

　　贷：其他综合收益　　　　　　　　　　　　　　　　　　　　　300

　　　　可供出售金融资产——公允价值变动　　　　　　　　　　　　　700

D.借：资产减值损失　　　　　　　　　　　　　　　　　　　　　885

　　贷：其他综合收益　　　　　　　　　　　　　　　　　　　　　185

　　　　可供出售金融资产——公允价值变动　　　　　　　　　　　　　700

39.2013年5月1日，A公司从股票二级市场以每股5元的价格购入B公司发行的股票20万股，划分为可供出售金融资产。2013年12月31日，该股票的市场价格为每股5.5元。2014年12月31日，该股票的市场价格为每股4.75元，A公司预计该股票的价格下跌是暂时的。2015年12月31日，该股票的市场价格为每股4.5元，A公司预计该股票的价格下跌仍然是暂时的。2016年，B公司因违犯相关证券法规，受到证券监管部门查处。受此影响，B公司股票的市场价格发生下跌，预计短期内价格没有回升的可能性。至2016年12月31日，该股票的市场价格下跌到每股3.5元。根据上述资料，回答下列问题：

（1）2014年12月31日，累计确认的其他综合收益为（   ）万元。

A.10 　　　　　　　　B.−15 　　　　　　　　C.−5 　　　　　　　　D.0

（2）2015年12月31日，正确的会计处理是（   ）。

A.确认"其他综合收益"−5万元，累计确认的其他综合收益为−10万元

B.确认"资产减值损失"5万元，累计确认的其他综合收益为−5万元

C.确认"其他综合收益"−5万元，累计确认的其他综合收益为−20万元

D.确认"资产减值损失"10万元，累计确认的其他综合收益为0

（3）2016年12月31日，下列会计处理中不正确的是（   ）。

A.贷记"其他综合收益"10万元

B.确认"资产减值损失"20万元

C.贷记"可供出售金融资产——公允价值变动"20万元

D.确认"资产减值损失"30万元

40.公司拥有的"持有至到期投资"科目的期末余额为10万元，持有至到期投资减值准备为1万元，将于一年内到期的债券（未发生减值）为3万元。在本年度资产负债表上，持有至到期投资应列示的金额为（   ）万元。

A.10 　　　　　　　　B.9 　　　　　　　　C.6 　　　　　　　　D.7

41.债券重分类为可供出售金融资产，可供出售金融资产的入账价值为（   ）。

A.债券的初始成本 　　　　　　　　B.债券的摊余成本

C.债券的公允价值 　　　　　　　　D.债券的面值

42.持有至到期投资提取了减值准备，如果以后价值恢复，应当（   ）。

A.计入其他综合收益 　　　　　　　　B.不得转回

C.恢复投资的账面价值 　　　　　　　　D.计入投资收益

43.企业计提的金融资产减值准备中，不能通过损益转回的是（   ）。

A.坏账准备 　　　　　　　　B.持有至到期投资减值准备

C.可供出售债务工具减值准备 　　　　　　　　D.可供出售权益工具减值准备

44.持有至到期投资发生减值时，应当将该金融资产的账面价值减记至（   ），减记的金额确认为资产减值损失，计入当期损益。

A.可变现净值 　　　　　　　　B.预计未来现金流量现值

C.公允价值 　　　　　　　　D.可收回金额

45.持有至到期投资重分类为可供出售金融资产，该项投资的公允价值与账面价值的差额应当计入（　　）。

A.投资收益　　　　　　　　　　B.其他综合收益

C.公允价值变动损益　　　　　　D.营业外收入

46.持有至到期投资的减值金额是指该投资的摊余成本与其（　　）之间的差额。

A.面值　　　　　　　　　　　　B.预计可回收金额

C.可变现净值　　　　　　　　　D.预计未来现金流量现值

47.采用公允价值对金融资产进行后续计量体现了会计信息质量特征的（　　）。

A.可靠性　　　　　B.相关性　　　　　C.及时性　　　　　D.实质重于形式

48.下列金融资产中不计提资产减值准备的是（　　）。

A.交易性金融资产　　　　　　　B.可供出售金融资产

C.持有至到期投资　　　　　　　D.长期股权投资

49.在同一控制下的企业合并中，合并方确认的初始投资成本与支付的合并对价账面价值（或发行股份面值总额）的差额，正确的会计处理应当是（　　）。

A.确认为商誉　　　　　　　　　B.调整资本公积或留存收益

C.计入营业外收入　　　　　　　D.计入营业外支出

50.2016年4月1日，A公司以5 000万元作为合并对价，取得B公司90%的股权，并于当日起能够对B公司实施控制。合并当日，B公司所有者权益账面价值为7 000万元。合并过程中发生相关手续费30万元。该项合并发生前，A公司与B公司同受C公司控制。不考虑其他因素，则A公司该项长期股权投资的初始投资成本为（　　）万元。

A.5 000　　　　　　B.5 030　　　　　　C.6 300　　　　　　D.6 330

51.2016年3月20日，甲公司发行自身普通股5 000万股取得其母公司的另一全资子公司乙公司60%的股权。合并日，甲公司普通股每股面值1元，市价为2.1元。当日，乙企业净资产账面价值为16 000万元，公允价值为17 500万元。合并前双方采用的会计政策及会计期间均相同。假定不考虑其他因素，甲公司应将该投资项目初始投资成本与增发的股本面值之间的差额确认为（　　）。

A.贷记"资本公积——股本溢价"4 600万元

B.贷记"资本公积——其他资本公积"4 600万元

C.借记"商誉"900万元

D.借记"商誉"900万元，同时贷记"资本公积——股本溢价"5 500万元

52.甲公司持有乙公司5%的有表决权股份，并将其划分为可供出售金融资产。截至2015年12月31日，甲公司对该项可供出售金融资产已累计确认其他综合收益20万元。2016年1月19日，甲公司以银行存款9 500万元作为对价，增持乙公司50%的股份，从而能够控制乙公司，假设该项交易属于多次交易分步实现非同一控制下的企业合并，并且两次交易不构成一揽子交易。增资当日，甲公司原持有的该项可供出售金融资产的账面价值为70万元，公允价值为95万元。不考虑其他因素，则2016年1月19日甲公司上述事项对损益的影响金额为（　　）万元。

A.45　　　　　　　B.0　　　　　　　C.25　　　　　　　D.20

53.2015年年初，甲公司取得乙公司40%的股权，采用权益法核算，入账价值为2 000万元。甲公司另有一项对乙公司的长期应收款500万元，该债权没有明确的清收计划且在可预见的未来期间不准备收回。2015年度，乙公司发生净亏损7 000万元。2016年获得净利润1 500万元。假定取得投资时乙公司各项资产公允价值等于账面价值，双方采用的会计政策、会计期间相同，不考虑其他因素，则2016年12月31日甲公司该项长期股权投资的账面价值为（　　）万元。

A.2 000　　　　　B.-800　　　　　C.0　　　　　　　D.200

54.甲公司于2016年1月1日以银行存款4 000万元购入乙公司30%的股权，能够对乙公司施加重大影响。取得投资时，乙公司除一项固定资产的公允价值与账面价值不相等外，其他各项可辨认资产、负债的公允价值与账面价值相同。该项固定资产的账面价值为600万元，公允价值为800万元，预计尚可使用年限为10年，预计净残值为0，采用直线法计提折旧。2016年6月17日，甲公司出售一件商品给乙公司，商品成本为200万元，售价为300万元，乙公司将购入的商品作为固定资产管理，预计使用年限为5年，预计净残值为0，采用直线法计提折旧。乙公司2016年实现净利润2 000万元。假定不考虑其他因素，则甲公司2016年应确认的投资收益为（　　）万元。

A.507　　　　　　B.567　　　　　　C.576　　　　　　D.564

55.甲公司于2014年12月31日以银行存款3 000万元购入乙公司20%的股权，能够对乙公司施加重大影响。假定取得该项投资时，被投资单位各项可辨认资产、负债的公允价值等于账面价值，双方采用的会计政策、会计期间相同。2015年2月17日，乙公司出售一批商品给甲公司，商品成本为400万元，售价为500万元，甲公司将购入的商品作为存货管理。至2015年年末，甲公司已将该批存货的30%出售给外部第三方；乙公司2015年发生净亏损1 600万元。假定不考虑其他因素，则甲公司2015年应确认的投资收益为（　　）万元。

A.-320　　　　　　B.-306　　　　　C.-300　　　　　　D.-334

56.A公司与B公司均为工业企业，适用的增值税税率为17%，2016年1月1日，双方经协商，决定采用共同经营的方式生产W设备。该设备由甲、乙两个主要部件构成，由A公司生产甲部件，B公司生产乙部件并负责组装及销售。对于所取得的收入，A公司享有60%，B公司享有40%。2016年，A公司为该项共同经营共耗用原材料150万元，发生职工薪酬60万元，共生产100个甲部件。B公司将这批甲部件与本公司生产的乙部件组装成100台W设备。截至2016年年末，该批设备已全部对外出售，单价为8万元。不考虑其他因素，则该项共同经营对A公司当期损益的影响金额为（　　）万元。

A.-210　　　　　　B.590　　　　　C.270　　　　　　D.354

57.2016年7月21日，A公司以一项固定资产作为合并对价，取得B公司60%的股份，能够对B公司实施控制。合并当日，该项固定资产原值3 000万元，已计提折旧1 200万元，已计提减值准备200万元，公允价值为2 000万元。在合并过程中另发生审计费和法律服务费等相关中介费用50万元。2016年7月21日，B公司所有者权益账面价值总额为

4 000万元。A公司与B公司此前不存在关联方关系，A公司该项长期股权投资的初始投资成本为（　　）万元。

    A.2 050　　　　　　B.2 000　　　　　　C.2 400　　　　　　D.1 650

58.非同一控制下的企业合并取得长期股权投资发生的下列项目中，应计入初始投资成本的是（　　）。

    A.作为合并对价发行的权益性证券的公允价值

    B.企业合并中发行权益性证券发生的手续费、佣金等费用

    C.为进行企业合并而支付的审计费用

    D.为进行企业合并而支付的评估费用

59.甲公司2015年4月1日购得乙公司10%的股份，买价为560万元，发生手续费等必要支出3万元，不具有重大影响，甲公司将其作为可供出售金融资产核算。2016年4月1日甲公司又购入乙公司30%的股份，买价为1 800万元，取得该部分股权投资后对乙公司具有重大影响。当日，甲公司原持有的股权投资的账面价值为590万元，公允价值为600万元。不考虑其他因素，则2016年4月1日该长期股权投资的初始投资成本为（　　）万元。

    A.2 400　　　　　　B.2 390　　　　　　C.2 360　　　　　　D.1 800

60.2016年1月2日，甲公司以银行存款2 000万元取得乙公司30%的股权，投资时乙公司各项可辨认资产、负债的公允价值与其账面价值相同，可辨认净资产公允价值及账面价值的总额均为7 000万元，则2016年1月2日该项股权投资的初始投资成本和账面价值分别为（　　）万元。

    A.2 000、2 000　　B.2 000、2 100　　C.2 100、2 100　　D.100、2 100

61.企业处置一项权益法核算的长期股权投资，长期股权投资各明细科目的金额为：投资成本400万元，损益调整借方200万元，其他权益变动借方40万元。处置该项投资收到的价款为700万元。处置该项投资的收益为（　　）万元。

    A.700　　　　　　B.640　　　　　　C.60　　　　　　D.100

62.甲、乙公司为同一集团下的两个公司，2016年1月2日，甲公司通过定向增发2 000万股（每股面值1元）自身股份取得乙公司80%的股权，并能够对乙公司实施控制，合并日乙公司所有者权益账面价值为5 000万元，可辨认净资产公允价值为6 000万元，2016年3月10日乙公司宣告分配现金股利750万元，2016年度乙公司实现净利润950万元，不考虑其他因素，则2016年12月31日该长期股权投资的账面价值为（　　）万元。

    A.2 000　　　　　　B.4 000　　　　　　C.4 800　　　　　　D.6 000

63.A公司于2015年12月31日以银行存款3 000万元购入B公司20%的股权，能够对B公司施加重大影响。假定取得该项投资时，被投资单位各项可辨认资产、负债的公允价值等于账面价值，双方采用的会计政策、会计期间相同。2016年6月16日，A公司将其生产的一项设备出售给B公司，该项设备的成本为500万元，售价为900万元，该项设备不需安装，B公司将其作为管理用固定资产于购入当月投入使用，预计使用年限为10年，预计净残值为0，采用直线法计提折旧。B公司2016年实现净利润2 000万元。假定不考虑所

得税等因素，则A公司2016年应确认的投资收益为（　　）万元。

　　A.328　　　　　　B.400　　　　　　C.324　　　　　　D.320

　　64.甲公司持有乙公司30%的有表决权股份，能够对乙公司生产经营决策施加重大影响。2016年，甲公司将其账面价值为500万元的商品以400万元的价格出售给乙公司，有证据表明交易价格与账面价值之间的差额是由于该资产发生了减值损失。2016年资产负债表日，该批商品尚未向外部第三方出售。假定甲公司取得该项投资时，乙公司各项可辨认资产、负债的公允价值与其账面价值相同，双方在以前期间未发生过内部交易。乙公司2016年净利润为1 000万元。甲公司2016年确认的投资收益为（　　）万元。

　　A.300　　　　　　B.330　　　　　　C.370　　　　　　D.0

　　65.2015年1月1日，甲公司付出一项固定资产取得了A公司30%股权，取得股权之后能对A公司施加重大影响，固定资产的账面价值为1 200万元，公允价值为1 000万元，当日A公司可辨认净资产公允价值为3 000万元，与账面价值相等，当年A公司实现净利润300万元，2016年1月1日甲公司支付1 500万元人民币取得同一集团内的公司持有的A公司40%股权，新取得股权之后能够对A公司实施控制，已知该项交易不属于一揽子交易。则新购入股权后对A公司长期股权投资的账面价值是（　　）万元。

　　A.2 400　　　　　B.2 700　　　　　C.2 500　　　　　D.2 310

　　66.2015年1月1日，甲公司以现金1 000万元为对价取得乙公司25%的股份，能够对乙公司施加重大影响。当日乙公司可辨认净资产账面价值与公允价值均为3 000万元。2015年度乙公司实现净利润500万元，无其他所有者权益变动。2016年1月1日甲公司又以现金1 500万元购买同一集团另一企业所持有的乙公司40%的股权，并于当日完成相关手续。至此可以对乙公司实施控制。假定甲公司和乙公司采用的会计政策和会计期间相同，一直同受同一最终控制方控制，上述交易不属于一揽子交易。不考虑相关税费等其他因素影响，则合并日甲公司长期股权投资的初始投资成本为（　　）万元。

　　A.2 250　　　　　B.2 275　　　　　C.2 500　　　　　D.3 500

　　67.2015年1月1日甲公司以现金8 000万元取得乙公司100%的有表决权股份，能够对乙公司实施控制。持有期间长期股权投资未发生减值。2016年2月10日，甲公司将持有的乙公司90%的股权对非关联方出售，收到价款8 100万元，相关手续于当日完成。处置后，甲公司无法再对乙公司实施控制，也不能施加共同控制或重大影响，因此将剩余投资转为可供出售金融资产。剩余股权的公允价值为900万元。假定不考虑其他因素，则因处置持有乙公司部分股权，对甲公司2016年度损益的影响金额为（　　）万元。

　　A.900　　　　　　B.950　　　　　　C.1 000　　　　　D.1 100

　　68.2015年1月1日，甲公司以银行存款350万元取得乙公司30%的股权，能够对乙公司施加重大影响，当日乙公司可辨认净资产公允价值（等于账面价值）为1 000万元。2015年乙公司实现净利润200万元，因权益结算的股份支付确认资本公积100万元，无其他所有者权益变动事项。2016年1月1日，甲公司又以银行存款100万元为对价取得乙公司10%的股权，增资后仍能够对乙公司实施重大影响。增资当日乙公司可辨认净资产公允价值为2 000万元，不考虑其他因素，则增资当日乙公司应确认的损益的金额为（　　）

万元。

  A.100　　　　　　　B.0　　　　　　　C.50　　　　　　　D.260

  69.甲公司与乙公司均为工业企业。2015年12月31日两公司采用共同经营方式，共同出资购买一条生产线用于出租，收取租金。合同约定，两公司的出资比例、收入分享率和费用分担率均为50%。该生产线购买价款为1 550万元，以银行存款支付，预计使用寿命10年，预计净残值为50万元，当日即投入使用，采用年限平均法按月计提折旧。甲公司当年为此生产线支付维修费5万元，甲公司收到当年度租金500万元。假设不考虑其他因素。则甲公司2016年因此共同经营应确认的损益为（　　）万元。

  A.162.3　　　　　　B.172.5　　　　　　C.171.3　　　　　　D.168.6

  70.甲、乙公司为同一集团下的两个子公司。甲公司2016年年初取得乙公司10%的股权，划分为可供出售金融资产。同年5月，又从母公司M公司手中取得乙公司45%的股权，对乙公司实现控制。第一次投资支付银行存款20万元，当日乙公司可辨认净资产公允价值为300万元，所有者权益账面价值为250万元；第二次投资时支付银行存款95万元，当日乙公司可辨认净资产公允价值为420万元，所有者权益账面价值为400万元；假定不考虑其他因素，已知该项交易不属于一揽子交易。则形成合并之后，甲公司应确认的长期股权投资入账价值为（　　）万元。

  A.115　　　　　　　B.125　　　　　　　C.220　　　　　　　D.231

  71.2016年5月1日，甲公司处置其所持有的A公司30%的股权，取得价款450万元，甲公司对剩余10%的股权投资改按可供出售金融资产核算。甲公司对其原有股权采用权益法核算，已知原股权的账面价值为400万元（其中，投资成本为300万元，损益调整为50万元，其他权益变动为50万元）。处置股权当日，剩余股权的公允价值为150万元，乙公司可辨认净资产公允价值为1 600万元。不考虑其他因素，则甲公司在减资当日应确认的投资收益的金额为（　　）万元。

  A.50　　　　　　　B.75　　　　　　　C.260　　　　　　　D.250

  72.下列各项业务中，属于企业将成本法核算的长期股权投资转为权益法的是（　　）。

  A.甲公司通过增资的手段，使原持有M公司的30%的联营企业的股权转为50%的股权，与N公司共同控制M公司

  B.乙公司原持有的S公司的股权作为可供出售金融资产核算，增资之后将S公司的股权投资转为其联营企业的投资

  C.丙公司原持有W公司80%的股权，对其产生控制，处置该部分股权的50%之后，对W公司丧失控制权，仅能产生重大影响

  D.丁公司将子公司Q公司的股权全部对外处置

  73.关于成本法与权益法的转换，下列说法中不正确的是（　　）。

  A.原持有的对被投资单位具有重大影响的长期股权投资，因追加投资导致持股比例上升，能够对被投资单位实施控制的，应由权益法核算转为成本法核算

  B.原持有的对被投资单位具有控制的长期股权投资，因减少投资导致持股比例下降，但能够对被投资单位实施共同控制的，应由权益法核算转为成本法核算

C.因处置投资导致对被投资单位的影响能力由控制转为具有重大影响的，应由成本法核算改为权益法核算

D.因追加投资导致对被投资单位的影响能力由重大影响转为与其他投资方一起实施共同控制的，仍采用权益法核算

74.A企业于2015年1月1日以银行存款购入B企业60%的股份，采用成本法核算。B企业于2015年5月2日宣告分派现金股利100万元。2015年B企业实现净利润400万元，2016年5月1日B企业宣告分派现金股利200万元。A企业2016年确认应收股利时应确认的投资收益为（　　）万元。

    A.240　　　　　　　B.180　　　　　　　C.120　　　　　　　D.60

75.甲公司和乙公司为同一集团下的两个子公司。2016年4月1日，甲公司以一项无形资产作为对价取得乙公司70%的股权，有权主导乙公司相关活动并获得回报，另为企业合并支付了审计咨询等费用20万元。甲公司该项无形资产原值600万元，预计使用年限10年，至购买股权当日已经使用了4年，当日该无形资产的公允价值为500万元。同日，乙公司相对于最终控制方而言的所有者权益账面价值总额为600万元，公允价值为750万元，甲公司在集团最终控制方此前合并乙公司时没有商誉，假定甲公司和乙公司采用的会计政策及会计期间均相同，不考虑其他因素，则甲公司取得该项长期股权投资的初始投资成本为（　　）万元。

    A.360　　　　　　　B.420　　　　　　　C.500　　　　　　　D.525

76.甲公司为乙公司的母公司。2015年1月1日，甲公司以银行存款3 200万元从本集团外部购入丁公司80%股权（属于非同一控制下企业合并）并能够控制丁公司的财务和经营政策，购买日，丁公司可辨认净资产的公允价值为4 000万元，账面价值为3 800万元，除一项固定资产外，其他资产、负债的公允价值与账面价值相等，该固定资产的公允价值为500万元，账面价值为300万元，预计净残值为0，预计使用年限为10年，采用年限平均法计提折旧。2016年1月1日，乙公司购入甲公司所持丁公司80%股权，实际支付款项3 000万元，形成同一控制下的企业合并。2015年1月1日至2015年12月31日，丁公司实现的净利润为800万元，无其他所有者权益变动。则2016年1月1日乙公司购入丁公司80%股权的初始投资成本为（　　）万元。

    A.3 040　　　　　　B.3 824　　　　　　C.3 680　　　　　　D.3 840

77.接上题（76小题）假设2015年1月1日，甲公司以银行存款3 400万元从本集团外部购入丁公司80%股权，其他条件不变。则2016年1月1日乙公司购入丁公司80%股权的初始投资成本为（　　）万元。

    A.3 240　　　　　　B.4 024　　　　　　C.3 880　　　　　　D.4 040

78.2015年1月1日，A公司以150万元的对价取得B公司15%的股权，对B公司具有重大影响，采用权益法核算。取得投资时B公司可辨认净资产公允价值与账面价值相同，假定未对初始投资成本进行调整。2015年度B公司发生净亏损200万元，2015年年末B公司一项可供出售金融资产的公允价值上升而计入其他综合收益的金额为50万元。2015年年末经济环境的变化预计将对B公司的经营活动产生重大不利影响，A公司于2015年年末对

该项长期股权投资进行减值测试，估计其可收回金额为112.5万元。不考虑其他因素，则2015年12月31日该长期股权投资应计提的减值准备为（　　）万元。

    A.15　　　　　　　　B.7.5　　　　　　　　C.45　　　　　　　　D.0

79.2015年2月，甲公司以300万元现金自非关联方处取得乙公司10%的股权，划分为可供出售金融资产。2016年1月20日，甲公司又以600万元的现金自另一非关联方处取得乙公司12%的股权，相关手续于当日完成，当日原10%股权的公允价值为525万元。2015年12月31日甲公司对乙公司的可供出售金融资产的账面价值为500万元，计入其他综合收益的累计公允价值变动为200万元。取得该部分股权后，按照乙公司章程规定，甲公司能够对乙公司施加重大影响，对该项股权投资转为采用权益法核算。不考虑相关税费等其他因素影响。甲公司2016年1月20日应确认的投资收益为（　　）万元。

    A.25　　　　　　　　B.225　　　　　　　　C.200　　　　　　　　D.0

80.甲公司于2015年1月1日与乙公司签订协议，以500万元购入乙公司持有的B公司20%股权从而对B公司具有重大影响。投资日B公司可辨认净资产账面价值与公允价值均为3 000万元。2015年B公司实现净利润300万元，B公司持有可供出售金融资产公允价值增加计入其他综合收益的金额为50万元，无其他所有者权益变动。甲公司2016年1月2日将该投资以700万元转让，不考虑其他因素，甲公司转让B公司股权投资时应确认的投资收益为（　　）万元。

    A.670　　　　　　　　B.30　　　　　　　　C.40　　　　　　　　D.20

（二）多项选择题

1.以公允价值计量且其变动计入当期损益的金融资产包括（　　）。

    A.交易性金融资产

    B.直接指定为以公允价值计量且其变动计入当期损益的金融资产

    C.可供出售金融资产

    D.持有至到期投资

    E.贷款和应收款项

2.下列资产通过"交易性金融资产"科目核算的有（　　）。

    A.交易性金融资产

    B.直接指定为以公允价值计量且其变动计入当期损益的金融资产

    C.可供出售金融资产

    D.持有至到期投资

    E.贷款和应收款项

3.企业取得下列金融资产时，应将交易费用计入初始确认金额的有（　　）。

    A.交易性金融资产　　　　　　B.持有至到期投资　　　　　　C.应收款项

    D.可供出售金融资产　　　　　E.长期股权投资

4.有关以公允价值计量且其变动计入当期损益的金融资产，正确的会计处理方法有（　　）。

    A.企业划分为以公允价值计量且其变动计入当期损益的金融资产的股票、债券、基

金，应当按照取得时的公允价值和相关的交易费用作为初始确认金额

B.支付的价款中包含已宣告发放的现金股利或债券利息，应当单独确认为应收项目

C.企业在持有以公允价值计量且其变动计入当期损益的金融资产期间的取得的利息和现金股利，应当确认为投资收益

D.资产负债表日，企业应将以公允价值计量且其变动计入当期损益的金融资产的公允价值变动计入当期损益

E.资产负债表日，企业应将以公允价值计量且其变动计入当期损益的金融资产的公允价值变动计入其他综合收益

5.下列项目中，属于金融资产的有（　　　　）。

A.银行存款　　　　　　　B.持有至到期投资　　　　　　C.应收账款

D.应付账款　　　　　　　E.贷款

6.划分为"持有至到期投资"的非衍生金融资产必须具备的特征有（　　　　）。

A.企业准备近期内出售

B.企业有能力将它持有至到期

C.企业有明确的意图将它持有至到期

D.企业以短期获利为目的

E.根据合同约定，具有固定的到期日以及固定的或可确定的金额

7.下列有关金融资产重分类的表述中，正确的有（　　　　）。

A.金融资产初始分类为持有至到期投资后不能重分类为可供出售金融资产

B.金融资产初始分类为可供出售金融资产后不能重分类为交易性金融资产

C.金融资产初始分类为交易性金融资产后不能重分类为贷款和应收款项

D.金融资产初始分类为贷款和应收款项后不能重分类为持有至到期投资

E.持有至到期投资和可供出售金融资产在一定条件下可以重分类

8.下列有关可供出售债券投资业务的会计处理中，正确的有（　　　　）。

A.可供出售债券投资应当按取得时的公允价值作为初始确认金额，相关交易费用计入当期投资损益

B.购买可供出售债券投资支付的价款中包含的已到付息期但尚未领取的利息，单独确认为应收利息

C.可供出售债券投资持有期间取得的利息，计入当期投资收益

D.可供出售债券投资在资产负债表日的公允价值高于其账面余额的差额，计入资本公积

E.已确认减值损失的可供出售债券投资在随后的会计期间公允价值上升的，应在原已计提的减值准备金额内转回，并冲减资产减值损失

9.下列各项中，影响持有至到期投资摊余成本因素的有（　　　　）。

A.确认的减值准备　　　　B.分期收回的本金　　　　C.利息调整的累计摊销额

D.对到期一次付息债券确认的票面利息　　　　E.租赁内含利率

10.关于金融资产的后续计量，下列说法中正确的有（　　　　）。

A.资产负债表日，企业应将"以公允价值计量且其变动计入当期损益"的金融资产的公允价值变动计入当期损益

B.持有至到期投资在持有期间应当按照摊余成本和实际利率计算确认利息收入，计入投资收益

C.资产负债表日，可供出售金融资产应以公允价值计量，且公允价值变动计入其他综合收益

D.资产负债表日，可供出售金融资产应以公允价值计量，且公允价值变动计入当期损益

E.持有至到期投资在持有期间应当按照摊余成本和实际利率计算确认利息收入，计入其他综合收益

11.下列项目中，应确认为投资收益的有（　　）。

A.持有交易性金融资产期间，被投资单位宣告发放现金股利

B.持有至到期投资在持有期间按摊余成本和实际利率计算的利息收入

C.可供出售金融资产在资产负债表日确认的公允价值与其账面价值的差额

D.交易性金融资产出售时取得的收入大于其账面价值的差额

E.处置交易性金融资产，公允价值变动损益结转

12.对于交易性金融资产的会计处理，下列说法中正确的有（　　）。

A.购入时按实际支付的价款（不含交易费用）扣除已到付息期但尚未领取的利息或已宣告但尚未支付的现金股利，作为初始成本

B.持有期间被投资单位宣告发放现金股利，应确认为投资收益

C.购入时按公允价值与支付的相关交易税费之和确认初始成本

D.资产负债表日以公允价值计量，其变动计入投资收益

E.出售时，将收入金额与其账面价值之间的差额确认为投资收益，同时，将原计入公允价值变动损益的金额转入"投资收益"账户

13.关于金融资产减值，下列说法中不正确的有（　　）。

A.以公允价值计量的金融资产不计提减值准备

B.以公允价值计量且其变动计入当期损益的金融资产不计提减值准备

C.持有至到期投资按摊余成本计量不计提减值准备

D.可供出售金融资产权益工具投资转回的减值损失金额应计入所有者权益

E.可供出售金融资产债务工具提取的减值准备，符合一定条件的可以转回

14.关于可供出售金融资产的计量，下列说法中正确的有（　　）。

A.支付的价款中包含的已到付息期但尚未领取的债券利息或已宣告但尚未发放的现金股利，应单独确认为应收项目

B.资产负债表日，可供出售金融资产应当以公允价值计量，且公允价值变动（未发生减值）计入其他综合收益

C.处置可供出售金融资产时，应将取得的价款与该金融资产账面价值之间的差额，计入投资损益；同时，将原直接计入所有者权益的公允价值变动累计额对应处置

部分的金额转出，计入投资损益

D.处置可供出售金融资产时，应将取得的价款与该金融资产账面价值之间的差额，计入投资损益，不考虑原计入所有者权益的公允价值变动累计额的转出

E.资产负债表日，可供出售金融资产应当以公允价值计量，且公允价值变动计入当期损益

15.有关以公允价值计量且其变动计入当期损益的金融资产，正确的会计处理方法有（　　　）。

A.企业划分为以公允价值计量且其变动计入当期损益的金融资产的股票、债券、基金，以及不作为有效套期工具的衍生工具，应当按照取得时的公允价值和相关的交易费用作为初始确认金额

B.支付的价款中包含已宣告发放的现金股利或债券利息，应当单独确认为应收项目

C.企业在持有以公允价值计量且其变动计入当期损益金融资产期间取得的利息或现金股利，应当确认为投资收益

D.资产负债表日，企业应将以公允价值计量且其变动计入当期损益的金融资产公允价值变动计入当期损益

E.处置该金融资产时，该金融资产的公允价值与初始入账金额之间的差额应确认为投资收益，不再调整公允价值变动损益

16.下列关于可供出售金融资产会计处理的表述中正确的有（　　　）。

A.可供出售金融资产发生的减值损失应计入当期损益

B.取得可供出售金融资产发生的交易费用应计入资产成本

C.可供出售金融资产期末应按摊余成本计量

D.可供出售金融资产持有期间取得的现金股利应冲减资产成本

E.可供出售金融资产持有期间公允价值上升计入其他综合收益

17.关于金融资产的处置，下列说法中正确的有（　　　）。

A.处置交易性金融资产时，其公允价值与初始入账金额之间的差额应确认为投资收益

B.处置持有至到期投资时，应将所取得价款与该投资账面价值之间的差额计入投资收益

C.企业收回应收款项时，应将取得的价款与该应收款项账面价值之间的差额计入当期损益

D.处置可供出售金融资产时，应将取得的价款与该金融资产账面价值之间的差额，计入投资损益；同时，将原直接计入所有者权益的公允价值变动累计额对应处置部分的金额转出，计入投资损益

E.处置金融资产时，应将取得的价款与该金融资产账面价值之间的差额，计入其他综合收益

18.交易性金融资产从取得到处置，会涉及"投资收益"科目的是（　　　）。

A.取得时支付的交易费用

B.持有期间被投资单位宣布发放现金股利

C.持有期间获得的股票股利

D.持有期间获得的债券利息

E.持有期间公允价值发生变动

19."持有至到期投资"科目下应设置的明细科目有（　　　　）。

A.成本　　　　　　　　B.公允价值变动　　　　　　C.利息调整

D.应计利息　　　　　　E.损益调整

20.持有至到期投资取得成本低于面值，用实际利率法确认的各期利息收入（投资收益）金额（　　　　）。

A.不等　　　　　　　　B.递增　　　　　　　　C.递减

D.先递增后递减　　　　E.相等

21.甲公司针对取得的下列金融资产，应作为可供出售金融资产核算的有（　　　　）。

A.从二级市场取得的准备近期出售的股票

B.从A公司的股东手中取得的对B公司不具有控制、共同控制和重大影响且在公开市场无报价的股票

C.从B公司股东手中取得的对B公司不具有控制、共同控制和重大影响且在公开市场有报价的股票

D.从二级市场取得的C公司发行的不准备近期出售的债券且无能力持有至到期

22.下列关于可供出售金融资产的说法中正确的有（　　　　）。

A.可供出售金融资产处置时应将原计入其他综合收益中的金额转出计入当期损益

B.可供出售金融资产计提减值时应将原计入其他综合收益的金额转出计入当期损益

C.衍生金融工具不能划分为可供出售金融资产

D.可供出售金融资产计提的减值应通过所有者权益转回

23.下列情况中，表明企业没有明确意图将金融资产持有至到期的有（　　　　）。

A.持有该金融资产的期限不确定

B.发生市场利率变化、流动性需要变化、替代投资机会及其投资收益率变化、融资来源和条件变化、外汇风险变化等情况时，将出售该金融资产。但是，无法控制、预期不会重复发生且难以合理预计的独立事项引起的金融资产出售除外

C.该金融资产的发行方可以按照明显低于其摊余成本的金额清偿

D.其他表明企业没有明确意图将该金融资产持有至到期的情况

24.下列关于持有至到期投资的说法中正确的有（　　　　）。

A.浮动利率金融债券可以划分为持有至到期投资

B.持有至到期投资在预期会提前收回一部分本金的情况下应该重新计算实际利率

C.持有至到期投资重分类为金融资产时应将相应的减值准备作为账面价值的一部分予以结转

D.取得持有至到期投资时的交易费用会增加债券的溢价，减少债券的折价

25.下列各项中属于交易性金融资产的特征的有（　　　　）。

A.以公允价值进行后续计量

B.主要是为了近期出售而持有

C.不能够与其他金融资产重分类

D.公允价值变动计入公允价值变动损益

26.下列项目中，采用公允价值进行后续计量的有（　　　）。

A.可供出售金融资产　　　　　　　　B.长期应付款

C.交易性金融资产　　　　　　　　　D.持有至到期投资

27.在金融资产的初始计量中，下列关于交易费用处理的叙述正确的有（　　　）。

A.交易性金融资产发生的相关交易费用直接计入当期损益

B.可供出售金融资产发生的相关交易费用应当计入初始确认金额

C.持有至到期投资发生的相关交易费用应当计入初始确认金额

D.可供出售金融资产发生的相关交易费用直接计入当期损益

28.下列经济业务或事项应通过"投资收益"科目核算的内容有（　　　）。

A.企业处置交易性金融资产、指定为以公允价值计量且其变动计入当期损益的金融
　资产或金融负债、可供出售金融资产实现的损益

B.企业的持有至到期投资在持有期间取得的投资收益和处置损益

C.长期股权投资采用成本法核算的，初始投资时支付价款中包含的被投资单位已宣
　告但尚未发放的现金股利

D.长期股权投资采用权益法核算的，资产负债表日根据被投资单位实现的净利润或
　经调整的净利润计算应享有的份额

29.可供出售金融资产在发生减值时可能涉及的会计科目有（　　　）。

A.资产减值损失

B.其他综合收益——可供出售金融资产公允价值变动

C.可供出售金融资产——公允价值变动

D.公允价值变动损益

30.下列有关资产计提减值准备的处理方法中正确的有（　　　）。

A.可供出售金融资产发生减值的，按应减记的金额，借记"资产减值损失"科目，
　贷记"可供出售金融资产——利息调整"科目

B.持有至到期投资发生减值的，按应减记的金额，借记"资产减值损失"科目，贷
　记"持有至到期投资减值准备"科目。已计提减值准备的持有至到期投资价值以
　后不得恢复

C.应收款项发生减值的，按应减记的金额，借记"资产减值损失"科目，贷记"坏
　账准备"科目

D.对于已确认减值损失的可供出售债务工具，在随后的会计期间公允价值已上升且
　客观上与原减值损失确认后发生的事项有关的，原确认的减值损失应当予以转
　回，计入当期损益

31.持有至到期投资在（　　　）情况下，剩余部分可以不重分类为可供出售金融资产。

A.出售日或重分类日距离该项投资到期日或赎回日较近，且市场利率变化对该项投资的公允价值没有显著影响

B.根据合同约定的定期偿付或提前还款方式收回该投资几乎所有初始本金后，将剩余部分予以出售或重分类

C.因发生重大企业合并或重大处置，为保持现行利率风险头寸或维持现行信用风险政策，将持有至到期投资予以出售

D.因法律、行政法规对允许投资的范围或特定投资品种的投资限额作出重大调整，将持有至到期投资予以出售

32.关于金融资产的重分类，下列说法中正确的有（　　）。

A.以公允价值计量且其变动计入当期损益的金融资产不能重分类为持有至到期投资

B.持有至到期投资在一定条件下可以重分类为可供出售金融资产

C.持有至到期投资不能重分类为以公允价值计量且其变动计入当期损益的金融资产

D.持有至到期投资可以重分类为以公允价值计量且其变动计入当期损益的金融资产

33.可供出售金融资产债务工具在处置时不可能用到的科目有（　　）。

A.资产减值损失　　　　　　　　　B.投资收益

C.其他综合收益　　　　　　　　　D.营业外收入

34.下列关于可供出售金融资产核算的说法中，正确的有（　　）。

A.交易费用计入当期损益

B.处置净损益计入公允价值变动损益

C.公允价值变动计入其他综合收益

D.债券投资按摊余成本和实际利率计算确定的利息收入，应计入投资收益

35.下列关于持有至到期投资处置的说法中，正确的有（　　）。

A.处置持有至到期投资时应结转其账面价值，将处置价款与账面价值之间的差额计入投资收益

B.处置持有至到期投资时应将原计入资产减值损失中的金额结转出计入投资收益

C.处置持有至到期投资时将相应的减值准备转销

D.处置持有至到期投资金额重大且不属于会计准则规定的例外情况的，应将剩余的持有至到期投资重分类为可供出售金融资产

36.下列有关长期股权投资处置的说法中，正确的有（　　）。

A.采用成本法核算的长期股权投资，处置长期股权投资时，其账面价值与实际取得价款的差额，应当计入当期损益

B.采用权益法核算的长期股权投资，因被投资单位除净损益、利润分配和其他综合收益以外所有者权益的其他变动而计入所有者权益的，处置该项投资时应当将原计入所有者权益部分的金额按相应比例转入当期损益

C.采用成本法核算的长期股权投资，处置长期股权投资时，其账面价值与实际取得价款的差额，应当计入所有者权益

D.采用权益法核算的长期股权投资，因被投资单位除净损益、利润分配和其他综合

收益以外所有者权益的其他变动而计入所有者权益的，处置该项投资时不应将原计入所有者权益的部分转入当期损益，应按其账面价值与实际取得价款的差额，计入当期损益

37.下列长期股权投资中，应采用权益法核算的有（　　　）。

A.投资企业对子公司的长期股权投资

B.投资企业对合营企业的长期股权投资

C.投资企业对联营企业的长期股权投资

D.投资企业对被投资单位不具有控制、共同控制和重大影响，并且在活跃市场中没有报价、公允价值不能可靠计量的长期股权投资

38.成本法下处置长期股权投资可能涉及的会计科目有（　　　）。

A.长期股权投资减值准备　　　　　　　B.其他综合收益

C.投资收益　　　　　　　　　　　　　D.应收股利

39.下列关于被投资单位宣告发放现金股利或分配利润时进行的会计处理中，正确的有（　　　）。

A.交易性金融资产持有期间，被投资单位宣告发放现金股利或利润时确认投资收益

B.长期股权投资采用成本法核算时，被投资单位宣告发放现金股利或利润时确认投资收益

C.长期股权投资采用权益法核算时，被投资单位宣告发放现金股利或利润时确认投资收益

D.长期股权投资采用权益法核算时，被投资单位宣告发放现金股利或利润时冲减其账面价值

40.企业购入的采用权益法核算的长期股权投资，其初始投资成本包括（　　　）。

A.购入时实际支付的价款

B.支付的价款中包含的被投资方已宣告但尚未发放的现金股利

C.支付的印花税

D.为取得长期股权投资发生的相关手续费

41.下列情况下，投资方应采用权益法核算长期股权投资的有（　　　）。

A.控制　　　　　　　　　　　　　　　B.重大影响

C.无控制、共同控制或重大影响　　　　D.共同控制

42.同一控制下企业合并在确认长期股权投资时需要考虑的因素有（　　　）。

A.被合并方与合并方的会计政策、会计期间是否一致

B.被合并方账面所有者权益是指被合并方的所有者权益相对于最终控制方而言的账面价值

C.如果子公司按照改制时确认的资产、负债经评估确认的价值调整了资产、负债账面价值的应予以考虑

D.如果被合并方本身编制合并财务报表的，被合并方的账面所有者权益的价值应当以其合并财务报表为基础编制

43.下列关于采用权益法核算的长期股权投资转为金融资产的处理中，正确的有（   ）。

A.减资当日剩余股权公允价值与账面价值的差额计入当期损益

B.减资当日剩余股权应保持其账面价值不变

C.原采用权益法核算的股权投资确认的累计其他综合收益应在终止采用权益法核算时计入当期损益

D.剩余股权对应的原权益法下累计确认的其他综合收益应在处置该项投资时转入当期损益

44.下列关于增资导致可供出售金融资产转为权益法核算的长期股权投资的处理中，正确的有（   ）。

A.对于原股权，应保持其账面价值不变

B.初始投资成本为原股权的公允价值与新增投资成本之和

C.原股权公允价值与账面价值之间的差额应确认为当期损益

D.原股权累计确认的其他综合收益应在增资日转入投资收益

45.在非企业合并情况下，下列各项中，不应作为长期股权投资取得时初始成本入账的有（   ）。

A.为发行权益性证券支付给有关证券承销机构的手续费、佣金等

B.投资时支付的不含应收股利的价款

C.投资时支付款项中所含的已宣告而尚未领取的现金股利

D.为取得投资而支付的相关税金和手续费

46.采用权益法核算时，能引起长期股权投资账面价值发生增减变动的事项有（   ）。

A.被投资单位实现净利润

B.收到现金股利

C.被投资企业持有的可供出售金融资产公允价值发生变动

D.被投资企业宣告分派现金股利

47.企业处置长期股权投资时，正确的处理方法有（   ）。

A.处置长期股权投资时，持有期间计提的减值准备也应一并结转

B.采用权益法核算的长期股权投资，因被投资单位除净损益、利润分配以及其他综合收益以外所有者权益的其他变动而计入所有者权益的，处置该项投资时应当将原计入所有者权益的部分转入营业外收入

C.权益法减资仍采用权益法核算的，因被投资方除净损益、其他综合收益和利润分配以外的其他所有者权益变动而确认的所有者权益，应当全部结转入当期投资收益

D.处置长期股权投资，其账面价值与实际取得价款的差额，应当计入投资收益

48.下列关于长期股权投资的说法中，不正确的有（   ）。

A.企业持有的能够对被投资单位实施控制的长期股权投资采用权益法核算

B.成本法下，当被投资企业发生盈亏时，投资企业不做账务处理

C.成本法下,当被投资企业宣告分配现金股利时,投资企业均应将分得的现金股利确认为投资收益

D.权益法下,期末投资方确认的投资收益等于被投资方实现的账面净利润乘以持股比例

49.下列经济业务或事项中应通过"投资收益"科目核算的有(　　)。

A.企业确认的交易性金融资产的公允价值变动

B.企业的持有至到期投资在持有期间取得的投资收益和处置损益

C.长期股权投资采用成本法核算的,被投资单位宣告发放的现金股利或利润

D.长期股权投资采用权益法核算的,资产负债表日根据被投资单位实现的净利润或经调整的净利润计算应享有的份额

50.下列关于长期股权投资入账价值的说法中,正确的有(　　)。

A.同一控制下企业合并中长期股权投资的入账价值为应享有的被投资方相对于最终控制方而言的所有者权益账面价值的份额

B.非企业合并取得的长期股权投资,应以付出对价的公允价值为基础确定其入账价值

C.债务重组取得的长期股权投资应以债务重组日的公允价值为基础确定其入账价值

D.非同一控制下的企业合并中长期股权投资的入账价值应以享有的被投资方可辨认净资产公允价值份额为基础确定入账价值

51.下列有关长期股权投资初始计量的表述中,正确的有(　　)。

A.除为发行债券、权益性证券作为合并对价发生的相关税费外,同一控制下企业合并发生的直接相关费用计入管理费用

B.同一控制下,企业以发行权益性证券作为合并对价的,为发行权益性证券发生的费用,应从发行溢价中扣除,溢价不足扣减的,应当冲减盈余公积和未分配利润

C.投资者投入的长期股权投资,一律按照投资合同或协议约定的价值作为初始投资成本

D.非同一控制下的控股合并中,购买方应当按照确定的企业合并成本作为长期股权投资的初始投资成本

52.企业按成本法核算时,下列事项中不会引起长期股权投资账面价值变动的有(　　)。

A.被投资单位以盈余公积转增资本　　B.被投资单位宣告分派现金股利

C.期末计提长期股权投资减值准备　　D.被投资方实际发放股票股利

53.下列各项中,应作为长期股权投资核算的有(　　)。

A.对子公司的投资

B.对联营企业的投资

C.对合营企业的投资

D.对被投资单位不具有控制、共同控制或重大影响,并且在活跃市场中有报价、公允价值能够可靠计量的权益性投资

54.下列关于企业合并中发生的审计、法律服务、评估咨询等中介费用的处理中,正

确的有（　　　）。

  A.非同一控制下企业合并计入企业合并成本

  B.同一控制下企业合并计入当期损益

  C.非同一控制下企业合并计入当期损益

  D.同一控制下企业合并计入企业合并成本

55."可供出售金融资产"科目下应设置的明细科目有（　　　）。

  A.成本   B.公允价值变动   C.利息调整

  D.应计利息   E.损益调整

56.A公司于2013年1月1日从证券市场上购入B公司于2012年1月1日发行的债券作为可供出售金融资产，该债券5年期、票面年利率为5%、每年1月5日支付上年度的利息，到期日为2014年1月1日，到期日一次归还本金和最后一次利息。购入债券时的实际利率为4%。A公司购入债券的面值为1 000万元，实际支付价款为1 076.30万元，另支付相关费用10万元。假定按年计提利息。2013年12月31日，该债券的公允价值为1 030万元。2014年12月31日，该债券的预计未来现金流量现值为1 020万元。2015年1月20日，A公司将该债券全部出售，收到款项1 015.5万元存入银行。

  要求：根据上述资料，不考虑其他因素，回答下列第（1）至（4）题（计算过程中结果保留两位小数）。

  （1）2013年1月1日，A公司下列会计处理中正确的有（　　　）。

  A.可供出售金融资产的入账价值为1 086.30万元

  B.可供出售金融资产的入账价值为1 036.30万元

  C.可供出售金融资产的入账价值为1 000万元

  D.应确认应收利息50万元

  E.应确认投资收益10万元

  （2）2013年12月31日，A公司下列会计处理中正确的有（　　　）。

  A.应确认投资收益41.45万元

  B.应确认投资收益50万元

  C.可供出售金融资产期末按公允价值调整后的账面价值为1 030万元

  D.可供出售金融资产期末按公允价值调整后的账面价值为1 027.75万元

  E.应确认"其他综合收益"2.25万元

  （3）2014年12月31日，A公司下列会计处理中正确的有（　　　）。

  A.应确认投资收益41.11万元

  B.应确认投资收益41.2万元

  C.应确认投资收益50万元

  D.可供出售金融资产期末按公允价值调整后的账面价值为1 021.11万元

  E.应确认"其他综合收益"-1.11万元

  （4）2015年1月20日，A公司下列会计处理中正确的有（　　　）。

  A.应确认投资收益-4.5万元

B.应确认投资收益-3.36万元

C.应确认投资收益1.14万元

D.应冲减"其他综合收益"1.14万元

E.应冲减"其他综合收益"2.25万元

57.下列关于企业合并形成长期股权投资的会计处理中，正确的有（　　）。

A.以转让非现金资产方式进行同一控制下企业合并的，应当以相对于最终控制方而言的被合并方所有者权益账面价值的份额为基础确定长期股权投资的初始投资成本

B.以转让非现金资产方式进行同一控制下企业合并的，应当以实际付出对价的公允价值作为长期股权投资的初始投资成本

C.以转让非现金资产方式进行非同一控制下企业合并的，应当以被购买方可辨认净资产的公允价值份额作为长期股权投资的初始投资成本

D.以转让非现金资产方式进行非同一控制下企业合并的，应当以实际付出对价的公允价值作为长期股权投资的初始投资成本

58.2014年1月1日，甲公司取得A公司5%的股份，实际支付款项590万元，另支付相关交易费用10万元，该项股权投资公允价值能够可靠取得。甲公司将其作为可供出售金融资产核算。同日，A公司可辨认净资产账面价值为13 000万元（与公允价值相等）。2014年年末，该项股权投资的公允价值为650万元。2015年1月1日，甲公司以定向增发股票的方式购买同一集团内另一企业持有的A公司50%股权。为取得该股权，甲公司增发2 000万股普通股，每股面值为1元，每股公允价值为4元；支付承销商佣金50万元。取得该股权时，A公司相对于最终控制方而言的可辨认净资产账面价值为15 000万元。进一步取得投资后，甲公司能够对A公司实施控制。假定甲公司和A公司采用的会计政策、会计期间相同，不考虑所得税等其他因素的影响，则甲公司下列处理中正确的有（　　）。

A.甲公司该项可供出售金融资产在2014年度应确认其他综合收益50万元

B.合并日长期股权投资的初始投资成本为8 250万元

C.合并日新增长期股权投资的入账价值为5 950万元

D.甲公司进一步取得股权投资时应确认的资本公积为5 550万元

59.对于非同一控制下企业合并形成的长期股权投资，下列表述中正确的有（　　）。

A.合并过程中发生的审计及法律咨询等中介费用，应计入长期股权投资的初始投资成本

B.以发行权益性证券作为合并对价的，为发行权益性证券所发生的佣金、手续费应计入合并成本

C.作为对价付出的非货币性资产在购买日的公允价值与账面价值的差额应作为资产处置损益予以确认

D.实际支付的合并价款中包含的已宣告但尚未发放的现金股利或利润，应计入应收股利

60.企业合并以外的其他方式取得的长期股权投资，下列各项中构成长期股权投资初

始投资成本的有（   ）。

    A.投资时支付的不含应收股利的价款

    B.为取得长期股权投资而发生的评估、审计、咨询费

    C.投资时支付的税金及其他必要支出

    D.投资时支付款项中所含的已宣告但尚未领取的现金股利

61.下列关于长期股权投资采用成本法核算时的相关处理中，正确的有（   ）。

    A.被投资单位宣告分派的现金股利或利润中，投资企业按应享有的部分，确认为当期投资收益

    B.投资企业在确认自被投资单位应分得的现金股利或利润后，应当考虑长期股权投资是否发生减值

    C.企业持有的对子公司的长期股权投资在个别报表中应当采用成本法核算

    D.企业对子公司、联营企业及合营企业长期股权投资进行减值测试，可收回金额低于长期股权投资账面价值的，应当计提减值准备

62.下列各项关于权益法核算的长期股权投资的相关会计处理中，正确的有（   ）。

    A.初始投资成本大于投资时应享有被投资单位可辨认净资产公允价值的份额的差额，体现为投资企业的商誉，不需要对长期股权投资的初始投资成本进行调整

    B.初始投资成本小于投资时应享有被投资单位可辨认净资产公允价值份额的差额，应调整长期股权投资的初始投资成本，同时将这部分差额计入投资收益

    C.初始投资成本小于投资时应享有被投资单位可辨认净资产公允价值份额的差额，应调整长期股权投资的初始投资成本，同时将这部分差额计入营业外收入

    D.被投资单位分派的股票股利，投资企业不作账务处理

63.甲公司于2015年1月1日取得乙公司25%有表决权股份，能够对乙公司施加重大影响。2015年11月，甲公司将其成本为800万元的某商品以1 200万元的价格出售给乙公司，乙公司将取得的商品作为存货，至2015年12月31日，乙公司将上述内部交易存货对外销售40%。乙公司2015年实现净利润5 000万元。至2016年年末乙公司将上述存货全部对外出售，乙公司2016年度实现的净利润为4 500万元。不考虑其他因素，下列说法正确的有（   ）。

    A.甲公司因持有乙公司股份2015年度应确认的投资收益为1 190万元

    B.甲公司因持有乙公司股份2015年度应确认的投资收益为1 150万元

    C.甲公司因持有乙公司股份2016年度应确认的投资收益为1 065万元

    D.甲公司因持有乙公司股份2016年度应确认的投资收益为1 185万元

64.2015年1月1日M公司持有的N公司长期股权投资的账面余额为1 200万元，该项投资为M公司2014年取得N公司有表决权资本的25%，对N公司具有重大影响。取得投资时N公司可辨认资产中一批存货的账面价值为500万元，公允价值为800万元，该批存货2014年度未实现对外销售，至2015年12月31日该批存货已经对外出售60%。2015年7月1日，M公司将其生产的一批存货以600万元的价格出售给N公司，该批存货的成本为450万元，未计提跌价准备，至2015年12月31日该批存货未实现对外出售。N公司2015

年度发生亏损6 000万元，未发生其他所有者权益的变动。假设M公司与N公司的会计期间和会计政策均相同，M公司拥有一项实质上构成对N公司净投资的长期应收款200万元，合同或协议另外规定M公司承担额外损失弥补的义务，金额为20万元。不考虑所得税等其他因素的影响，2015年M公司由于持有N公司长期股权投资而进行的相关会计处理中，正确的有（　　）。

A.M公司2015年度应确认的投资损失为1 582.5万元

B.M公司2015年应确认的预计负债为20万元

C.M公司2015年应在备查簿中登记的亏损为162.5万元

D.M公司2015年应在备查簿中登记的亏损为382.5万元

65.甲公司和乙公司于2015年3月31日共同出资设立丙公司，注册资本为1 900万元，甲公司持有丙公司注册资本的50%，乙公司持有丙公司注册资本的50%，丙公司为甲、乙公司的合营企业。甲公司以其固定资产（厂房）出资，出资时该厂房的原价为1 200万元，累计折旧为320万元，公允价值为1 000万元，未计提减值准备；乙公司以900万元的现金出资，另支付甲公司50万元现金。甲公司投出厂房的尚可使用年限为10年，采用年限平均法计提折旧，无残值。丙公司2015年实现净利润800万元。假定甲公司有子公司，需要编制合并财务报表，不考虑增值税和所得税等相关税费的影响。下列关于甲公司的会计处理中正确的有（　　）。

A.甲公司投资时固定资产未实现的内部交易损益为114万元

B.甲公司投资时固定资产未实现的内部交易损益为120万元

C.甲公司2015年个别财务报表中应确认的投资收益为347.28万元

D.甲公司2015年个别财务报表中应确认的投资收益为344.5万元

66.采用权益法核算的长期股权投资发生的相关事项中，可能记入"投资收益"科目的有（　　）。

A.被投资方宣告分配的现金股利

B.被投资方发生超额亏损

C.期末长期股权投资的账面价值大于其可收回金额的差额

D.处置时应结转持有期间确认的其他权益变动

67.2016年1月2日，甲公司以银行存款取得乙公司30%的股权，初始投资成本为4 000万元；当日，乙公司可辨认净资产的公允价值为14 000万元，与其账面价值相同。甲公司取得投资后即派人参与乙公司的生产经营决策，但未能对乙公司形成控制。乙公司2016年实现净利润1 000万元，无其他所有者权益变动。假定不考虑所得税及内部交易等其他因素，2016年甲公司下列各项与该项投资相关的会计处理中，正确的有（　　）。

A.确认商誉200万元　　　　　　　　B.确认营业外收入200万元

C.确认投资收益300万元　　　　　　D.确认资本公积200万元

68.甲企业由投资者A、B和C组成，协议规定，相关活动的决策至少需要75%表决权通过才能实施。假定投资者A、B和C任意两方均可达成一致意见，但三方不可能同时达成一致意见。下列项目中不属于共同控制的有（　　）。

A.投资者A、B和C在该甲企业中拥有的表决权分别为50%、35%和15%

B.投资者A、B和C在该甲企业中拥有的表决权分别为50%、25%和25%

C.投资者A、B和C在该甲企业中拥有的表决权分别为80%、10%和10%

D.投资者A、B和C在该甲企业中拥有的表决权分别为40%、30%和30%

69.A公司、B公司、C公司签订了一份合同，设立某法人主体从事汽车的生产和销售。合同中规定，A公司和B公司一致同意即可主导该主体的所有相关活动，并不需要C公司也表示同意，但若主体资产负债率达到50%，C公司具有对该主体公开发行债券或权益工具的否决权。下列表述中正确的有（　　　　）。

A.A公司和B公司能够共同控制该主体

B.C公司仅对该主体拥有保护性权利

C.C公司不是共同控制该主体的参与方

D.C公司是共同控制该主体的参与方

（三）判断题

1.以公允价值计量且其变动计入当期损益的金融资产就是交易性金融资产。（　　　）

2.根据企业会计准则，直接指定为以公允价值计量且其变动计入当期损益的金融资产不属于交易性金融资产，但通过"交易性金融资产"科目进行核算。（　　　）

3.企业取得交易性金融资产所支付的手续费应计入当期损益。（　　　）

4.企业持有的可供出售金融资产，在资产负债表日，公允价值发生变动应直接计入其他综合收益。（　　　）

5.企业取得持有至到期投资和可供出售金融资产所支付的交易费用，直接计入初始投资成本。（　　　）

6.企业购入债券，"持有至到期投资——成本"科目表示的就是该债券的面值。

（　　　）

7.持有至到期投资（债券）的摊余成本就是其账面价值，可供出售金融资产（债券）的摊余成本也是其账面价值。（　　　）

8.企业初始确认时将某金融资产划分为交易性金融资产后，不能重分类为其他类金融资产，其他类金融资产也不能重分类为交易性金融资产。（　　　）

9.持有至到期投资确认利息收入时以摊余成本与实际利率的乘积计入当期损益。

（　　　）

10.交易性金融资产处置时除了将交易性金融资产账面价值与取得价款的差额计入投资收益外，还应将持有期间的公允价值变动损益转入投资收益。（　　　）

11.持有至到期投资和可供出售金融资产都可以计提减值准备，在价值回升时都可以转回。（　　　）

12.长期股权投资采用成本法进行核算时，被投资单位宣告发放现金股利时，有可能确认投资收益，也有可能冲减投资成本。（　　　）

13.采用权益法核算的长期股权投资，应于被投资企业宣告发放现金股利时确认投资收益。（　　　）

14.同一控制下的企业合并，投资方投出资产的公允价值和其账面价值之间的差额应确认为当期损益。（　　）

15.一次交换交易实现的非同一控制下的企业合并，合并成本为购买方在购买日为取得对被购买方的控制权而付出的资产、发生或承担的负债以及发行的权益性证券的账面价值。（　　）

16.以支付现金取得的长期股权投资，不构成企业合并的，应当按照实际支付的购买价款作为长期股权投资的初始投资成本，包括购买过程中支付的手续费等必要支出及被投资单位已宣告但尚未发放的现金股利或利润。（　　）

17.按权益法核算的长期股权投资，初始投资成本大于应享有被投资单位可辨认净资产公允价值份额的差额，应计入营业外收入，同时调整长期股权投资的初始投资成本。（　　）

18.长期股权投资的账面价值就是其账面余额减去相应的减值准备。（　　）

19.已计提了减值准备的长期股权投资，如果其后价值又得以恢复，应恢复长期股权投资的账面价值。（　　）

20.企业溢价购入某债券，将其划分为持有至到期投资，以后各期确认的利息收入（投资收益）的金额逐年递增。（　　）

21.联营、合营企业向投资方出售资产的交易，该资产构成业务的，投资方应全额确认与交易相关的利得或损失。（　　）

22.长期股权投资采用权益法核算时，需要考虑取得投资时被投资单位的固定资产、无形资产等的公允价值与账面价值之间的差额对被投资单位净利润的影响。（　　）

23.对于长期股权投资，无论采用成本法核算还是权益法核算，减值准备一经确认，以后期间不得转回。（　　）

24.未通过单独主体达成的合营安排，应划分为共同经营；通过单独主体达成的合营安排，应划分为合营安排。（　　）

25.对共同经营不享有共同控制的参与方（非合营方），如果享有该共同经营相关资产且承担该共同经营相关负债的，比照合营方进行会计处理。（　　）

（四）计算与会计处理题

1.2015年3月20日，嘉海公司按每股3.8元的价格购入每股面值1元的B公司股票50 000股作为交易性金融资产，股票购买价格中包含每股0.2元已宣告但尚未发放的现金股利，并支付相关税费1 200元。2015年4月10日，B公司发放现金股利。2015年6月30日，该股票每股市价3.2元。2015年12月31日，该股票每股市价4.5元。2016年2月1日，嘉海公司以每股4.8元的价格出售该股票。

要求：编制嘉海公司自购买到出售该股票相关的会计分录。

2.某股份有限公司2016年有关交易性金融资产的资料如下：

（1）3月1日以银行存款购入A公司股票50 000股，并准备随时变现，每股买价16元，同时支付相关税费4 000元。

（2）4月20日，A公司宣告发放的现金股利为每股0.4元。

（3）4月21日，又购入 A 公司股票 50 000 股，并准备随时变现，每股买价 18.4 元（其中包含已宣告发放但尚未支取的股利每股 0.4 元），同时支付相关税费 6 000 元。

（4）4月25日，收到 A 公司发放的现金股利 40 000 元。

（5）6月30日，A 公司股票市价为每股 16.4 元。

（6）7月18日，该公司以每股 17.5 元的价格转让 A 公司股票 60 000 股，扣除相关税费 6 000 元，实得金额为 1 044 000 元。

（7）12月31日，A 公司股票市价为每股 18 元。

要求：根据上述经济业务编制有关会计分录。

3.甲公司于 2016 年 1 月 1 日支付价款 1 130.44 万元从二级市场购买面值为 1 000 万元的债券，另支付手续费 3 万元。该债券于 2015 年 1 月 1 日发行，4 年期，票面利率 8%，每年 1 月 5 日支付上年度的利息。甲公司将该债券划分为持有至到期投资。经计算，实际利率为 6%。

要求：分别写出自购买日起直至到期日的相关会计处理（单位：万元）。

4.2015 年 1 月 1 日，甲企业从二级市场支付价款 1 020 000 元（含已到付息但尚未领取的利息 20 000 元）购入某公司发行的债券，另发生交易费用 20 000 元。该债券面值 1 000 000 元，剩余期限为 2 年，票面年利率为 4%，每半年付息一次，甲企业将其划分为交易性金融资产。其他资料如下：

（1）2015 年 1 月 5 日，收到该债券 2014 年下半年利息 20 000 元；

（2）2015 年 6 月 30 日，该债券的公允价值为 1 150 000 元（不含利息）；

（3）2015 年 7 月 5 日，收到该债券半年利息；

（4）2015 年 12 月 31 日，该债券的公允价值为 1 100 000 元（不含利息）；

（5）2016 年 1 月 5 日，收到该债券 2015 年下半年利息；

（6）2016 年 3 月 31 日，甲企业将该债券出售，取得价款 1 180 000 元（含第一季度利息 10 000 元）。假定不考虑其他因素。

要求：根据上述经济业务编制有关会计分录。

5.嘉海公司于 2013 年 1 月 2 日从证券市场上购入嘉云公司于 2013 年 1 月 1 日发行的债券，该债券期限为 3 年期，票面年利率为 4%，到期日为 2016 年 1 月 1 日，到期日一次归还本金和利息。嘉海公司购入债券的面值为 1 000 万元，实际支付价款为 947.50 万元，另支付相关费用 20 万元。嘉海公司购入后将其划分为持有至到期投资。购入债券的实际年利率为 5%。假定按年计提利息。

要求：编制嘉海公司从 2013 年 1 月 2 日至 2016 年 1 月 1 日上述有关业务的会计分录（单位：万元）。

6.A 公司有关业务如下：

（1）2014 年 1 月 1 日，A 公司从股票二级市场以每股 14 元的价格购入 B 公司发行的股票 200 000 股，拥有 B 公司有表决权股份的 5%，对 B 公司无重大影响，划分为可供出售金融资产。

（2）2014 年 5 月 10 日，A 公司收到 B 公司发放的上年现金股利 40 000 元。

（3）2014年12月31日，该股票的市场价格为每股13元。A公司预计该股票的价格下跌是暂时的。

（4）2015年，B公司因违犯相关证券法规，受到证券监管部门查处。受此影响，B公司股票的价格发生下跌。至2015年12月31日，该股票的市场价格下跌到每股8元。

（5）2016年，B公司整改完成，加之市场宏观面好转，股票价格有所回升，至12月31日，该股票的市场价格上升到每股11元。

假定2015年和2016年均未分派现金股利，不考虑其他因素。

要求：做出A公司的相关账务处理。

7.2016年1月1日，嘉腾公司购买了一项公司债券，剩余年限为5年，债券的面值为1 200万元，公允价值为1 050万元，交易费用为10万元，次年1月5日按票面利率的3%支付利息。该债券在第5年兑付（不能提前兑付）本金及最后一期利息。实际利率为6%。2016年年末，该债券的公允价值为1 100万元。

要求：

（1）假定嘉腾公司将该债券划分为交易性金融资产，编制相关会计分录（单位：万元）；

（2）假定嘉腾公司将该债券划分为持有至到期投资，编制相关会计分录（单位：万元）；

（3）假定嘉腾公司将该债券划分为可供出售金融资产，编制相关会计分录（单位：万元）。

8.A公司和B公司为同一母公司控制的两个子公司，A公司和B公司达成协议，约定A公司以银行存款2 000万元和发行A公司的股票4 000万股作为合并对价，取得B公司75%的股权。A公司发行股票的面值为1元，A公司"资本公积——股本溢价"科目余额为500万元，"盈余公积"科目余额为800万元，"利润分配——未分配利润"科目余额为2 000万元。

要求：

（1）假定B公司所有者权益的账面价值为9 000万元，编制相关会计分录（单位：万元）；

（2）假定B公司所有者权益的账面价值为8 000万元，编制相关会计分录（单位：万元）；

（3）假定B公司所有者权益的账面价值为7 600万元，编制相关会计分录（单位：万元）；

（4）假定B公司所有者权益的账面价值为6 800万元，编制相关会计分录（单位：万元）；

（5）假定B公司所有者权益的账面价值为6 000万元，编制相关会计分录（单位：万元）。

9.A公司和B公司为两个互不关联的独立公司，合并之前不存在任何投资关系，A公司和B公司达成合并协议，约定A公司以库存商品、发行股票和银行存款作为合并对价，取得B公司80%的股权，A公司的库存商品账面价值800万元，公允价值1 000万元，增值税税率17%，A公司发行的股票3 000万股，每股面值1元，每股公允价值3元，A公司支付银行存款800万元。

要求：编制A公司通过控股合并B公司取得长期股权投资的会计分录（单位：万元）。

10.晶华股份有限公司（以下简称晶华公司）为上市公司，其与长期股权投资有关的业务如下：

（1）2015年1月1日，晶华公司向M公司定向发行500万股普通股（每股面值1元，每股市价8元）作为对价，取得M公司拥有的甲公司80%的股权。在此之前，M公司与晶华公司不存在任何关联方关系。晶华公司另以银行存款支付评估费、审计费以及律师费30万元；为发行股票，晶华公司以银行存款支付了券商佣金、手续费50万元。

2015年1月1日，甲公司可辨认净资产公允价值为4 800万元，与账面价值相同，相关手续于当日办理完毕，晶华公司于当日取得甲公司的控制权。

2015年3月10日，甲公司股东大会做出决议，宣告分配现金股利300万元。2015年3月20日，晶华公司收到该现金股利。

2015年度甲公司实现净利润1 800万元，其持有的可供出售金融资产期末公允价值增加了150万元。

（2）2015年2月1日，从证券市场上以银行存款2 000万元取得了乙公司30%的股权。当日相关手续办理完毕，并向乙公司派出一名董事。在此之前，甲公司与乙公司之间不具有任何关联方关系。当日，乙公司可辨认净资产的公允价值为6 000万元（与账面价值相等）。甲公司支付的价款中包含乙公司已宣告但尚未发放的现金股利150万元。

（3）2015年度，乙公司实现净利润2 000万元，其持有的可供出售金融资产期末公允价值增加了180万元，除净损益、其他综合收益以及利润分配以外的所有者权益其他变动为200万元。

（4）2016年1月10日，晶华公司将持有的甲公司的长期股权投资的80%对外出售，出售取得价款3300万元。在出售64%的股权后，晶华公司对甲公司的剩余持股比例为16%，对甲公司不具有控制、共同控制和重大影响，剩余部分划分为可供出售金融资产核算。剩余股权投资在当日的公允价值为825万元。

假设上述投资均未发生减值。不考虑所得税等相关因素的影响。

要求：

（1）根据资料（1），分析、判断晶华公司并购甲公司属于何种合并类型，并说明理由。

（2）根据资料（1），编制晶华公司在2015年度与甲公司长期股权投资相关的会计分录（单位：万元）。

（3）根据资料（2），判断晶华公司对乙公司投资应当采用的后续计量方法，并计算长期股权投资的初始投资成本。

（4）根据资料（2）、（3），编制与乙公司长期股权投资相关的会计分录（单位：万元）。

（5）根据资料（4），计算晶华公司处置64%股权时个别财务报表中应确认的投资收益金额，并编制晶华公司个别财务报表中处置长期股权投资以及对剩余股权投资进行调整的相关会计分录（单位：万元）。

11.甲公司于2010—2016年有关投资业务如下：

（1）2010年1月1日甲公司支付3 000万元取得乙公司30%的股权（300万股），乙公司可辨认净资产的公允价值为9 000万元。采用权益法核算。

（2）乙公司2010年实现净利润500万元，可供出售金融资产公允价值上升，计入其他综合收益的变动额为300万元。

（3）2011年4月10日乙公司宣告发放200万元的现金股利和100万股的股票股利，5月10日甲公司收到乙公司发放的现金股利。

（4）2012年乙公司亏损6 000万元。

（5）2013年乙公司亏损7 000万元，甲公司除了对乙公司的长期股权投资外，账面上还有应向乙公司收取的长期应收款100万元，该项债权目前没有明确的清收计划（并非产生于日常购销活动）

（6）2014年乙公司实现净利润2 000万元。

（7）2015年乙公司实现净利润7 000万元。

（8）2016年3月5日甲公司把对乙公司的投资全部处理后获得价款2 500万元。

要求：编制甲公司上述经济业务的会计分录（单位：万元）。

12.甲公司2015年1月2日以银行存款2 700万元对乙公司投资，占乙公司注册资本的20%。乙公司的其他股份分别由A、B、C、D、E企业平均持有。具体资料如下：

（1）2015年1月2日乙公司可辨认净资产的公允价值为14 500万元。甲公司按权益法核算对乙公司的投资。

（2）2015年乙公司实现净利润800万元。

（3）2016年4月乙公司宣告分配2015年现金股利300万元。

（4）2016年乙公司发生净亏损100万元。

要求：编制甲公司上述相关业务的会计分录（单位：万元）。

13.甲公司2014年至2015年对A公司长期股权投资业务的有关资料如下：

（1）甲公司于2014年1月1日以1 000万元购入A公司股票350万股，每股面值1元，占A公司实际发行在外普通股股数的30%，对A公司具有重大影响，另支付相关税费25万元。

（2）2014年1月1日甲公司取得A公司股权投资时，A公司可辨认净资产公允价值为3 500万元，其中固定资产公允价值为600万元，账面价值为500万元，该固定资产的预计尚可使用年限为10年，预计净残值为0，按照年限平均法计提折旧；除此以外，A公司各项资产、负债的公允价值等于其账面价值。

（3）2014年5月甲公司从A公司购入一批存货，售价为120万元，成本为100万元，当年售出40%，当月A公司发放现金股利50万元，6月份收到股利，A公司2014年实现净利润200万元，提取盈余公积40万元。

（4）2015年甲公司将上年从A公司购入的存货全部出售，当年A公司发生亏损300万元，其他综合收益200万元。

（5）2015年12月31日甲公司对该项长期股权投资进行减值测试，预计其可收回金额为1 000万元。

不考虑所得税等因素。

要求：

（1）编制2014年1月1日取得A公司长期股权投资的会计分录（单位：万元）。

（2）编制2014年甲公司对A公司长期股权投资的会计分录（单位：万元）。

（3）编制2015年12月31日甲公司对A公司长期股权投资的会计分录（单位：万元）。

14.A股份有限公司（以下简称A公司）2015年至2016年对B股份有限公司（以下简称B公司）投资业务的有关资料如下：

（1）2015年4月1日，A公司以银行存款1 500万元购入B公司股份，另支付相关税费8万元。A公司持有的股份占B公司有表决权股份的20%，对B公司的财务和经营决策具有重大影响，并准备长期持有该股份。A公司取得该项投资时，B公司可辨认净资产的公允价值为8 000万元，账面价值为7 700万元，其差额由一项固定资产引起，该固定资产的账面原价为1 000万元，预计折旧年限为5年，预计净残值为0，采用直线法提折旧，已使用2年，公允价值为900万元。

（2）2015年4月20日，B公司宣告分派2014年度现金股利150万元。

（3）2015年5月10日，A公司收到B公司分派的2014年度现金股利。

（4）2015年11月1日，B公司因持有的可供出售金融资产公允价值上升增加其他综合收益120万元。

（5）2015年度，B公司实现净利润600万元（其中1—3月净利润为100万元）。

（6）2016年4月2日，B公司召开股东大会，审议董事会于2016年4月1日提出的2015年度利润分配方案。审议通过的利润分配方案为：按净利润的10%提取法定盈余公积；分配现金股利120万元。

（7）2016年6月，A公司借给B公司一笔200万元的款项，并无明确的收回计划。

（8）2016年，B公司发生净亏损9 000万元。

（9）2017年，经过不懈努力，B公司当年实现净利润1 000万元。

要求：编制A公司对B公司长期股权投资的会计分录（"长期股权投资"科目要求写出明细科目；答案中的单位用万元表示）。

15.甲股份有限公司（以下简称甲公司）为增值税一般纳税人，适用的增值税税率为17%。甲公司2013—2016年与投资有关的资料如下：

（1）2013年9月1日，甲公司与乙公司签订股权转让协议，甲公司以一组资产作为对价取得乙公司所持有的A公司40%股权，该组资产包括银行存款、一批库存商品、一项无形资产和一项可供出售金融资产，该组资产在股权转让日的账面价值和公允价值相关资料见表5-1。

该股权转让协议于2013年11月1日分别经甲公司临时股东大会和乙公司股东大会批准；

表 5-1　　　　　　　该组资产在股权转让日的账面价值和公允价值相关资料　　　　　单位：万元

项目	账面价值	公允价值
银行存款	1 000	1 000
库存商品	800	1 000
无形资产	1 100	1 300
可供出售金融资产	650（取得时成本为 600 万元，公允价值变动为 50 万元）	730

股权以及相关对价资产的过户手续均于 2014 年 1 月 1 日办理完毕。甲公司取得上述股权后对 A 公司的财务和经营政策有重大影响。甲公司与乙公司及 A 公司均不存在关联关系。

2013 年，A 公司实现净利润 1 500 万元。2014 年 1 月 1 日，A 公司可辨认净资产公允价值为 10 000 万元，除表 5-2 所列项目外，A 公司其他资产、负债的账面价值与其公允价值相同。

表 5-2　　　　　　　　资产、负债的账面价值与其公允价值不同的项目　　　　　　单位：万元

项目	账面原价	累计折旧	公允价值
存货	300	—	500
固定资产	1 000	500	600
小计	1 300	500	1 100

A 公司该项固定资产原预计使用年限为 10 年，已使用 5 年，预计净残值为 0，采用直线法计提折旧，折旧费计入当期管理费用。甲公司在取得投资时 A 公司账面上的存货（未计提跌价准备）分别于 2014 年对外出售 70%、2015 年对外出售 30%。

（2）2014 年 3 月 20 日，A 公司宣告发放 2013 年度现金股利 500 万元，并于 2014 年 4 月 20 日实际发放。

（3）2014 年 8 月，A 公司将其成本为 600 万元的商品以 800 万元的价格销售给甲公司，甲公司将取得的商品作为存货。至 2014 年年末甲公司从未对外销售过该批存货。2014 年度，A 公司实现净利润 800 万元。

（4）2015 年 12 月，A 公司因可供出售金融资产业务进行会计处理后，增加其他综合收益 200 万元。

2015 年度，A 公司发生亏损 1 200 万元。

2015 年度，甲公司和 A 公司未发生任何内部交易，2014 年内部交易形成的存货仍未对外销售。

（5）2015 年 12 月 1 日，甲公司与丙公司签订协议，以 1 500 万元受让丙公司所持有的 A 公司股权的 20%。该协议于 2016 年 1 月 1 日经甲公司临时股东大会和丙公司股东大会批准，涉及的股权变更手续于 2016 年 1 月 2 日完成，当日支付了全部价款。至此，甲公司持有 A 公司 60% 的股权，能够控制 A 公司的生产经营决策。

假定：

（1）不考虑除增值税外的其他相关税费的影响；

（2）按净利润的10%提取法定盈余公积；

（3）除上述交易或事项外，A公司未发生导致其所有者权益变动的其他交易或事项。

要求：

（1）确定甲公司从乙公司处收购A公司股权交易中的"股权转让日"。

（2）计算说明该股权投资对甲公司2014年度个别财务报表中长期股权投资、其他综合收益、营业外收入和投资收益项目的影响额。

（3）编制甲公司2015年度对A公司长期股权投资核算的会计分录（单位：万元），并计算该项投资对甲公司2015年度个别财务报表中长期股权投资项目的影响额。

（4）计算甲公司对A公司长期股权投资于2016年12月31日的账面余额。

四、 本章习题答案及解析

（一）单项选择题

1.D【解析】见知识点（一）交易性金融资产的特征。

2.B【解析】以公允价值计量且其变动计入当期损益的金融资产可进一步划分为交易性金融资产和直接指定为以公允价值计量且其变动计入当期损益的金融资产。

3.B【解析】取得交易性金融资产时，应当按照取得该交易性金融资产的公允价值作为初始入账金额，相关的交易税费作为投资收益的借项，所以A错误，B正确。资产负债表日，应将交易性金融资产的公允价值变动计入公允价值变动损益，所以C错误；处置交易性金融资产时，应将原计入公允价值变动损益的金额转入投资收益，所以D错误。

4.C【解析】资产负债表日，持有的股票市价大于其账面价值的差额应计入公允价值变动损益，所以应选C。

5.B【解析】资产负债表日，交易性金融资产的公允价值发生变动应计入公允价值变动损益，所以应选B。

6.C【解析】新华公司从取得至出售大海公司债券累计确认的投资收益=现金总流入-现金总流出＝（235+4+4）－（204+0.7）=38.3（万元），C正确。

7.B【解析】取得持有至到期投资，应当按照取得该金融资产的公允价值和相关交易费用之和作为初始确认金额，所以应选B。

8.C【解析】交易性金融资产以短期获利为目的，不同于可供出售金融资产。

9.C【解析】股票作为交易性金融资产，应以购入时的公允价值作为初始投资成本。

10.C【解析】55-3-0.1=51.9（万元）

11.A【解析】企业持有交易性金融资产期间获得现金股利应当计入投资收益。

12.A【解析】企业持有的交易性金融资产发生公允价值变动属于未实现的收益，应当计入公允价值变动损益。

13.A【解析】资产负债表日企业持有的交易性金融资产应按公允价值计量。

14.B【解析】债券有期限，股票没有期限，只有债券才有可能是"持有至到期投资"，而A和C既可能是股票也可能是债券。所以B正确。

15.C【解析】80 000-50 000-1 000=29 000（元），1 000元的现金股利在被投资单位宣告时就确认为投资收益，处置时只能被看成应收债权的收回。

16.C【解析】380-200-0.8=179.2（万元）

17.C【解析】交易性金融资产期末在资产负债表上以公允价值反映。

18.D【解析】企业购入债券作为持有至到期投资，其初始确认金额为债券的公允价值和相关交易费用，其中公允价值包含债券的面值和溢折价。

19.A【解析】企业购入债券作为持有至到期投资，其初始确认金额为债券的公允价值和相关交易费用，其中公允价值包含债券的面值和溢折价，所以利息调整包含溢折价和相关交易税费。

20.B【解析】同第19题。

21.B【解析】溢价是作为对债券发行者在以后期间多支付利息的一种补偿，所以溢价发行就是票面利率高于市场利率。

22.（1）C【解析】2016年1月2日购入债券时包含了2015年的利息50万元（1 000×5%），所以初始投资成本=1011.67-50+20=981.67（万元）。

（2）A【解析】投资收益=摊余成本×实际利率=981.67×6%=58.90（万元）。

23.A【解析】债券折价是对投资者（债券持有人）后期少得到利息的一种补偿，所以应是市场利率高于票面利率。

24.A【解析】2014年12月31日的摊余成本=（3 120+2.27）×（1+5%）-3 000×6%=3 098.384（万元）。2015年12月31日的摊余成本=3 098.384+3 098.384×5%-3 000×6%=3 073.303（万元）

25.A【解析】持有至到期投资每年计入投资收益的金额应是持有至到期投资摊余成本×实际利率。

26.B【解析】对于持有至到期投资来说，摊余成本就等于其账面价值。

27.C【解析】溢价购入的债券有这样的等式：应收利息=投资收益+溢价摊销。

28.B【解析】一次还本付息的债券，每期利息在债券到期时才能支付，所以每期的利息不再是短期债权，而是长期债权，不能通过短期债权——应收利息核算，而应通过持有至到期投资——应计利息核算。

29.A【解析】根据金融资产准则，可供出售金融资产持有期内公允价值上升应计入其他综合收益。

30.C【解析】可供出售金融资产按照公允价值进行后续计量，变动损益计入其他综合收益，如发生减值则计入当期损益（资产减值损失）。

31.A【解析】可供出售金融资产（债券）的公允价值高于其摊余成本的差额计入其他综合收益。

32.D【解析】只有交易性金融资产才会涉及"公允价值变动损益"科目。

33.B【解析】参照金融资产相关准则。

34.A【解析】交易性金融资产和可供出售金融资产在持有期间获得的现金股利都应计入投资收益。

35.D【解析】根据金融资产相关准则规定，可供出售金融资产提取减值准备，已计入其他综合收益的公允价值变动累计损失，应当转入资产减值损失。

36.D【解析】可供出售金融资产的入账价值=800-30+5=775（万元）。

37.B【解析】由于公允价值下降是非暂时性的，所以应提取资产减值准备。期末应先确认相关利息收入再考虑减值问题，所以期末确认的投资收益=1 000×5%=50（万元）。

38.（1）B【解析】可供出售金融资产的初始入账金额=1 500-20+5=1 485（万元）。

（2）B【解析】累计确认的其他综合收益=1 300-1 485=-185（万元）。

（3）D【解析】公允价值持续下跌的情况下，可供出售金融资产公允价值的下降计入资产减值损失，所以D选项正确。

39.（1）C【解析】累计确认的其他综合收益=（4.75-5）×20=-5（万元）。

（2）A【解析】确认的其他综合收益=（4.5-4.75）×20=-5（万元）；累计确认的其他综合收益=-5+（-5）=-10（万元）。

（3）B【解析】由于该可供出售金融资产发生了减值，原累计计入其他综合收益的金额（-10万元）应转入资产减值损失，所以应贷记"其他综合收益"10万元；相应的会计分录如下：

借：资产减值损失 30
　　贷：其他综合收益 10
　　　　可供出售金融资产——公允价值变动 20

40.C【解析】持有至到期投资在资产负债表上按照摊余成本扣除一年内到期的持有至到期投资后的金额反映。

41.C【解析】可供出售金融资产按公允价值计量，所以债券重分类为可供出售金融资产，可供出售金融资产的入账价值应为公允价值。

42.C【解析】根据金融资产减值准则的相关规定，持有至到期投资发生的减值，如果价值恢复，可以转回。

43.D【解析】根据金融资产减值准则的相关规定，可供出售权益工具减值准备，不能通过损益转回。

44.B【解析】期末用预计未来现金流量现值和金融资产的摊余成本比较，如果预计未来现金流量现值低于摊余成本，则根据其差额计提减值准备。

45.B【解析】持有至到期投资重分类为可供出售金融资产，该项投资的公允价值与账面价值的差额应当计入其他综合收益。

46.D【解析】期末用预计未来现金流量现值和金融资产的摊余成本比较，如果预计未来现金流量现值低于摊余成本，则根据其差额计提减值准备。

47.B【解析】历史成本计量侧重于可靠性，公允价值计量侧重于相关性。

48.A【解析】交易性金融资产在资产负债表日根据公允价值的变动进行调整，不存在减值准备的计提和转回。

49.B【解析】按照《企业会计准则第20号——企业合并》的有关规定，在同一控制下的企业合并中，合并方取得的资产和负债，应当按照合并日在被合并方的账面价值计量。合并方取得的净资产账面价值的份额与支付的合并对价账面价值（或发行股份面值总额）的差额，应当调整资本公积；资本公积不足冲减的，调整留存收益。

50.C【解析】本题属于同一控制下企业合并形成的长期股权投资，长期股权投资的初始投资成本为合并日取得的被合并方所有者权益账面价值的份额与包括最终控制方收购被合并方而形成的商誉之和。

51.A【解析】同一控制下企业合并，长期股权投资以享有的被投资单位所有者权益账面价值的份额作为初始投资成本，即初始投资成本=16 000×60%=9 600（万元）。初始投资成本与股本面值之间的差额4 600万元（9 600-5 000）计入资本公积——股本溢价。

52.A【解析】2016年1月19日甲公司上述事项对损益的影响金额=20+（95-70）=45（万元）。

53.C【解析】2015年12月31日应确认的投资损失金额是7 000×40%=2 800（万元）。长期股权投资的账面价值是2 000万元，长期债权的金额为500万元，所以账务处理如下：

借：投资收益 2 500
 贷：长期股权投资 2 000
  长期应收款 500

投资企业确认被投资单位发生的净亏损，应当以长期股权投资的账面价值以及其他实质上构成对被投资单位净投资的长期权益减记至零为限。因此，甲公司尚有未确认的亏损分担额300万元（7 000×40%-2 000-500），需要在账外进行备查登记。

2016年乙公司获得的净利润按照持股比例计算属于甲公司的份额=1 500×40%=600（万元），该部分金额应首先抵减未确认的亏损分担额300万元，剩余部分再确认应恢复的长期应收款，即600-（7 000×40%-2 500）=300（万元）。因长期应收款尚未完全恢复，故2016年年末长期股权投资的账面价值仍为0。

54.B【解析】甲公司2016年应确认的投资收益=［2 000-（800-600）÷10-（300-200）+（300-200）÷5×（6÷12）］×30%=567（万元）。提示：对净利润进行调整时，注意区分内部交易产生的固定资产与投资时点被投资单位固定资产的区别。

55.D【解析】甲公司2015年应确认的投资收益=［-1 600-（500-400）×70%］×20%=-334（万元）。

56.C【解析】对于该项共同经营，A公司应确认的营业成本=150+60=210（万元），应确认的营业收入=100×8×60%=480（万元），因此，对A公司当期损益的影响金额=480-210=270（万元）。

57.B【解析】通过非同一控制下的企业合并取得的长期股权投资，其初始投资成本为购买方付出的资产、发生或承担的负债以及发行的权益性证券的公允价值。相关分录为：

固定资产账面价值（1 600万元）转入固定资产清理的分录略。

借：长期股权投资 2 000
 管理费用 50
 贷：固定资产清理 1 600
  营业外收入 400
  银行存款 50

58.A【解析】选项 B，以发行权益性证券方式进行的企业合并，与发行权益性证券相关的佣金、手续费等应冲减发行溢价；选项 C、D，为进行企业合并而支付的审计费用、评估费用应计入管理费用。

59.A【解析】2016 年 4 月 1 日该长期股权投资的初始投资成本=原股权投资的公允价值+新增股权对价的公允价值=600+1 800=2 400（万元）。

60.B【解析】借：长期股权投资——乙公司——投资成本　　　　　　　　　2 000
　　　　　　贷：银行存款　　　　　　　　　　　　　　　　　　　　　　　2 000
　借：长期股权投资——乙公司——投资成本（7 000×30%-2 000）　　　　 100
　　贷：营业外收入　　　　　　　　　　　　　　　　　　　　　　　　　　 100
　也可以合并处理：
　借：长期股权投资——乙公司——投资成本（7 000×30%）　　　　　　　 2 100
　　贷：银行存款　　　　　　　　　　　　　　　　　　　　　　　　　　　2 000
　　　　营业外收入　　　　　　　　　　　　　　　　　　　　　　　　　　 100

61.D【解析】处置该项投资的收益=700-640+40=100（万元）。

62.B【解析】同一控制下企业合并，应当在合并日按照取得被合并方所有者权益账面价值的份额作为长期股权投资的初始投资成本，即 5 000×80%=4 000（万元）。同一控制下企业合并的长期股权投资的后续计量采用成本法核算，2016 年 3 月 10 日乙公司宣告分配的现金股利 750 万元应按照享有的份额确认为投资收益，不影响长期股权投资的账面价值，乙公司实现净利润，投资企业不需要进行账务处理，也不影响长期股权投资的账面价值。因此 2016 年年末该长期股权投资的账面价值仍为 4 000 万元。

63.C【解析】本题考核内部交易固定资产的处理。投资企业与联营（合营）企业之间的内部交易中，一方销售资产给另一方作为固定资产使用的，其未实现内部销售损益随着固定资产在后续期间的折旧而逐期实现，因此 A 公司 2016 年应确认的投资收益=［2 000-（900-500）+（900-500）÷10×（6÷12）］×20%=324（万元）。注：因为涉及计提折旧，所以要关注内部交易时点。

64.A【解析】有证据表明交易价格 400 万元与甲企业该商品账面价值 500 万元之间的差额是由于该资产发生了减值损失，在确认投资损益时不应予以抵消。所以，应确认的投资收益=1 000×30%=300（万元）。

65.D【解析】同一控制下多次交换交易分步实现合并的，应当以持股比例计算的合并日应享有被合并方账面所有者权益份额作为该项投资的初始投资成本，所以，长期股权投资账面价值=达到控制日 A 公司净资产账面价值×持股比例=3 300×70%=2 310（万元）。长期股权投资的初始投资成本与原投资账面价值加上新增投资账面价值之和的差额计入资本公积。相关的会计分录为：

2015 年 1 月 1 日，初始取得 30% 的股权，采用权益法核算：
借：长期股权投资——投资成本　　　　　　　　　　　　　　　　　　 1 000
　　营业外支出　　　　　　　　　　　　　　　　　　　　　　　　　　 200
　贷：固定资产清理　　　　　　　　　　　　　　　　　　　　　　　　 1 200

初始投资成本1 000万元大于应享有被投资单位可辨认净资产公允价值的份额900万元（3 000×30%），不需要调整初始投资成本。

提示：因为初始投资的时候还没有达到合并，因此采用的是权益法核算，初始投资成本采用的是公允价值，而不是账面价值。

2015年年底：

借：长期股权投资——损益调整（300×30%）　　　　　　　　　　　90

　　贷：投资收益　　　　　　　　　　　　　　　　　　　　　　　　　　90

此时长期股权投资账面价值=1 000+90=1 090（万元）。

2016年1月1日追加投资时，长期股权投资的初始投资成本=应享有被合并方所有者权益账面价值的份额=（3 000+300）×70%=2 310（万元）。

借：长期股权投资——投资成本　　　　　　　　　　　　　　　　2 310

　　资本公积——股本溢价　　　　　　　　　　　　　　　　　　　280

　　贷：长期股权投资——投资成本　　　　　　　　　　　　　　　1 000

　　　　　　　　　　——损益调整（300×30%）　　　　　　　　　　90

　　　　银行存款　　　　　　　　　　　　　　　　　　　　　　1 500

此时长期股权投资的账面价值为2 310万元。

66.B【解析】多次交易实现的同一控制企业合并初始投资成本应按照应享有被合并方相对于最终控制方而言的所有者权益账面价值的份额来确定，最终控制方会根据被投资单位的所有者权益的变动来相应地调整其长期股权投资的账面价值。乙公司在最终控制方合并财务报表中的净资产的账面价值=3 000+500（2015年度实现净利润）=3 500（万元），因此长期股权投资的初始投资成本=3 500×（25%+40%）=2 275（万元）。

67.C【解析】本题属于成本法减资转为金融资产的情况，剩余股权应在丧失控制权日将公允价值与账面价值的差额计入当期损益，因此因处置持有乙公司部分股权而对甲公司2016年度损益的影响金额=90%股权的处置损益+剩余10%股权公允价值与账面价值的差额=（8 100-8 000×90%）+（900-8 000×10%）=1 000（万元）。

会计处理如下：

取得投资时：

借：长期股权投资　　　　　　　　　　　　　　　　　　　　　　8 000

　　贷：银行存款　　　　　　　　　　　　　　　　　　　　　　8 000

处置股权时：

借：银行存款　　　　　　　　　　　　　　　　　　　　　　　　8 100

　　贷：长期股权投资　　　　　　　　　　　　　　　　　　　　7 200

　　　　投资收益　　　　　　　　　　　　　　　　　　　　　　900

借：可供出售金融资产　　　　　　　　　　　　　　　　　　　　900

　　贷：长期股权投资　　　　　　　　　　　　　　　　　　　　800

　　　　投资收益　　　　　　　　　　　　　　　　　　　　　　100

68.C【解析】2015年1月1日,长期股权投资的初始投资成本为350万元,占乙公司可辨认净资产公允价值的份额=1 000×30%=300(万元),形成正商誉50万元,不需要调整长期股权投资初始投资成本。2015年年末,长期股权投资的账面价值=350+(200+100)×30%=440(万元)。2016年1月1日新增投资成本100万元,新增持股比例占增资日乙公司可辨认净资产公允价值的份额=2 000×10%=200(万元),产生负商誉=200-100=100(万元),综合两次投资,产生负商誉=100-50=50(万元),应确认营业外收入=100-50=50(万元)。

相应的会计分录为:

2015年1月1日:

借:长期股权投资——投资成本   350

    贷:银行存款   350

2015年12月31日:

借:长期股权投资——损益调整(200×30%)   60

    贷:投资收益   60

借:长期股权投资——其他权益变动(100×30%)   30

    贷:资本公积——其他资本公积   30

2016年1月1日:

借:长期股权投资——投资成本   100

    贷:银行存款   100

借:长期股权投资——投资成本   50

    贷:营业外收入   50

69.B【解析】甲公司应按照收入分享率、费用分担率确认相应的收入、成本,所以甲公司2016年因此共同经营应确认的损益=〔500-(1 550-50)÷10-5〕×50%=172.5(万元)。

70.C【解析】同一控制下多次交易分步实现企业合并,达到合并后应该以应享有被投资方所有者权益的账面价值份额作为长期股权投资的入账价值。所以,甲公司应确认的长期股权投资入账价值=400×(10%+45%)=220(万元)。

相应的会计分录为:

2016年年初:

借:可供出售金融资产——成本   20

    贷:银行存款   20

2016年5月:

借:长期股权投资——投资成本   220

    贷:可供出售金融资产——成本   20

       银行存款   95

       资本公积——股本溢价   105

初始投资成本与原股权账面价值加新增投资账面价值之和的差额计入资本公积。

71.D【解析】甲公司应在减资当日确认的投资收益=450+150-400+50=250（万元）。

由权益法改为可供出售金融资产核算时，可供出售金融资产应按照公允价值计量，公允价值与原账面价值之间的差额计入当期损益。原采用权益法核算的相关其他综合收益应当在终止采用权益法核算时，采用与被投资单位直接处置相关资产或负债相同的基础进行会计处理，因被投资方除净损益、其他综合收益和利润分配以外的其他所有者权益变动而确认的所有者权益，应当在终止采用权益法核算时全部转入当期损益。

相应的会计处理为：

借：银行存款 450
 贷：长期股权投资——投资成本（300÷40%×30%） 225
     ——损益调整（50÷40%×30%） 37.5
     ——其他权益变动（50÷40%×30%） 37.5
   投资收益 150
借：可供出售金融资产——成本 150
 贷：长期股权投资——投资成本（300÷40%×10%） 75
     ——损益调整（50÷40%×10%） 12.5
     ——其他权益变动（50÷40%×10%） 12.5
   投资收益 50

将原确认的其他权益变动的金额转入投资收益：

借：资本公积——其他资本公积 50
 贷：投资收益 50

因此，应确认的投资收益=150+50+50=250（万元）。

72.C【解析】选项A，转换前后均为权益法核算；选项B，为金融资产转为权益法的处理；选项D，长期股权投资终止确认，不需要考虑后续按照什么模式计量。

73.B【解析】本题考查知识点：成本法与权益法的转换。选项B，原持有的对被投资单位具有控制的长期股权投资，因减少投资导致持股比例下降，但能够对被投资单位实施共同控制的，应由成本法核算转为权益法核算。

74.C【解析】采用成本法核算的长期股权投资，除取得投资时实际支付的价款或对价中包含的已宣告但尚未发放的现金股利或利润外，投资企业应当按照享有被投资单位宣告发放的现金股利或利润确认投资收益，不再划分是否属于投资前和投资后被投资单位实现的净利润。所以，A企业2016年确认应收股利时应确认的投资收益=200×60%=120（万元）。

75.B【解析】甲公司取得该项长期股权投资的初始投资成本=600×70%=420（万元）。

76.B【解析】2015年12月31日，丁公司按购买日公允价值持续计算的可辨认净资产公允价值=4 000+［800-（500-300）÷10］=4 780（万元），合并日乙公司购入丁公司80%股权的初始投资成本=4 780×80%=3 824（万元）。

77.B【解析】2015年1月1日购入丁公司的股权时包含了商誉200万元（3 400-4 000×80%），2015年12月31日，丁公司按购买日公允价值持续计算的可辨认净资产公允价值=

4 000+［800−（500−300）÷10］＝4 780（万元），合并日乙公司购入丁公司80%股权的初始投资成本＝4 780×80%+200＝4 024（万元）。

78.A【解析】2015年12月31日该长期股权投资应计提的减值准备＝150−200×15%+50×15%−112.5＝15（万元）。

79.B【解析】原10%股权的公允价值与账面价值之间的差额，以及原计入其他综合收益的累计公允价值变动应当转入改按权益法核算的当期损益。甲公司2015年1月20日应确认的投资收益＝（525−500）+200＝225（万元）。

80.C【解析】2015年12月31日长期股权投资账面价值＝500+（3 000×20%−500）+300×20%+50×20%＝670（万元），甲公司转让B公司股权投资时应确认投资收益＝售价−账面价值+其他综合收益转入×20%＝700−670+50×20%＝40（万元）。

（二）多项选择题

1.AB【解析】以公允价值计量且变动计入当期损益的金融资产可进一步划分为交易性金融资产和直接指定为以公允价值计量且其变动计入当期损益的金融资产。

2.AB【解析】直接指定为以公允价值计量且其变动计入当期损益的金融资产不能等同于交易性金融资产，但是它也通过"交易性金融资产"科目进行核算。

3.BCD【解析】交易性金融资产的交易费用记入"投资收益"的借方，其余均计入相应资产的初始确认金额，控股合并长期股权投资的交易费用记入"管理费用"，非控股合并形成的长期股权投资的交易费用计入初始确认金额。

4.BCD【解析】购入以公允价值计量且其变动计入当期损益的金融资产发生相关的交易费用应计入当期损益（投资收益），所以A错误；以公允价值计量且其变动计入当期损益的金融资产的公允价值变动应计入公允价值变动损益，所以E错误。

5.ABCE【解析】D是金融负债。

6.BCE【解析】参见持有至到期投资的含义。

7.BCDE【解析】交易性金融资产、可供出售金融资产、贷款和应收款项以及持有至到期投资中只有持有至到期投资和可供出售金融资产在一定条件下可以重分类。

8.BCDE【解析】可供出售债券投资应当按取得时的公允价值作为初始确认金额，相关交易费用计入初始成本。

9.ABCD【解析】金融资产的摊余成本，是指该金融资产初始确认金额经下列调整后的结果：（1）扣除已偿还的本金；（2）加上或减去采用实际利率法将该初始确认金额与到期日金额之间的差额进行摊销形成的累计摊销额；（3）扣除已发生的减值损失。持有至到期投资的摊余成本即是其账面价值，因此ABCD四个选项均影响其摊余成本，租赁内含利率与摊余成本无关。

10.ABC【解析】持有至到期投资在持有期间应当按照摊余成本和实际利率计算确认利息收入，计入投资收益，所以B正确，E错误；资产负债表日，可供出售金融资产应当以公允价值计量，且公允价值变动计入其他综合收益，所以C正确，D错误。

11.ABDE【解析】可供出售金融资产在资产负债表日确认的公允价值与其账面价值的差额应计入资本公积，所以C错误。

12.ABDE【解析】购入交易性金融资产发生的交易费用应计入当期损益，不计入初始成本，所以C错误。

13.AC【解析】可供出售金融资产按公允价值进行后续计量，一旦发生减值需要计提减值准备，所以A错误；持有至到期投资在资产负债表日应当根据账面摊余成本与未来预计现金流量现值之间的差额确认减值损失，所以C错误。

14.ABC【解析】金融资产在初始确认时包含的已宣告但尚未发放的现金股利和已到付息期但尚未发放的利息应计入应收项目，资产负债表日，交易性金融资产的公允价值变动计入当期损益，可供出售金融资产的公允价值变动计入其他综合损益，处置可供出售金融资产时应将原计入其他综合收益的金额转入投资收益。

15.BCD【解析】企业划分为以公允价值计量且其变动计入当期损益的金融资产应当按照取得时的公允价值作为初始确认金额，相关的交易费用计入当期损益，所以A错误；处置以公允价值计量且其变动计入当期损益的金融资产时，应将相应的公允价值变动损益转入投资收益，所以E错误。

16.ABE【解析】可供出售金融资产期末应按公允价值进行计量，所以C错误；可供出售金融资产持有期间取得的现金股利应计入投资收益，所以D错误。

17.ABCD【解析】处置金融资产时，应将取得的价款与该金融资产账面价值之间的差额，计入当期损益。

18.ABD【解析】被投资单位发放股票股利时，企业只需做备查登记，无须进行其他账务处理，所以C错误；持有期间公允价值变动计入公允价值变动损益，所以E错误。

19.ACD【解析】公允价值变动是交易性金融资产和可供出售金融资产的明细科目，损益调整是长期股权投资的明细科目。

20.AB【解析】持有至到期投资取得成本低于面值，该债券是折价发行，持有至到期投资的摊余成本逐渐增加，相应地，用实际利率法确认的各期利息收入（投资收益）也应逐年递增。

21.BD【解析】甲公司取得的对被投资方不具有控制、共同控制和重大影响的股票，在公开市场中没有报价的，按照新准则的要求应该作为可供出售金融资产核算；在公开市场有报价的应当按照其持有意图，可以作为交易性金融资产核算，也可以作为可供出售金融资产核算，所以选项B符合题意，选项C错误；准备近期出售的股票，应作为交易性金融资产核算，所以选项A不符合题意；从二级市场取得的债券投资，企业不准备近期出售且无能力持有至到期的，那么企业不能作为交易性金融资产核算，也不能作为持有至到期投资核算，而应作为可供出售金融资产核算，选项D符合题意。

提示：根据新修订的《企业会计准则第2号——长期股权投资》，对被投资单位不具有重大影响或共同控制且在活跃市场中没有报价、公允价值不能够可靠计量的权益性投资不再作为长期股权投资核算，而是作为金融资产核算。

22.ABC【解析】可供出售金融资产中债务工具的减值应该通过损益转回，而权益工具的减值通过所有者权益转回。

23.ABCD【解析】存在下列情况之一的，表明企业没有明确意图将金融资产持有至到期：

（1）持有该金融资产的期限不确定。

（2）发生市场利率变化、流动性需要变化、替代投资机会及其投资收益率变化、融资来源和条件变化、外汇风险变化等情况时，将出售该金融资产。但是，无法控制、预期不会重复发生且难以合理预计的独立事项引起的金融资产出售除外。

（3）该金融资产的发行方可以按照明显低于其摊余成本的金额清偿。

（4）其他表明企业没有明确意图将该金融资产持有至到期的情况。

对于发行方可以赎回的债务工具，投资者可以将此类投资划分为持有至到期投资。但是，对于投资者有权要求发行方赎回的债务工具投资，投资者不能将其划分为持有至到期投资。

24.【答案】ACD【解析】持有至到期投资的实际利率在初始确认时予以确定，一旦确定，不应随意变更，所以选项B错误。

25.ABCD【解析】ABCD均属于交易性金融资产的特征。

26.AC【解析】本题考查的知识点是金融资产的核算。可供出售金融资产和交易性金融资产采用公允价值进行后续计量；长期应付款、持有至到期投资采用摊余成本进行后续计量。

27.ABC【解析】企业在初始确认某项金融资产时将其划分为以公允价值计量且其变动计入当期损益的金融资产，那么发生的相关交易费用应直接计入当期损益，不计入该金融资产的初始入账金额。但是，如果企业将该金融资产划分为其他三类，那么发生的相关交易费用应当计入初始确认金额。

28.ABD【解析】本题考查的知识点是金融资产的核算。长期股权投资采用成本法核算的，初始投资时支付价款中包含的被投资单位已宣告但尚未发放的现金股利单独通过"应收股利"核算，不确认投资收益。

29.ABC【解析】本题考查的知识点是可供出售金融资产的后续计量。可供出售金融资产在发生减值的时候，应将原直接计入所有者权益中的因公允价值下降形成的累计损失予以转出，计入资产减值损失，仍有资产减值的，通过"可供出售金融资产——公允价值变动"核算；选项D不选，因为可供出售金融资产的核算不涉及"公允价值变动损益"科目。

30.CD【解析】A选项，可供出售金融资产发生减值的，按应减记的金额，借记"资产减值损失"科目，按应从所有者权益中转出原计入其他综合收益的累计损失，贷记"其他综合收益——可供出售金融资产公允价值变动"科目，按其差额，贷记"可供出售金融资产——公允价值变动"科目。B选项，持有至到期投资发生减值的，按应减记的金额，借记"资产减值损失"科目，贷记"持有至到期投资减值准备"科目。已计提减值准备的持有至到期投资价值以后又得以恢复，应在原已计提的减值准备金额内，按恢复增加的金额，编制相反的会计分录。

31.ABCD【解析】该题针对"金融资产的重分类"知识点进行考核。

32.ABC【解析】某项金融资产划分为以公允价值计量且其变动计入当期损益的金融

资产后不能再重分类为其他类别的金融资产，其他类别的金融资产也不能再重分类为以公允价值计量且其变动计入当期损益的金融资产，所以选项 D 不正确。

33.AD【解析】可供出售金融资产债务工具处置时的处理为：

借：银行存款等

　　贷：可供出售金融资产——成本

　　　　　　　　　　　　——利息调整（或在借方）

　　　　　　　　　　　　——应计利息

　　　　　　　　　　　　——公允价值变动（或在借方）

　　　　投资收益（或在借方）

借：其他综合收益——可供出售金融资产公允价值变动

　　贷：投资收益（或相反分录）

所以，资产减值损失和营业外收入科目不可能用到。

34.CD【解析】选项 A，交易费用应计入初始确认金额；选项 B，处置净损益应计入投资收益。

35.ACD【解析】选项 B，处置持有至到期投资时不需要将原计入资产减值损失中的金额结转出计入投资收益。

36.AB【解析】处置长期股权投资，其账面价值与实际取得价款的差额，应当计入投资收益，所以选项错误；采用权益法核算的长期股权投资，因被投资单位除净损益、利润分配和其他综合收益以外所有者权益的其他变动而计入所有者权益的，处置该项投资时应当将原计入所有者权益的部分按相应比例转入当期损益，所以选项 D 错误。

37.BC【解析】根据《企业会计准则第 2 号——长期股权投资》的有关规定，投资企业对合营企业和联营企业的长期股权投资应当采用权益法核算。选项 A 应采用成本法核算，选项 D 应作为金融资产核算。

38.ACD【解析】选项 B 属于权益法下处置长期股权投资可能涉及的科目。

39.ABD【解析】长期股权投资采用权益法核算时，被投资单位宣告发放现金股利或利润时应冲减长期股权投资的账面价值，会计处理为：

借：应收股利

　　贷：长期股权投资——损益调整

40.ACD【解析】实际支付的价款中包含的已宣告但尚未领取的现金股利在"应收股利"账户反映，选项 A、C、D 均应计入初始投资成本。

41.BD【解析】按会计准则规定，成本法核算的长期股权投资的范围包括企业对子公司的长期股权投资。企业对被投资单位具有共同控制或者重大影响时，长期股权投资应当采用权益法核算。企业对被投资单位无控制、共同控制或重大影响的，应该作为金融资产核算。

42.ABCD【解析】同一控制下企业合并需要考虑的因素即为上述四个选项的内容。

43.AC【解析】因收回投资导致权益法核算的长期股权投资转为金融资产的，剩余股权应按照公允价值计量，剩余股权对应的原权益法下累计确认的其他综合收益应在终止采用权益法核算时转入当期损益，所以选项B、D错误。

44.BCD【解析】对于原股权，应按照公允价值重新计量，所以选项A错误。

45.AC【解析】为发行权益性证券支付给有关证券承销机构的手续费、佣金等，应自权益性证券的溢价发行收入中扣除，不足冲减的，应冲减留存收益，所以选项A错误；投资付款额中所含的已宣告而尚未领取的现金股利应单独确认为应收股利，所以选项C错误。

46.ACD【解析】选项A，采用权益法核算的情况下，被投资单位实现净利润意味着被投资单位净资产的增加，需要按照份额确认为长期股权投资，贷方计入投资收益；选项B，收到现金股利确认借方银行存款，贷方冲减应收股利，不影响长期股权投资账面价值；选项C，被投资企业持有的可供出售金融资产公允价值发生变动时，会导致被投资企业其他综合收益发生增减变动，从而引起投资企业在被投资企业所拥有的权益增减变动，引起该长期股权投资的账面价值发生增减变动；选项D，对于被投资企业分派现金股利，引起被投资企业所有者权益减少，从而导致该长期股权投资账面价值减少。

47.AD【解析】根据最新修订的《企业会计准则第2号——长期股权投资》的规定，投资方全部处置权益法核算的长期股权投资时，原权益法核算的相关其他综合收益应当在终止采用权益法核算时采用与被投资单位直接处置相关资产或负债相同的基础进行会计处理，因被投资方除净损益、其他综合收益和利润分配以外的其他所有者权益变动而确认的所有者权益，应当在终止采用权益法核算时全部转入当期投资收益。投资方部分处置权益法核算的长期股权投资，剩余股权仍采用权益法核算的，原权益法核算的相关其他综合收益应当采用与被投资单位直接处置相关资产或负债相同的基础处理并按比例结转，因被投资方除净损益、其他综合收益和利润分配以外的其他所有者权益变动而确认的所有者权益，应当按比例结转入当期投资收益。

48.AD【解析】企业持有的能够对被投资单位实施控制的长期股权投资应该采用成本法核算，所以选项A错误；权益法下，投资方应按被投资方以公允价值为基础进行调整后的净利润来确认投资收益，所以选项D错误。

49.BCD【解析】选项A，交易性金融资产的公允价值变动应通过"公允价值变动损益"科目核算。选项B，持有至到期投资持有期间获得的利息收益以及处置损益均通过"投资收益"科目核算。选项C，被投资单位宣告发放的"现金股利"是针对股份有限公司来说的，而被投资单位宣告发放的利润是针对有限责任公司来说的，表示的意义是一样的，都是进行利润的分配，这里的利润指的是利润分配，而不是被投资单位实现净利润。进行利润分配，成本法下应确认为投资收益。选项D，权益法下，当被投资单位实现净利润时，投资单位应按其持股比例确认相应的"投资收益"。

50.ABC【解析】非同一控制下的企业合并中长期股权投资的入账价值应以付出对价的公允价值为基础确定其入账价值，所以选项D错误。

51.ABD【解析】投资者投入的长期股权投资，应当按照投资合同或协议约定的价值作为初始投资成本，但合同或协议约定的价值不公允的除外，选项C错误。

52.ABD【解析】选项A，被投资单位以盈余公积转增资本不影响被投资单位的净资产，投资单位不进行账务处理；选项B，被投资单位宣告分派现金股利，应当计入投资收益；选项C，成本法下期末计提长期股权投资减值准备会引起长期股权投资账面价值减少；选项D，被投资单位发放股票股利时投资单位不进行账务处理。

53.ABC【解析】对被投资单位不具有控制、共同控制或重大影响，并且在活跃市场中有报价、公允价值能够可靠计量的权益性投资按照金融工具确认与计量准则的要求进行核算，选项D不正确。

54.BC【解析】企业合并中发生的审计、法律服务、评估咨询等中介费用，同一控制下企业合并和非同一控制下企业合并均计入当期损益。

55.ABCD【解析】损益调整是"长期股权投资"科目的明细科目。

56.【答案】（1）BD；（2）ACE；（3）AE；（4）BD。

【解析】

（1）可供出售金融资产初始成本按公允价值和交易费用之和计量。其会计分录如下：

借：可供出售金融资产——成本 1 000.00
　　应收利息（1 000×5%） 50.00
　　可供出售金融资产——利息调整 36.30
　　贷：银行存款 1 086.30

（2）2013年12月31日，应确认的投资收益＝（1 000＋36.30）×4%＝41.45（万元），摊销的利息调整为50－41.45＝8.55（万元），可供出售金融资产摊余成本＝（1 000＋36.30）－8.55＝1 027.75（万元），公允价值为1 030万元，期末按公允价值调整后的账面价值为1 030万元，应确认的公允价值变动＝1 030－1 027.75＝2.25（万元）。

借：应收利息 50
　　贷：投资收益 41.45
　　　　可供出售金融资产——利息调整 8.55
借：可供出售金融资产——公允价值变动 2.25
　　贷：其他综合收益 2.25

（3）2014年12月31日，应确认的投资收益＝1 027.75×4%＝41.11（万元），可供出售金融资产期末按公允价值调整后的账面价值＝1 030＋41.11－1 000×5%＝1 021.11（万元），公允价值为1 020万元，可供出售金融资产期末按公允价值调整后的账面价值为1 020万元，应确认公允价值变动＝1 021.11－1 020＝1.11（万元）。注意，在计算2014年年初摊余成本时，不应考虑2013年12月31日确认的公允价值变动。

借：应收利息 50
　　贷：投资收益 41.11
　　　　可供出售金融资产——利息调整 8.89
借：其他综合收益 1.11
　　贷：可供出售金融资产——公允价值变动 1.11

（4）2015年1月20日，A公司会计分录如下：

借：银行存款 1 015.50

借：投资收益	4.50
贷：可供出售金融资产——成本	1 000.00
——公允价值变动（2.25-1.11）	1.14
可供出售金融资产——利息调整（36.3-8.55-8.89）	18.86
借：其他综合收益	1.14
贷：投资收益	1.14

57.AD【解析】就同一控制下企业合并形成的长期股权投资而言，合并方以支付现金、转让非现金资产或承担债务方式作为合并对价的，应当在合并日以取得相对于最终控制方而言的被合并方所有者权益账面价值的份额为基础（加上最终控制方收购被合并方而形成的商誉）确定长期股权投资的初始投资成本；就非同一控制下企业合并形成的长期股权投资而言，企业合并成本包括购买方付出的资产、发生或承担的负债、发行的权益性证券的公允价值之和。

58.ABD【解析】2014年1月1日，甲公司取得该项可供出售金融资产的入账价值=590+10=600（万元），期末应确认其他综合收益=650-600=50（万元），选项A正确；合并日长期股权投资的初始投资成本=15 000×55%=8 250（万元），选项B正确；原5%投资账面价值为650万元，新增长期股权投资入账价值=8 250-650=7 600（万元），选项C错误；甲公司2015年1月1日进一步取得股权投资时应确认的资本公积=新增长期股权投资入账价值-股本面值-发行费用=7 600-2 000-50=5 550（万元），选项D正确。

59.CD【解析】非同一控制下企业合并过程中发生的审计及法律咨询等中介费用，应计入管理费用，所以选项A错误；以发行权益性证券作为合并对价的，为发行权益性证券所发生佣金、手续费应该冲减权益性证券的溢价发行收入，不足冲减的，冲减留存收益，不计入长期股权投资的初始投资成本，所以选项B错误。

60.ABC【解析】企业合并以外的其他方式取得长期股权投资而发生的评估、审计、咨询费等应计入长期股权投资的初始投资成本；投资支付款项中所含的已宣告但尚未领取的现金股利应单独确认为应收股利。

61.ABCD。

62.ACD【解析】初始投资成本小于投资时应享有被投资单位可辨认净资产公允价值份额的差额，应调整长期股权投资的初始投资成本，同时将这部分差额计入营业外收入，所以选项B错误。

63.AD【解析】甲公司因持有乙公司股份2015年度应确认的投资收益=［5 000-（1 200-800）×（1-40%）］×25%=1 190（万元），甲公司因持有乙公司股份2016年度应确认的投资收益=［4 500+（1 200-800）×（1-40%）］×25%=1 185（万元）。

64.BC【解析】N公司2015年度调整后的净亏损=6 000+（800-500）×60%+（600-450）=6330（万元），2015年度M公司因该项投资应承担的亏损=6 330×25%=1 582.5（万元），长期股权投资在2015年1月1日的账面价值为1 200万元，应先将长期股权投资的账面价值减记至0，减记长期股权投资的账面价值之后剩余的亏损382.5万元（1 582.5-1 200），先冲减实质上构成对被投资单位净投资的长期应收款和承担额外损失的义务，也就是冲减长期应收款200万元以及因承担额外损失的义务确认预计负债20万元，所以M公司2015年应确认的投资损失＝1 200＋200＋20＝1 420（万元），选项A错误，选项B正确；剩余的部分＝1 582.5－1420＝162.5（万元），应在备查簿中登记亏损的金额为162.5万元，选项C正确，选项D错误。会计分录为：

借：投资收益   1 420

  贷：长期股权投资——损益调整   1 200

    长期应收款   200

    预计负债   20

65.AC【解析】甲公司上述对丙公司的投资，按照长期股权投资准则的原则确认初始投资成本。投出厂房的账面价值与其公允价值之间的差额120万元（1 000－880）确认为处置损益（利得），由于在此项交易中，甲公司收取50万元现金，上述利得中包含收取的50万元现金实现的利得6万元（120÷1 000×50），甲公司投资时固定资产中未实现内部交易损益＝120－6＝114（万元），选项A正确，选项B错误；2015年12月31日固定资产中未实现内部交易损益＝114－114÷10×9÷12＝105.45（万元），2015年甲公司个别财务报表应确认的投资收益＝（800－105.45）×50％＝347.28（万元），选项C正确，选项D错误。

66.BD【解析】长期股权投资采用权益法下被投资方宣告分配的现金股利，应冲减长期股权投资的账面价值，选项A错误；期末长期股权投资的账面价值大于其可收回金额的差额，应确认资产减值损失，选项C错误。

67.BC【解析】选项B，初始投资成本4 000万元小于取得投资时被投资单位可辨认净资产公允价值份额4 200万元（14 000×30％），应确认营业外收入200万元；选项C，2016年甲公司应确认投资收益＝1 000×30％＝300（万元）。

68.BCD【解析】选项A，投资者A和B是能够集体控制该安排的唯一组合，属于共同控制；选项B，投资者A和B、A和C是能够集体控制该安排的两个组合，如果存在两个或两个以上的参与方组合能够集体控制某项安排的，不构成共同控制；选项C，A公司可以对甲企业实施控制，不属于共同控制范围；选项D，任意两个投资者持股比例都达不到75％，不属于共同控制。

69.ABC【解析】由于公开发行债券或权益工具通常代表了该主体经营中的根本性改变，因而是保护性权利。由于合同明确规定需要A公司和B公司的一致同意才能主导该主体的相关活动，因而A公司和B公司能够共同控制该主体。尽管C公司也是该主体的参与方，但由于C公司仅对该主体拥有保护性权利，因此C公司不是共同控制该主体的参与方，选项D错误。

（三）判断题

1.×【解析】以公允价值计量且其变动计入当期损益的金融资产可进一步划分为交易性金融资产和直接指定为以公允价值计量且其变动计入当期损益的金融资产。

2.√【解析】以公允价值计量且其变动计入当期损益的金融资产可进一步划分为交易性金融资产和直接指定为以公允价值计量且其变动计入当期损益的金融资产，交易性金融资产和直接指定为以公允价值计量且其变动计入当期损益的金融资产都通过"交易性金融资产"科目核算。

3.√【解析】企业取得交易性金融资产所支付的手续费应计入投资收益借项，即为当期损益。

4.×【解析】企业持有的可供出售金融资产，在资产负债表日，公允价值上升应直接计入其他综合收益，下降如果是暂时性的也应计入其他综合收益，如果是非暂时性的则应提取减值准备，计入资产减值损失。

5.√

6.√

7.×【解析】持有至到期投资（债券）的摊余成本就是其账面价值，但可供出售金融资产（债券）的摊余成本不包含公允价值变动。

8.√

9.√

10.√

11.×【解析】可供出售金融资产中的权益工具计提的减值准备不得转回。

12.×【解析】根据《企业会计准则解释第3号》的规定，采用成本法核算的长期股权投资，除取得投资时实际支付的价款或对价中包含的已宣告但尚未发放的现金股利或利润外，投资企业应当按照享有被投资单位宣告发放的现金股利或利润确认投资收益，不再划分是否属于投资前和投资后被投资单位实现的净利润。

13.×【解析】采用权益法核算的长期股权投资，应于被投资企业实现净利润时确认投资收益。

14.×【解析】同一控制下的企业合并，不确认当期损益。

15.×【解析】一次交换交易实现的非同一控制下的企业合并，合并成本为购买方在购买日为取得对被购买方的控制权而付出的资产、发生或承担的负债以及发行的权益性证券的公允价值。

16.×【解析】以支付现金取得的长期股权投资，不构成企业合并的，应当按照实际支付的购买价款作为长期股权投资的初始投资成本，包括购买过程中支付的手续费等必要支出，但不包括被投资单位已宣告但尚未发放的现金股利或利润。

17.×【解析】按权益法核算的长期股权投资，初始投资成本小于应享有被投资单位可辨认净资产公允价值份额的差额，应计入营业外收入，同时调整长期股权投资的初始投资成本。

18.√

19.√

20.×【解析】溢价购入的债券，由于溢价摊销，摊余成本逐年递减，而实际利率不变，以后各期确认的利息收入（投资收益）等于摊余成本与实际利率的乘积，所以以后各期确认的利息收入应是逐年递减。

21.√

22.√

23. √

24. ×【解析】未通过单独主体达成的合营安排，应划分为共同经营；通过单独主体达成的合营安排，通常划分为合营安排，但有确凿证据表明应划分为共同经营的除外。

25. √

（四）计算与会计处理题

1. （1）2015年3月20日购入股票：

借：交易性金融资产——成本	180 000	
应收股利	10 000	
投资收益	1 200	
贷：银行存款		191 200

（2）2015年4月10日收到现金股利：

借：银行存款	10 000	
贷：应收股利		10 000

（3）2015年6月30日股票公允价值变动：

借：公允价值变动损益	20 000	
贷：交易性金融资产——公允价值变动		20 000

（4）2015年12月31日股票公允价值变动：

借：交易性金融资产——公允价值变动	65 000	
贷：公允价值变动损益		65 000

（5）2016年2月1日出售股票：

借：银行存款	240 000	
公允价值变动损益	45 000	
贷：交易性金融资产——成本		180 000
交易性金融资产——公允价值变动		45 000
投资收益		60 000

2. （1）

借：交易性金融资产——成本	800 000	
投资收益	4 000	
贷：银行存款		804 000

（2）

借：应收股利	20 000	
贷：投资收益		20 000

（3）

借：交易性金融资产——成本	900 000	
应收股利	20 000	
投资收益	6 000	
贷：银行存款		926 000

（4）

借：银行存款	40 000	
贷：应收股利		40 000

（5）公允价值变动损益=16.4×100 000－（800 000+900 000）=－60 000（元）

借：公允价值变动损益   60 000

  贷：交易性金融资产——公允价值变动   60 000

（6）出售前每股成本=（800 000+900 000）÷（50 000+50 000）=17（元/股）

每股公允价值变动=60 000÷100 000=0.6（元/股）

借：银行存款   1 044 000

    交易性金融资产——公允价值变动   36 000

  贷：交易性金融资产——成本   1 020 000

    投资收益   60 000

借：投资收益   36 000

  贷：公允价值变动损益   36 000

（7）公允价值变动损益=（18-16.4）×40 000=64 000（元）

借：交易性金融资产——公允价值变动   64 000

  贷：公允价值变动损益   64 000

3.2016年1月1日取得债券：

借：持有至到期投资——成本   1 000

          ——利息调整   53.44

    应收利息   80

  贷：银行存款   1 133.44

2016年1月5日收到利息（以后每年1月5日，会计处理相同）：

借：银行存款   80

  贷：应收利息   80

2016年12月31日计算应收利息：

借：应收利息   80

  贷：投资收益（1 053.44×6%）   63.21

    持有至到期投资——利息调整   16.79

2017年12月31日计算应收利息：

借：应收利息   80

  贷：投资收益（1053.44-16.79）×6%   62.20

    持有至到期投资——利息调整   17.80

2018年12月31日计算应收利息：

借：应收利息   80

  贷：投资收益   61.15

    持有至到期投资——利息调整（53.44-16.79-17.80）   18.85

注：最后一年，考虑到尾差，应摊销的利息调整采取倒挤的方法。

2019年1月5日债券到期：

借：银行存款   1 080

  贷：持有至到期投资   1 000

  贷：应收利息   80

4. （1）2015年1月1日，购入债券：

借：交易性金融资产——成本   1 000 000

  应收利息   20 000

  投资收益   20 000

  贷：银行存款   1 040 000

（2）2015年1月5日，收到该债券2014年下半年利息：

借：银行存款   20 000

  贷：应收利息   20 000

（3）2015年6月30日，确认债券公允价值变动和投资收益：

借：交易性金融资产——公允价值变动   150 000

  贷：公允价值变动损益   150 000

借：应收利息   20 000

  贷：投资收益   20 000

（4）2015年7月5日，收到该债券半年利息：

借：银行存款   20 000

  贷：应收利息   20 000

（5）2015年12月31日，确认债券公允价值变动和投资收益：

借：公允价值变动损益   50 000

  贷：交易性金融资产——公允价值变动   50 000

借：应收利息   20 000

  贷：投资收益   20 000

（6）2016年1月5日，收到该债券2015年下半年利息：

借：银行存款   20 000

  贷：应收利息   20 000

（7）2016年3月31日，将该债券出售：

借：应收利息   10 000

  贷：投资收益   10 000

借：银行存款   1 170 000

  公允价值变动损益   100 000

  贷：交易性金融资产——成本   1 000 000

       ——公允价值变动   100 000

    投资收益   170 000

借：银行存款   10 000

  贷：应收利息   10 000

或：

借：银行存款   1 180 000

　　　　贷：交易性金融资产——成本　　　　　　　　　　　　　　　　　　　　1 000 000

　　　　　　　　　　——公允价值变动　　　　　　　　　　　　　　　　　　100 000

　　　　　　投资收益　　　　　　　　　　　　　　　　　　　　　　　　　　　70 000

　　　　　　应收利息　　　　　　　　　　　　　　　　　　　　　　　　　　　10 000

　　借：公允价值变动损益　　　　　　　　　　　　　　　　　　　　　　100 000

　　　　贷：投资收益　　　　　　　　　　　　　　　　　　　　　　　　　　100 000

　　5.（1）2013年1月2日购入债券：

　　借：持有至到期投资——成本　　　　　　　　　　　　　　　　　　　　1 000

　　　　贷：银行存款　　　　　　　　　　　　　　　　　　　　　　　　　　967.50

　　　　　　持有至到期投资——利息调整　　　　　　　　　　　　　　　　　32.50

　　（2）2013年12月31日确认投资收益：

应确认的投资收益=967.50×5%=48.38（万元）

"持有至到期投资——利息调整"=48.38-1000×4%=8.38（万元）

　　借：持有至到期投资——应计利息　　　　　　　　　　　　　　　　　40.00

　　　　　　　　　　——利息调整　　　　　　　　　　　　　　　　　　8.38

　　　　贷：投资收益　　　　　　　　　　　　　　　　　　　　　　　　　48.38

　　（3）2014年12月31日确认投资收益：

应确认的投资收益=（967.50+48.38）×5%=50.79（万元）

"持有至到期投资——利息调整"=50.79-1000×4%=10.79（万元）

　　借：持有至到期投资——应计利息　　　　　　　　　　　　　　　　　40.00

　　　　　　　　　　——利息调整　　　　　　　　　　　　　　　　　　10.79

　　　　贷：投资收益　　　　　　　　　　　　　　　　　　　　　　　　　50.79

　　（4）2015年12月31日确认投资收益：

"持有至到期投资——利息调整"=32.50-8.38-10.79=13.33（万元）

投资收益=40+13.33=53.33（万元）

　　借：持有至到期投资——应计利息　　　　　　　　　　　　　　　　　40.00

　　　　　　　　　　——利息调整　　　　　　　　　　　　　　　　　　13.33

　　　　贷：投资收益　　　　　　　　　　　　　　　　　　　　　　　　　53.33

　　（5）2016年1月1日债券到期：

　　借：银行存款　　　　　　　　　　　　　　　　　　　　　　　　　　1 120

　　　　贷：持有至到期投资——成本　　　　　　　　　　　　　　　　　1 000

　　　　　　　　　　——应计利息　　　　　　　　　　　　　　　　　　　120

　　6.A公司的账务处理如下：

　　（1）2014年1月1日购入股票：

　　借：可供出售金融资产——成本　　　　　　　　　　　　　　　　　2 800 000

　　　　贷：银行存款　　　　　　　　　　　　　　　　　　　　　　　2 800 000

　　（2）2014年5月10日确认现金股利：

借：应收股利 40 000

　　贷：投资收益 40 000

借：银行存款 40 000

　　贷：应收股利 40 000

（3）2014年12月31日确认股票公允价值变动：

借：其他综合收益 200 000

　　贷：可供出售金融资产——公允价值变动 200 000

（4）2015年12月31日，确认股票投资的减值损失：

借：资产减值损失 1 200 000

　　贷：其他综合收益 200 000

　　　　可供出售金融资产——公允价值变动 1 000 000

（5）2016年12月31日确认股票价格上涨：

借：可供出售金融资产——公允价值变动 600 000

　　贷：其他综合收益 600 000

7.（1）假定划分为交易性金融资产：

购入时：

借：交易性金融资产——成本 1 050

　　投资收益 10

　　贷：银行存款 1 060

2016年年末：

借：交易性金融资产——公允价值变动 50

　　贷：公允价值变动损益 50

借：应收利息 36

　　贷：投资收益 36

（2）假定划分为持有至到期投资：

购入时：

借：持有至到期投资——成本 1 200

　　贷：银行存款 1 060

　　　　持有至到期投资——利息调整 140

2016年年末：

应收利息=1 200×3%=36（万元）

实际利息=1 060×6%=63.6（万元）

利息调整=63.6－36=27.6（万元）

借：应收利息 36.0

　　持有至到期投资——利息调整 27.6

　　贷：投资收益 63.6

（3）假定划分为可供出售金融资产：

购入时：

借：可供出售金融资产——成本　　　　　　　　　　　　　　　　　1 200

　　贷：银行存款　　　　　　　　　　　　　　　　　　　　　　　　1 060

　　　　可供出售金融资产——利息调整　　　　　　　　　　　　　　140

应收利息=1 200×3%=36（万元）

实际利息=1 060×6%=63.6（万元）

利息调整=63.6-36=27.6（万元）

借：应收利息　　　　　　　　　　　　　　　　　　　　　　　　　36.0

　　可供出售金融资产——利息调整　　　　　　　　　　　　　　　27.6

　　　贷：投资收益　　　　　　　　　　　　　　　　　　　　　　　63.6

摊余成本=1 060+27.6=1 087.6（万元）

小于公允价值1 100万元，应做如下账务处理：

借：可供出售金融资产——公允价值变动　　　　　　　　　　　　　12.4

　　贷：其他综合收益　　　　　　　　　　　　　　　　　　　　　12.4

8.（1）借：长期股权投资（9 000×75%）　　　　　　　　　　　　6 750

　　　　　贷：股本　　　　　　　　　　　　　　　　　　　　　4 000

　　　　　　　资本公积——股本溢价　　　　　　　　　　　　　　750

　　　　　　　银行存款　　　　　　　　　　　　　　　　　　　2 000

（2）借：长期股权投资（8 000×75%）　　　　　　　　　　　　　6 000

　　　　贷：股本　　　　　　　　　　　　　　　　　　　　　　4 000

　　　　　　银行存款　　　　　　　　　　　　　　　　　　　　2 000

（3）借：长期股权投资（7 600×75%）　　　　　　　　　　　　　5 700

　　　　资本公积——股本溢价　　　　　　　　　　　　　　　　300

　　　　　贷：股本　　　　　　　　　　　　　　　　　　　　　4 000

　　　　　　　银行存款　　　　　　　　　　　　　　　　　　　2 000

（4）借：长期股权投资（6 800×75%）　　　　　　　　　　　　　5 100

　　　　资本公积——股本溢价　　　　　　　　　　　　　　　　500

　　　　盈余公积　　　　　　　　　　　　　　　　　　　　　　400

　　　　　贷：股本　　　　　　　　　　　　　　　　　　　　　4 000

　　　　　　　银行存款　　　　　　　　　　　　　　　　　　　2 000

（5）借：长期股权投资（6 000×75%）　　　　　　　　　　　　　4 500

　　　　资本公积——股本溢价　　　　　　　　　　　　　　　　500

　　　　盈余公积　　　　　　　　　　　　　　　　　　　　　　800

　　　　利润分配——未分配利润　　　　　　　　　　　　　　　　200

　　　　　贷：股本　　　　　　　　　　　　　　　　　　　　　4 000

　　　　　　　银行存款　　　　　　　　　　　　　　　　　　　2 000

9.借：长期股权投资　　　　　　　　　　　　　　　　　　　　10 970

贷：主营业务收入	1 000
应交税费——应交增值税（销项税额）	170
股本	3 000
资本公积——股本溢价	6 000
银行存款	800
借：主营业务成本	800
贷：库存商品	800

10.（1）晶华公司合并甲公司属于非同一控制下的控股合并。

理由：晶华公司与 M 公司在合并前没有关联方关系，本次合并前不受同一方或相同多方最终控制。

（2）2015 年 1 月 1 日：

借：长期股权投资（500×8）	4 000
贷：股本（500×1）	500
资本公积——股本溢价	3 500
借：管理费用	30
贷：银行存款	30
借：资本公积——股本溢价	50
贷：银行存款	50

2015 年 3 月 10 日：

借：应收股利（300×80%）	240
贷：投资收益	240

2015 年 3 月 20 日：

借：银行存款	240
贷：应收股利	240

（3）由于晶华公司向乙公司派出一名董事，能够对乙公司的生产经营决策产生重大影响，因此晶华公司应当采用权益法对长期股权投资进行后续计量。

初始投资成本=2 000−150=1 850（万元）

大于应享有的被投资单位可辨认净资产公允价值份额 1 800 万元（6 000×30%），不需要对初始投资成本进行调整。

（4）与乙公司长期股权投资相关的会计分录如下：

借：长期股权投资——投资成本	1 850
应收股利	150
贷：银行存款	20 00
借：长期股权投资——损益调整（2 000×30%）	600
——其他综合收益（180×30%）	54
——其他权益变动（200×30%）	60
贷：投资收益	600

　　　　贷：其他综合收益　　　　　　　　　　　　　　　　　　　54

　　　　　　资本公积——其他资本公积　　　　　　　　　　　　　60

　　（5）相关会计分录如下：

　　借：银行存款　　　　　　　　　　　　　　　　　　　　　3 300

　　　　贷：长期股权投资　　　　　　　　　　　　　　　　　3 200

　　　　　　投资收益　　　　　　　　　　　　　　　　　　　100

　　借：可供出售金融资产　　　　　　　　　　　　　　　　　825

　　　　贷：长期股权投资　　　　　　　　　　　　　　　　　800

　　　　　　投资收益　　　　　　　　　　　　　　　　　　　25

11.（1）2010年1月1日：

　　借：长期股权投资——成本　　　　　　　　　　　　　　3 000

　　　　贷：银行存款　　　　　　　　　　　　　　　　　　3 000

　　（2）2010年12月31日：

　　借：长期股权投资——损益调整　　　　　　　　　　　　150

　　　　　　　　　　　——其他权益变动　　　　　　　　　　90

　　　　贷：投资收益　　　　　　　　　　　　　　　　　　　150

　　　　　　其他综合收益　　　　　　　　　　　　　　　　　90

　　（3）2011年4月10日：

　　借：应收股利　　　　　　　　　　　　　　　　　　　　　60

　　　　贷：长期股权投资——损益调整　　　　　　　　　　　60

股票股利只做备查登记，不做账务处理。

2011年5月10日收到股利：

　　借：银行存款　　　　　　　　　　　　　　　　　　　　　60

　　　　贷：应收股利　　　　　　　　　　　　　　　　　　　60

　　（4）借：投资收益　　　　　　　　　　　　　　　　　　1 800

　　　　　　贷：长期股权投资——损益调整　　　　　　　　　1 800

长期股权投资的账面价值=3 000+150+90-60-1 800=1 380（万元）

　　（5）借：投资收益　　　　　　　　　　　　　　　　　　1 480

　　　　　　贷：长期股权投资——损益调整　　　　　　　　　1 380

　　　　　　　　长期应收款　　　　　　　　　　　　　　　　100

未确认的亏损分担额=7 000×30%-1 480=620（万元）

　　（6）2 000×30%=600＜620，不做会计处理。

　　（7）7 000×30%-20=2 080（万元）

　　借：长期应收款　　　　　　　　　　　　　　　　　　　　100

　　　　长期股权投资——损益调整　　　　　　　　　　　　1 980

　　　　贷：投资收益　　　　　　　　　　　　　　　　　　2 080

　　（8）借：银行存款　　　　　　　　　　　　　　　　　　2 500

借：长期股权投资——损益调整 1 110

  贷：长期股权投资——成本 3 000

    长期股权投资——其他权益变动 90

    投资收益 520

借：其他综合收益 90

  贷：投资收益 90

12.（1）2015年1月2日投资时：

借：长期股权投资——乙公司（成本） 2 700

  贷：银行存款 2 700

借：长期股权投资——乙公司（成本） 200

  贷：营业外收入 200

（2）2015年乙公司实现净利润800万元：

借：长期股权投资——乙公司（损益调整） 160

  贷：投资收益（800×20%） 160

（3）2016年4月乙公司宣告分配2015年现金股利300万元：

借：应收股利（300×20%） 60

  贷：长期股权投资——乙公司（损益调整） 60

（4）2016年乙公司发生净亏损100万元：

借：投资收益（100×20%） 20

  贷：长期股权投资——乙公司（损益调整） 20

13.（1）会计分录为：

借：长期股权投资——成本 1 050

  贷：银行存款 1 025

    营业外收入 25

（2）宣告发放股利时：

借：应收股利 15

  贷：长期股权投资——成本 15

收到股利时：

借：银行存款 15

  贷：应收股利 15

2014年年末A公司调整之后的净利润=200-（600-500）÷10-（120-100）×60%=178（万元）

确认的投资收益=178×30%=53.4（万元）

会计分录为：

借：长期股权投资——损益调整 53.4

  贷：投资收益 53.4

（3）A公司调整之后的净利润=-300-（600-500）÷10+（120-100）×60%=-298（万元）

确认的投资收益=-298×30%=-89.4（万元）

会计分录为：

借：投资收益　　　　　　　　　　　　　　　　　　　　　　　　89.4

　　贷：长期股权投资——损益调整　　　　　　　　　　　　　　　89.4

借：长期股权投资——其他综合收益　　　　　　　　　　　　　　60

　　贷：其他综合收益　　　　　　　　　　　　　　　　　　　　　60

长期股权投资的账面价值=1 050-15+53.4-89.4+60=1 059（万元）

大于可收回金额1 000万元，所以要确认减值准备59万元，会计分录为：

借：资产减值损失　　　　　　　　　　　　　　　　　　　　　　59

　　贷：长期股权投资减值准备　　　　　　　　　　　　　　　　　59

14.（1）2015年4月1日，投资时：

借：长期股权投资——B公司（成本）（8 000×20%）　　　　　1 600

　　贷：银行存款　　　　　　　　　　　　　　　　　　　　　1 508

　　　　营业外收入　　　　　　　　　　　　　　　　　　　　　92

（2）2015年4月1日，B公司宣告分配股利时：

借：应收股利（150×20%）　　　　　　　　　　　　　　　　　30

　　贷：长期股权投资——B公司（成本）　　　　　　　　　　　　30

（3）2015年5月10日，收到股利时：

借：银行存款　　　　　　　　　　　　　　　　　　　　　　　30

　　贷：应收股利　　　　　　　　　　　　　　　　　　　　　　30

（4）2015年11月1日，B公司其他综合权益变动时：

借：长期股权投资——B公司（其他综合收益）（120×20%）　　24

　　贷：其他综合收益　　　　　　　　　　　　　　　　　　　　24

（5）投资后被投资方实现的账面净利润为500万元：

按照公允价值调整后的净利润=500-（900-600）÷3×（9÷12）=425（万元）

投资方应确认的投资收益=425×20%=85（万元）

借：长期股权投资——B公司（成本）　　　　　　　　　　　　　30

　　　　　　　　　　——B公司（损益调整）　　　　　　　　　55

　　贷：投资收益　　　　　　　　　　　　　　　　　　　　　　85

（6）2016年4月2日，B公司宣告分配股利时：

借：应收股利　　　　　　　　　　　　　　　　　　　　　　　24

　　贷：长期股权投资——B公司（损益调整）　　　　　　　　　　24

（7）借给B公司款项：

借：长期应收款　　　　　　　　　　　　　　　　　　　　　　200

　　贷：银行存款　　　　　　　　　　　　　　　　　　　　　200

（8）2016年，B公司发生净亏损9 000万元：

按照公允价值调整后的净亏损=-9 000-（900-600）÷3=-9 100（万元）

投资方应确认的投资损失=-9 100×20%=-1 820（万元）

A公司核算至B公司发生亏损时的账面价值=1 600-30+24+85-24=1 655（万元）

此外，A公司对B公司有一项长期应收款200万元，这样的话，A公司可以承担的亏损金额为1 855万元（1 655+200），因此实际应承担的金额为1 820万元，所以：

借：投资收益　　　　　　　　　　　　　　　　　　　　　　　　　　　1 820
　　贷：长期股权投资——B公司（损益调整）　　　　　　　　　　　　　　　1 655
　　　　长期应收款　　　　　　　　　　　　　　　　　　　　　　　　　　　165

（9）2017年B公司实现的账面净利润为1 000万元：

按照公允价值调整后的净利润=1 000-（900-600）÷3=900（万元）

投资方应确认的投资收益=900×20%=180（万元）

借：长期应收款　　　　　　　　　　　　　　　　　　　　　　　　　　　165
　　长期股权投资——损益调整　　　　　　　　　　　　　　　　　　　　　　15
　　贷：投资收益　　　　　　　　　　　　　　　　　　　　　　　　　　　180

15.（1）甲公司从乙公司处收购A公司股权交易中的"股权转让日"为2014年1月1日。

（2）对报表中长期股权投资项目的影响额=4 200-500×40%+[800-（500-300）×70%-（600-500）÷5-（800-600）]×40%
=4 176（万元）

对报表中其他综合收益项目的影响额=-50（万元）

对报表中投资收益项目的影响额=730-650+50+[800-（500-300）×70%-（600-500）÷5-（800-600）]×40%
=306（万元）

（3）2015年度甲公司对A公司长期股权投资核算的会计分录：

①确认被投资企业产生的投资收益：

借：长期股权投资——A公司（其他综合收益）　　　　　　　　　　　　　　80
　　贷：其他综合收益（200×40%）　　　　　　　　　　　　　　　　　　　80

②2015年确认投资损失：

甲公司2015年度调整后的净亏损=1 200+（500-300）×30%+（600-500）÷5=1 280（万元）

借：投资收益（1 280×40%）　　　　　　　　　　　　　　　　　　　　512
　　贷：长期股权投资——A公司（损益调整）　　　　　　　　　　　　　　512

③该项投资对甲公司2015年度个别报表中长期股权投资项目的影响额=80-512=-432（万元）

（4）2016年12月31日甲公司对A公司长期股权投资的账面余额=4 176-432+1 500=5 244（万元）

2014年度甲公司相关会计分录：

①2014年1月1日取得投资时：

借：长期股权投资——A公司（投资成本）　　　　　　　　　　　　　　4 200
　　贷：银行存款　　　　　　　　　　　　　　　　　　　　　　　　　1 000
　　　　无形资产　　　　　　　　　　　　　　　　　　　　　　　　　1 100
　　　　可供出售金融资产　　　　　　　　　　　　　　　　　　　　　　650
　　　　主营业务收入　　　　　　　　　　　　　　　　　　　　　　　1 000

  贷：应交税费——应交增值税（销项税额）   170

    营业外收入   200

    投资收益   80

 借：主营业务成本   800

  贷：库存商品   800

 借：其他综合收益   50

  贷：投资收益   50

  长期股权投资的初始投资成本 4 200 万元大于投资时应享有被投资单位可辨认净资产公允价值份额 4 000 万元（10 000×40%），不调整长期股权投资的初始投资成本。

  ②3 月 20 日 A 公司宣告发放 2013 年现金股利时：

 借：应收股利——A 公司（500×40%）   200

  贷：长期股权投资——A 公司（成本）   200

  ③4 月 20 日取得现金股利时：

 借：银行存款   200

  贷：应收股利——A 公司   200

  ④2014 年 12 月 31 日确认投资收益时：

 A 公司经调整后的净利润=800-（500-300）×70%-（600-500）÷5-（800-600）=440（万元）

 借：长期股权投资——A 公司（损益调整）   176

  贷：投资收益（440×40%）   176

第六章

固定资产

通过本章学习，了解固定资产的概念、特征及分类，熟悉固定资产的确认条件；掌握固定资产取得成本的确定及其会计处理；掌握固定资产折旧的计算及其会计处理；掌握固定资产后续支出的会计处理；掌握固定资产处置的会计处理。

◇固定资产的含义、确认条件与分类
◇固定资产的初始计量
◇固定资产折旧
◇固定资产的后续支出
◇固定资产的处置
◇投资性房地产

（一）单项选择题

1.某企业为增值税一般纳税人，购置一台需要安装的设备，取得的增值税专用发票上注明的设备买价为1 000 000元，增值税税额为170 000元，支付的运杂费为4 000元。设备安装时领用工程用原材料10 000元，购进该批原材料时支付的增值税税额为1 700元，设备安装时支付有关人员工资费用6 000元，该固定资产的入账价值为（　　）元。

A.1 191 700　　　　B.1 021 700　　　　C.1 020 000　　　　D.1 183 700

2.下列各项中，一般不确认为固定资产的是（　　）。

A.环保设备　　　　B.安全设备　　　　C.临时设施　　　　D.备品备件

3.下列因素中，不会影响到固定资产账面价值的有（　　）。

A.固定资产的改建支出　　　　　　　B.当期计提的固定资产的折旧

C.当期计提的固定资产的减值　　　　D.固定资产的维修费用

4.某企业2015年12月1日购入一项固定资产，并于当月投入使用，该固定资产原价为500万元，预计使用年限为10年，预计净残值为5万元，按年数总和法计提折旧。该固定资产2016年应计提的折旧额为（   ）万元。

    A.90   B.90.91   C.100   D.50

5.采用（   ）计算固定资产折旧的年折旧率是不一致且递减的。

    A.工作量法   B.平均年限法

    C.年数总和法   D.双倍余额递减法

6.甲公司自行建造某大型设备，建造过程中发生外购设备和材料费300万元、人工成本80万元，达到预定可使用状态前发生的借款费用60万元，之后发生的借款费用为20万元，安装费用100万元，为达到正常运转发生测试费用30万元、外聘专业人员服务费用50万元，达到预定可使用状态前试生产出一批产品，出售取得的收入40万元，则建造该项固定资产的成本为（   ）万元。

    A.650   B.580   C.570   D.530

7.企业一次购入多项没有单独标价的可以单独使用的固定资产时，各项固定资产的成本应按（   ）。

    A.各项固定资产公允价值的比例对总成本进行分配后确定

    B.各项同类固定资产的历史成本

    C.各项固定资产的重置完全价值确定

    D.各项同类固定资产的净值确定

8.A公司2016年1月1日从B公司购买一台需安装的设备，作为固定资产使用，合同约定该设备的总价款为4 000万元，分4年等额支付，每年的12月31日需要支付1 000万元，假设该固定资产买价的现值为3 600万元，支付的安装费用为500万元，则未确认融资费用为（   ）万元。

    A.450   B.400   C.900   D.100

9.某企业以自营方式建造厂房（该企业购进固定资产的增值税不能抵扣），购入一批工程物资，增值税发票上注明的价款为100万元，增值税税额17万元。建造过程中，领用工程物资93.6万元；领用原材料一批，实际成本50万元，增值税发票上注明的税率为17%；工程人员工资8万元，分摊的工程间接费用7万元。建造过程中发生火灾造成部分毁损，发生净损失10万元，工程达到预定可使用状态，该厂房的固定资产入账价值为（   ）万元。

    A.148.6   B.167.1   C.157.1   D.138.6

10.杭丰公司2014年6月初购买一台无须安装的设备，该项设备原值106 000元，预计可使用8年，净残值为10 000元，采用直线法计提折旧。至2015年年末，对该项设备进行减值测试后，估计其可收回金额为70 000元，减值测试后，该固定资产的折旧方法、年限不变，预计净残值为5 000元，则2016年应计提的固定资产折旧额为（   ）元。

    A.10 000   B.9 231   C.10 769   D.9 000

11.某企业2014年12月10日购入一项固定资产并投入使用，该固定资产原价500万元，预计使用年限为10年，预计净残值为15万元，按双倍余额递减法计提折旧。该固定资产2016年应计提的折旧额为（   ）万元。

A.80 B.50 C.97 D.77.6

12.购入固定资产超过正常信用条件延期支付价款、实质上具有融资性质的，按应付购买价款的现值，借记"固定资产"科目或"在建工程"科目，按应支付的金额，贷记"长期应付款"科目，按其差额，借记（　　　）科目。

A."未确认融资费用" B."财务费用"

C."销售费用" D."管理费用"

13.某矿山以10 000万元购建矿山设备，现已达到预定可使用状态，预计在使用寿命届满时，为恢复环境将发生弃置费用1 000万元，该弃置费用按实际利率折现后的金额为620万元。该矿山设备的入账价值为（　　　）万元。

A.9 000 B.10 000 C.10 620 D.11 000

14.某企业有一台设备原价为500万元，采用年限平均法计提折旧，预计使用寿命8年，预计净残值为0，已使用5年。现对该设备的某一主要部件进行更换，发生支出合计200万元，符合固定资产的确认条件，被更换部分的原值为150万元，那么该设备更换后的入账价值为（　　　）万元。

A.387.5 B.125 C.237.5 D.331.25

15.以下属于投资性房地产的是（　　　）。

A.将一办公楼的一部分出租用于赚取租金，另一部分自用，但是不能够单独计量和出售

B.国家准备出让的土地使用权

C.企业以融资租赁方式出租的建筑物

D.持有并准备增值后转让的土地使用权

16.甲公司2013年6月购入一台设备1 200万元，预计使用8年，预计净残值为0，采用年限平均法计提折旧。2016年6月因转产该设备开始闲置，2016年10月丙公司提出以500万元购买该设备，甲公司将其确认为待售设备，销售此设备预计尚需支付费用10万元。2016年12月31日对该待售设备计提的减值准备是（　　　）万元。

A.200 B.260 C.210 D.190

17.2016年12月1日，某企业将其拥有的自用房地产用于出租。该企业具备了采用公允价值模式计量的条件，采用公允价值模式进行后续计量。2016年12月1日，该写字楼的原价为4 000万元，已计提折旧500万元，账面价值为3 500万元，公允价值为4 600万元。不考虑所得税影响，则该企业的下列处理中正确的是（　　　）。

A.确认资本公积1 100万元 B.确认资本公积600万元

C.调整留存收益1 100万元 D.确认公允价值变动损益1 100万元

18.某房地产开发商应市场要求于2016年8月将开发的商品房以经营租赁方式出租。该商品房转换为采用公允价值模式计量的投资性房地产，转换日该商品房的账面余额为400万元，已计提跌价准备30万元，该项房产在转换日的公允价值360万元，则转换日计入公允价值变动收益的金额是（　　　）万元。

A.0 B.10 C.40 D.70

（二）多项选择题

1.下列各项中符合固定资产确认条件的是（　　　）。

A.使用寿命超过一个会计年度

B.固定资产是有形资产

C.与该固定资产有关的经济利益很可能流入企业

D.该固定资产的成本能够可靠地计量

2.固定资产按使用情况不同，可以分为（　　　）。

A.使用中的固定资产　　　　　　　　B.出租固定资产

C.经营用固定资产　　　　　　　　　D.需要安装的固定资产

3.按照《企业会计准则第4号——固定资产》的规定，下列会计处理方法中正确的有
（　　）。

A.企业对于持有待售的固定资产，应当调整该项固定资产的预计净残值，使该项固
　定资产的预计净残值能够反映其公允价值减去处置费用后的金额，但不得超过符
　合持有待售条件时该项固定资产的原账面价值；原账面价值高于预计净残值的差
　额，应作为资产减值损失计入当期损益

B.经营租赁方式租入的固定资产发生的改良支出，应全部记入"经营租入固定资产
　改良"科目

C.接受捐赠的固定资产应以公允价值作为其入账价值

D.生产车间发生的固定资产日常修理费用记入"管理费用"科目

4.下列固定资产中应计提折旧的有（　　　）。

A.专用机器设备　　　　　　　　　　B.房屋及建筑物

C.接受投资转入的固定资产　　　　　D.未提足折旧提前报废的固定资产

5.下列固定资产中不应在当期计提折旧的有（　　　）。

A.当月增加的固定资产　　　　　　　B.当月减少的固定资产

C.上期转入更新改造的固定资产　　　D.因大修理停用的固定资产

6.企业以自营方式建造的固定资产，有关工程物资的核算正确的有（　　　）。

A.工程完工后剩余的工程物资转作企业库存材料的，按其实际成本或计划成本作为
　企业的库存材料

B.存在可抵扣增值税进项税额的，应按减去增值税进项税额后的实际成本或计划成
　本转作企业的库存材料

C.盘盈、盘亏、报废、毁损的工程物资的净损益，直接计入营业外收支

D.盘盈、盘亏、报废、毁损的工程物资的净损益，工程项目尚未完工的，计入或冲
　减所建工程的成本

7.下列固定资产中，不应计提折旧的固定资产有（　　　）。

A.季节性停用的固定资产　　　　　　B.处于待售状况下的固定资产

C.已提足折旧仍继续使用的固定资产　D.闲置的固定资产

8.下列固定资产中，应计提折旧的固定资产有（　　　）。

A.已达到预定使用状态但尚未办理竣工决算的固定资产

B.融资租赁方式租入的固定资产

C.正在改扩建而停止使用的固定资产

D.大修理停用的固定资产

9.下列有关固定资产的说法中，正确的有（　　）。

A.固定资产的各组成部分具有不同使用寿命或者以不同方式为企业提供经济利益，适用不同折旧率或折旧方法的，应当分别将各组成部分确认为单项固定资产

B.在确定固定资产使用寿命时应考虑有形损耗和无形损耗等因素

C.固定资产的折旧方法一经确定，一般不得随意变更

D.与固定资产有关的后续支出均应当在发生时计入当期损益

10.关于固定资产的使用寿命、预计净残值和折旧方法，下列说法中正确的是（　　）。

A.使用寿命预计数与原先估计数有差异的，应当调整固定资产的使用寿命

B.与固定资产有关的经济利益预期实现方式有重大改变的，应当改变固定资产的折旧方法

C.企业至少应当于每年年度终了，对固定资产的使用寿命、预计净残值和折旧方法进行复核

D.固定资产折旧方法、使用寿命和预计净残值的改变应当作为会计估计变更处理

11.下列各项中属于"固定资产清理"科目借方核算的内容有（　　）。

A.转入清理的固定资产净值　　　　　　B.发生的清理费用

C.结转的固定资产清理净损失　　　　　D.结转的固定资产清理净收益

12.下列说法中正确的有（　　）。

A.对于特殊行业的特定固定资产，确定固定资产成本时，应当考虑预计弃置费用

B.自行建造的固定资产，按建造该项资产达到预定可使用状态前所发生的必要支出作为入账价值

C.投资者投入的固定资产，按投资方原账面价值作为入账价值

D.以一笔款项购入多项没有单独标价的固定资产，按各项固定资产公允价值的比例对总成本进行分配，分别确定各项固定资产的入账价值

13.下列各项中，不属于投资性房地产的有（　　）。

A.某公司持有并准备增值后转让的办公楼

B.将一处房产用于招待游客，收取房租作为非主营业务

C.某公司持有的准备增值后转让的土地使用权

D.某公司以经营租赁方式租入土地使用权再转租给其他单位的写字楼

14.关于投资性房地产有关的后续计量，下列说法中不正确的有（　　）。

A.采用公允价值模式计量的投资性房地产，应当按月计提折旧或摊销

B.采用公允价值模式计量的投资性房地产如果发生减值，应确认资产减值损失

C.采用成本模式计量的投资性房地产（房产），计提的折旧应贷记"累计折旧"科目

D.同一企业只能采用一种模式对所有投资性房地产进行后续计量，不得同时采用两

种计量模式进行后续计量

15.下列各项中应通过"固定资产清理"科目核算的有（　　　）。

A.出售的固定资产

B.用于投资的固定资产

C.盘亏的固定资产

D.因自然灾害造成毁损需要报废的固定资产

（三）判断题

1.固定资产的各组成部分拥有不同使用寿命或者以不同方式为企业提供经济利益，适用不同折旧率或折旧方法的，应当分别将各组成部分确认为单项固定资产。（　　）

2.企业以经营租赁方式出租的机器设备、建筑物应作为投资性房地产处理。（　　）

3.企业购置和使用的环保设备，其成本能够可靠地计量但不能直接为企业带来经济利益，不满足固定资产确认的第一个条件，所以不应确认为企业的固定资产。（　　）

4.企业购入的不需要安装的固定资产，购入后即可达到预定可使用状态，因此，购入后满足固定资产确认条件，即可确认为固定资产，但需要通过"在建工程"科目核算。（　　）

5.在建工程进行负荷联合试车发生的费用，计入工程成本，试车期间形成的产品或副产品对外销售取得的收入应计入营业收入。（　　）

6.已达到预定可使用状态但尚未办理竣工决算手续的固定资产，应按估计价值确定其成本，并计提折旧，待办理竣工决算手续后，再按照实际成本调整原来的暂估价值。（　　）

7.已提足折旧仍继续使用的固定资产不需要计提折旧，但是对于改扩建停止使用的固定资产应该计提折旧。（　　）

8.处置固定资产净损失会造成经济利益流出，所以它属于企业会计准则所定义的"费用"范畴。（　　）

9.将建筑物出租并提供保安、维修等后续辅助服务，其辅助服务在整个协议中不重大时确认为投资性房地产。（　　）

10.自用土地使用权停止自用改用于资本增值，转换日为租赁期开始日。（　　）

（四）计算与会计处理题

1.某企业为一般纳税人，于2016年3月20日开始自行建造设备一台，购入工程物资价款300万元，进项税额51万元，价款已通过银行支付，全部领用；领用为生产储备的原材料成本10万元，原进项税额1.7万元；应付的相关人员工资为13万元。2016年10月28日工程完工达到预定可使用状态，投入使用。预计使用年限为5年，预计净残值为8万元。

要求：

（1）编制有关会计分录；

（2）在采用年数总额法计提折旧的情况下，计算该项设备2016年应计提的折旧额。

2.海林公司为增值税一般纳税人，适用的增值税税率为17%，购置了一台需要安装的生产用设备，与该设备有关的业务如下：

（1）2014年3月20日，购入一台需要安装的设备，供生产车间使用，增值税专用发票上注明的买价为400 000元，增值税税额为68 000元，款项未付；以银行存款支付保险费及其他费用29 000元。该设备交付本公司安装部门安装。

（2）安装设备时领用本公司生产用原材料一批，该项原材料的实际成本为70 000元。

（3）领用本企业工程物资一批，价款为200 000元。

（4）应付安装工程人员工资及福利费63 200元，用银行存款支付其他安装费用14 500元。

（5）2014年6月30日，安装工程结束并随即投入使用，该设备预计使用年限为5年，采用年数总和法计提折旧，预计净残值为0。

（6）2015年年末，对该项资产进行减值测试，发现该项资产的公允价值为380 000元，处置费用为50 000元，预计未来现金流量的现值为300 000元。计提减值后，剩余使用年限为3年，采用年限平均法计提折旧，预计净残值为0。

（7）2016年12月30日，由于经营方向改变，企业处置了该项资产，收到的价税款为351 000元（其中增值税税额51 000元），支付发生的相关的清理费用为43 000元。

要求：

（1）编制海林公司2014年度购建设备的有关会计分录（"应交税费"科目要求写出明细科目）。

（2）计算2014年度、2015年度该项设备应计提的折旧，并编制甲公司2014年度、2015年度计提折旧的会计分录。

（3）计算2015年该项资产应计提的减值准备金额，并编制相关的会计分录。

（4）计算2016年应计提的折旧并编制相应的会计分录。

（5）编制2016年12月30日处置该项资产的会计分录。

四、 本章习题答案及解析

（一）单项选择题

1.C【解析】增值税一般纳税人购建生产设备等固定资产支付的增值税可以抵扣，不计入固定资产入账价值。该固定资产的入账价值＝1 000 000＋4 000＋10 000＋6 000＝1 020 000（元）。

2.D【解析】备品备件通常确认为存货。

3.D【解析】固定资产的维修费用属于费用化的后续支出，不影响固定资产的账面价值。

4.A【解析】（500-5）×（10÷55）=90（万元）。

5.C【解析】年数总和法下固定资产随着使用年折旧逐年递减。

6.B【解析】本题中达到预定可使用状态前发生的借款费用需要资本化计入固定资产建造成本，达到预定可使用状态之后发生的借款费用不再资本化。达到预定可使用状态前试生产出一批产品，出售取得的收入冲减固定资产建造成本。建造固定资产成本＝300＋80＋60＋100＋30＋50－40＝580（万元）。

7.A【解析】企业一次购入多项没有单独标价的可以单独使用的固定资产，应将各项资产单独确认为固定资产，并按各项固定资产公允价值的比例对总成本进行分配，分别确定各项固定资产的成本。

8.B【解析】企业购买固定资产采用分期付款超过正常信用条件的，该合同实质上具有融资性质，固定资产成本应按现值确定，实际支付的价款与购买价款的现值之间的差额确认为未确认融资费用。

9.C【解析】建造厂房购进或耗用工程物资、原材料的增值税不能抵扣需计入固定资产成本；由于自然灾害造成的在建工程报废或毁损，其净损失应计入营业外支出。该厂房的固定资产入账价值＝93.6＋50×（1＋17%）＋8＋7－10＝157.1（万元）。

10.A【解析】2015年年末固定资产账面价值＝106 000－（106 000－10 000）÷8÷12×18＝88 000（元），可收回金额低于其账面价值，表明已减值，应计提减值准备18 000元。2016年起重新计算应计提固定资产折旧额。2016年应计提的折旧＝（70 000－5 000）÷6.5＝10 000（元）。

11.A【解析】（500－500×20%）×20%＝80（万元）。

12.A【解析】企业购买固定资产采用分期付款超过正常信用条件的，该合同实质上具有融资性质，购入固定资产成本应以各期付款额的现值之和确定，实际支付的价款与购买价款的现值之间的差额确认为未确认融资费用。

13.C【解析】10 000＋620＝10 620（万元）。

14.D【解析】（500－500÷8×5）－（150－150÷8×5）＋200＝331.25（万元）。

15.D【解析】A、B、C选项不符合投资性房地产的定义和范围。

16.C【解析】待售设备调整前账面价值＝1 200－（1 200÷8×3＋1 200÷8÷12×4）＝700（万元），调整后的预计净残值＝公允价值－处置费用＝500－10＝490（万元），应计提的减值准备＝700－490＝210（万元）。

17.A【解析】非投资性房地产转换为投资性房地产采用公允价值模式进行后续计量的，应以转换日的公允价值作为该项投资性房地产的成本入账，其公允价值小于账面价值的，其差额作为公允价值变动损益处理；转换时的公允价值大于账面价值的，其差额作为资本公积（其他资本公积）处理。本题中转换日的公允价值（4 600万元）大于账面价值（3 500万元），其差额1 100万元确认为资本公积。

18.B【解析】转换日计入公允价值变动收益的金额＝（400－30）－360＝10（万元）。

（二）多项选择题

1.CD【解析】选项A、B为固定资产的特征。

2.AB【解析】C选项属于按经济用途分类的固定资产，D选项属于按是否需要安装分类的固定资产。

3.AD【解析】企业以经营租赁方式租入的固定资产发生的改良支出，作为长期待摊费用，合理进行摊销。接受捐赠的固定资产，应根据具体情况合理确定其入账价值，一般

分为两种情况:

(1) 捐赠方提供了有关凭据的,按凭据上标明的金额加上应支付的相关税费,作为入账价值。

(2) 捐赠方没有提供有关凭据的,按如下顺序确定其入账价值:

①同类或类似固定资产存在活跃市场的,按同类或类似固定资产的市场价格估计的金额,加上应支付的相关税费,作为入账价值。

②同类或类似固定资产不存在活跃市场的,按该接受捐赠固定资产预计未来现金流量的现值,加上应支付的相关税费,作为入账价值。

4.ABC【解析】未提足折旧提前报废的固定资产不再补提折旧。

5.AC【解析】当月减少的固定资产当月照提折旧。因大修理停用的固定资产,应当照提折旧。

6.ABD【解析】建设期间发生工程物资盘亏、报废、毁损的净损失计入工程的成本,盘盈的工程物资冲减所建工程的成本。

7.BC【解析】季节性停用的固定资产和闲置的固定资产应当照提折旧。

8.ABD【解析】处于更新改造过程停止使用的固定资产,应将其账面价值转入在建工程,不再计提折旧。更新改造项目达到预定可使用状态转为固定资产后,再按照重新确定的折旧方法和该固定资产尚可使用寿命计提折旧。

9.ABC【解析】与固定资产有关的后续支出应区分资本化支出和费用化支出,属于资本化的后续支出应计入固定资产成本,属于费用化的后续支出应计入当期损益。

10.ABCD【解析】A、B、C、D选项均符合固定资产准则规定。

11.ABD【解析】结转的固定资产清理净损失应从"固定资产清理"科目的贷方转入"营业外支出"科目的借方。

12.ABD【解析】投资者投入固定资产的成本,应当按照投资合同或协议约定的价值确定,但合同或协议约定的价值不公允的除外。

13.ABD【解析】投资性房地产包括:(1)已出租的土地使用权;(2)持有并准备增值后转让的土地使用权;(3)已出租的建筑物。持有并准备增值后转让的土地使用权是指企业取得的、准备增值后转让的土地使用权。这类土地使用权很可能给企业带来资本增值收益,符合投资性房地产的定义。

14.ABC【解析】公允价值模式计量的投资性房地产不进行折旧或摊销;以公允价值模式计量的投资性房地产不确认资产减值损失;采用成本模式计量的投资性房地产(房产),计提的折旧应贷记"投资性房地产累计折旧(摊销)"科目。

15.ABD【解析】盘亏的固定资产应通过"待处理财产损溢——待处理固定资产损溢"科目核算。

(三)判断题

1.√

2.×【解析】以经营租赁方式出租的机器设备不属于投资性房地产,以经营租赁方式出租的建筑物应作为投资性房地产处理。

3.×【解析】企业购置和使用的环保设备虽然不会为企业带来直接的经济利益，却有助于企业提高对废水、废气、废渣的处理能力，有利于净化环境，企业为此将减少未来由于污染环境而需要支付的环境净化费或者罚款，因此，也符合固定资产确认的第一个条件。

4.×【解析】企业购入的不需要安装的固定资产，购入后即可发挥作用，因此购入后即可达到预定可使用状态并满足固定资产确认条件，即可确认为固定资产，一般不需要通过"在建工程"科目核算，直接通过"固定资产"科目核算。

5.×【解析】在建工程进行负荷联合试车发生的费用计入工程成本，试车期间形成的产品或副产品对外销售取得的收入应冲减所建工程成本。

6.√

7.×【解析】因改扩建停止使用的固定资产，应将其账面价值转入在建工程，不再计提折旧。改扩建项目达到预定可使用状态转为固定资产后，再按照重新确定的折旧方法和该固定资产的尚可使用寿命计提折旧。

8.×【解析】费用不包括营业外支出。

9.√

10.×【解析】自用土地使用权停止自用改用于资本增值，转换日为自用土地使用权停止自用后确定用于资本增值的日期。

（四）计算与会计处理题

1.（1）编制的会计分录如下：

①购入工程物资：

借：工程物资　　　　　　　　　　　　　　　　　3 000 000
　　应交税费——应交增值税（进项税额）　　　　510 000
　　贷：银行存款　　　　　　　　　　　　　　　　　　3 510 000

②领用工程物资：

借：在建工程　　　　　　　　　　　　　　　　　3 000 000
　　贷：工程物资　　　　　　　　　　　　　　　　　　3 000 000

③领用原材料：

借：在建工程　　　　　　　　　　　　　　　　　100 000
　　贷：原材料　　　　　　　　　　　　　　　　　　　100 000

④应付职工薪酬：

借：在建工程　　　　　　　　　　　　　　　　　130 000
　　贷：应付职工薪酬　　　　　　　　　　　　　　　　130 000

⑤工程完工达到预定可使用状态，结转在建工程成本：

该设备的入账价值=领用的工程物资（不含税）+领用的生产物资+人工工资
　　　　　　　　=300+10+13=323（万元）

借：固定资产　　　　　　　　　　　　　　　　　3 230 000
　　贷：在建工程　　　　　　　　　　　　　　　　　　3 230 000

（2）计算2016年应计提的折旧：

2016年应计提折旧=（323-8）×5÷15×2÷12=17.5（万元）

2.相关业务处理如下：

（1）海保公司2014年度购建设备的会计分录：

①借：在建工程 400 000

  应交税费——应交增值税（进项税额） 68 000

   贷：应付账款 468 000

借：在建工程 29 000

  贷：银行存款 29 000

②借：在建工程 70 000

  贷：原材料 70 000

③借：在建工程 200 000

  贷：工程物资 200 000

④借：在建工程 77 700

  贷：应付职工薪酬 63 200

   银行存款 14 500

⑤借：固定资产 776 700

  贷：在建工程 776 700

固定资产成本=400 000+29 000+70 000+200 000+77 700=776 700（元）

（2）计算2014年度、2015年度该项设备应计提折旧的计算及编制的会计分录如下：

2014年度该项设备应计提的折旧=776 700×5÷15×6÷12=129 450（元）

借：制造费用 129 450

 贷：累计折旧 129 450

2015年度该项设备应计提的折旧=776 700×5÷15×6÷12+776 700×4÷15×6÷12

    =233 010（元）

借：制造费用 233 010

 贷：累计折旧 233 010

（3）2015年该项设备的可收回金额=380 000-50 000=330 000（元）

该项设备2015年年末应计提的减值准备=（776 700-129 450-233 010）-330 000=84 240（元）

计提减值准备的会计分录为：

借：资产减值损失 84 240

 贷：固定资产减值准备 84 240

（4）2016年应计提折旧的计算及编制的会计分录如下：

2016年应计提的折旧=330 000÷3=110 000（元）

借：制造费用 110 000

 贷：累计折旧 110 000

（5）2016年12月30日处置该项设备的会计分录如下：

①固定资产转清理：

借：固定资产清理 220 000

累计折旧 472 460

固定资产减值准备 84 240

贷：固定资产 776 700

②支付清理费用：

借：固定资产清理 43 000

贷：银行存款 43 000

③收到转让固定资产价款：

借：银行存款 351 000

贷：固定资产清理 300 000

应交税费——应交增值税（销项税额） 51 000

④计算并结转出售固定资产净损益：

出售固定资产净收益=300 000-（220 000+43 000）=37 000（元）

借：固定资产清理 37 000

贷：营业外收入——处置非流动资产利得 37 000

第七章 无形资产及其他资产

无形资产及其他资产

一、学习目的及要求

通过本章学习，了解无形资产的概念、特征及内容，熟悉无形资产的确认条件；了解自行研究开发支出内容；掌握无形资产取得成本的确定及其会计处理；掌握无形资产后续计量的会计处理；掌握无形资产处置的会计处理。

二、本章主要知识点

◇无形资产的含义、确认条件与内容

◇无形资产的初始计量

◇无形资产的后续计量

◇无形资产的处置

◇商誉

三、本章习题

（一）单项选择题

1.某企业研制一项新技术，在研制过程中发生材料费120 000元，支付人工费60 000元，研制成功后，发生的研究费用符合资本化条件。在申请专利过程中发生专利登记费25 000元、律师费5 000元，该无形资产的入账价值为（   ）元。

A.180 000   B.210 000   C.300 000   D.25 000

2.下列项目中，应确认为无形资产的有（   ）。

A.企业自创的商誉

B.企业内部产生的品牌

C.企业自行开发的研究开发项目在研究阶段的支出

D.企业外购的专利权

3.2016年5月，甲公司的董事会批准研发某项新型技术，在研究阶段发生材料费10 000元、人工费30 000元，开发阶段发生材料费50 000元、人工费60 000元，使用其他无形资产的摊销费用15 000元，其中符合资本化条件的支出为90 000元。为运行该无形资产发生培训费用10 000元。2016年10月，该项新型技术已达到预定可使用状态，该无形资产的成本为（　　）元。

　　A.150 000　　　　　　B.90 000　　　　　　C.125 000　　　　　　D.100 000

4.下列各项是为研究开发项目发生的支出，其中应计入无形资产成本的是（　　）。

A.研究阶段发生的有关支出

B.可资本化的借款利息支出

C.管理费用、销售费用等间接费用

D.达到资本化条件之前已经费用化的支出

5.有关土地使用权的会计处理，下列表述正确的有（　　）。

A.土地使用权用于自行开发建造厂房等地上建筑物时，土地使用权的账面价值与地上建筑物合并计算，计入固定资产成本

B.企业外购房屋建筑物所支付的价款中包括土地使用权以及建筑物的价值的，应当全部作为固定资产进行核算

C.房地产开发企业取得的土地使用权是用于建造对外出售的房屋建筑物的，土地使用权的价值应计入所建造的房屋建筑物成本

D.企业将自用的土地使用权用于赚取租金或资本增值目的时，仍应在"无形资产"科目核算。

6.甲公司于2016年1月1日购入一项专利权，实际支付款项300万元，实际发生过户登记费5万元。该项专利法律保护年限为10年，预计使用年限为12年。则2016年应摊销金额为（　　）万元。

　　A.30.5　　　　　　B.30　　　　　　C.25.42　　　　　　D.25

7.下列有关无形资产的会计处理中，表述正确的是（　　）。

A.出租无形资产取得的收入，应计入营业外收入

B.出租无形资产的摊销额，应计入管理费用

C.出售无形资产的损益，应计入其他业务收支

D.报废无形资产的净损失，应计入营业外支出

8.下列各项中不构成外购无形资产成本的是（　　）。

A.购买价款

B.为引进新产品进行的宣传发生的广告费用

C.使无形资产达到预定用途所发生的专业服务费用

D.测试费用

9.A公司于2014年年初开始进行新产品专利技术的研究开发，研究阶段共发生支出200万元，开发阶段共发生支出500万元（假定均符合资本化条件），至2015年年初研发成功，并向国家专利局提出专利权申请且获得专利权，实际发生注册登记费等40万元。该项专利权法律保护年限为10年，预计使用年限为8年。则A公司对该项专利权2016年度应摊销的金额为（　　）万元。

　　A.54　　　　　　B.62.5　　　　　　C.67.5　　　　　　D.50

10.下列各项业务中，应计入其他业务收入的是（　　）。

A.处置无形资产取得的利得　　　　　　B.处置固定资产取得的利得

C.以无形资产抵偿债务确认的利得　　　D.出租无形资产取得的收入

11.下列关于无形资产确认的表述中，正确的是（　　　）。

A.企业自创的商誉不应确认为无形资产

B.高新科技企业的科技人才应确认为无形资产

C.企业内部产生的品牌、报刊名应确认为无形资产

D.企业吸收合并中确认的商誉属于无形资产

12.下列各项中应作为无形资产入账的是（　　　）。

A.开办费用

B.为获得土地使用权支付的出让金

C.为建立客户关系发生的费用

D.为扩大商标的知名度发生的广告费

13.下列有关无形资产会计处理的表述中，错误的是（　　　）。

A.对使用寿命有限的无形资产实行摊销，对使用寿命不确定的无形资产不需要摊销

B.购入的无形资产如果尚未使用不应进行摊销

C.企业自行开发无形资产发生的研发支出，不满足资本化条件的，也应在"研发支出"科目核算

D.不能为企业带来经济利益的无形资产的账面价值应全部转入当期损益

（二）多项选择题

1.专利权应属于（　　　）。

A.可辨认无形资产　　　　　　　　　　B.不可辨认无形资产

C.无法定期限的无形资产　　　　　　　D.有法定期限的无形资产

2.下列有关无形资产的会计处理中，正确的有（　　　）。

A.将自创商誉不确认为无形资产

B.将转让使用权的无形资产的摊销价值计入其他业务成本

C.将转让所有权的无形资产的账面价值计入其他业务成本

D.将预期不能为企业带来经济利益的无形资产的账面价值转销

3.关于无形资产的可辨认性，下列说法正确的有（　　　）。

A.能够从企业中分离或划分出来，并能单独或与有关合同一起，用于出售、转移、授予许可、租赁或者交换

B.源自合同性权利或其他法定权利，无论这些权利是否可以从企业或其他权利和义务中转移或者分离

C.商誉的存在无法与企业自身分离，不具有可辨认性

D.需要满足成本能够可靠计量

4.关于无形资产的下列说法中，不正确的有（　　　）。

A."无形资产"科目期末余额反映无形资产账面价值

B.无形资产的摊销应从增加的次月开始

C.使用寿命不确定的无形资产不需要摊销

D.企业取得的土地使用权在用于自行开发建造厂房时，应将土地使用权的账面价值转入在建工程

5.企业内部研究开发项目开发阶段的支出，同时满足下列条件的，才能确认为无形资产的有（　　）。

A.完成该无形资产以使其能够使用或出售在技术上具有可行性

B.能证明无形资产产生经济利益的方式

C.有足够的技术、财务和其他资源支持，并有能力使用或出售该无形资产

D.归属于该无形资产开发阶段的支出能够可靠地计量

6.下列关于无形资产内部研究开发费用的会计处理表述中，正确的有（　　）。

A.企业自行开发无形资产发生的研发支出，无论是否满足资本化条件，均应先在"研发支出"科目中归集

B.无形资产研究阶段的支出应该全部费用化

C.确实无法区分研究阶段和开发阶段的支出，应当将其全部资本化，待无形资产开发成功后计入无形资产

D.符合资本化条件但尚未完成的研发支出，仍保留在"研发支出"科目中，待开发项目达到预定用途时再将其发生的实际成本转入无形资产

7.下列有关无形资产的表述中，不正确的有（　　）。

A.自创品牌经评估应确认为无形资产

B.使用寿命不确定的无形资产不需要摊销，但至少应于每年年度终了对其进行减值测试

C.无形资产开发阶段的支出应全部予以资本化

D.房地产开发企业取得的土地使用权用于建造对外出售的房屋建筑物的，土地使用权的价值应计入房屋建筑物的成本

8.有关无形资产的初始计量，下列表述正确的有（　　）。

A.内部自行开发无形资产的成本，仅包括自满足无形资产确认条件时点至达到预定用途前所发生的支出，对于同一项无形资产在开发过程中达到资本化条件之前已经费用化的支出不再进行调整

B.投资者投入无形资产的成本，按照该无形资产的公允价值确定

C.外购无形资产的成本包括购买价款、相关税费以及直接归属于使该项资产达到预定用途所发生的其他支出

D.采取分期付款方式购买的无形资产其价款超过正常信用条件延期支付的，应按购买价款的现值作为无形资产的成本

9.无形资产摊销费用可能记入的会计科目有（　　）。

A."管理费用"　　　　　　　　　　B."其他业务成本"

C."制造费用"　　　　　　　　　　D."在建工程"

10.下列关于"研发支出"科目的核算内容的表述中，正确的有（　　）。

A.企业内部研究开发费用发生时全部应记入"研发支出"科目

B.开发无形资产的专门借款予以资本化的利息费用应记入"研发支出"科目

C.期末时仍处于研究阶段的研发项目已发生的有关支出仍保留在"研发支出"科目，待该项目结束后将其支出转入"管理费用"科目

D."研发支出"科目期末借方余额仅反映企业正在进行的研究开发项目中满足资本化条件的支出

11.关于无形资产的摊销，下列说法中正确的有（　　）。

A.企业至少应于每年年度终了，对无形资产的使用寿命及摊销方法进行复核

B.对于使用寿命有限的无形资产，如果有证据表明使用寿命及摊销方法与以前估计不同的，应当改变摊销期限和摊销方法，按照会计政策变更处理

C.对于使用寿命有限的无形资产，如果计提减值准备的，则计提的无形资产减值准备金额从应摊销的金额中扣除，以后每年的摊销金额重新调整计算

D.对于使用寿命不确定的无形资产，如果有证据表明其使用寿命是有限的，应当估计其使用寿命并视为会计政策变更

12.2016年2月1日，甲公司以480万元的价格购入一项无形资产，价款以银行存款支付。该无形资产的法律保护期限为10年，甲公司预计其在未来8年内会给公司带来经济利益。甲公司计划在使用5年后出售该无形资产，乙公司承诺5年后按180万元的价格购买该无形资产。关于2016年无形资产的会计处理，下列说法中正确的有（　　）。

A.2016年2月1日确认无形资产480万元

B.该无形资产应于2016年2月开始摊销

C.该无形资产应有预计残值

D.2016年无形资产应摊销金额为55万元

13.有关无形资产，下列说法不正确的有（　　）。

A.自行开发并按法律程序申请取得的无形资产，将原发生的计入损益的开发费用转为无形资产的入账价值

B.企业摊销无形资产，应当自无形资产可供使用时起至不再作为无形资产确认时止

C.无形资产均应确定预计使用年限并分期摊销

D.无形资产的摊销方法应采用直线法

（三）判断题

1.无形资产是指企业拥有或控制的没有实物形态的非货币性资产，包括可辨认无形资产和不可辨认无形资产。　　　　　　　　　　　　　　　（　　）

2.企业支付土地出让金取得的土地使用权，在尚未开发或建造自用项目前，作为无形资产入账，但不需要摊销。　　　　　　　　　　　　　（　　）

3.无形资产的后续支出，应于发生时确认为当期损益。　　　　　　（　　）

4.企业研究阶段的支出应全部计入当期损益。　　　　　　　　　　（　　）

5.无形资产的应摊销金额是指无形资产成本扣除残值后的金额。已计提减值准备的无形资产，还应扣除无形资产减值准备累计金额。　　　　　（　　）

6.企业取得的已作为无形资产确认的正在进行的研究开发项目，在取得后发生的支出不能再资本化。　　　　　　　　　　　　　　　　　　　　　　　　　（　　）

7.无法区分研究阶段和开发阶段的支出，应当在发生时计入无形资产的成本。

（　　）

8.企业将拥有的专利技术的使用权转让，仍应按期摊销其成本，并将摊销金额计入其他业务成本。　　　　　　　　　　　　　　　　　　　　　　　　　　　（　　）

9.企业出售无形资产发生的净损益通过营业外收入或营业外支出来核算。（　　）

10.无法预见无形资产为企业带来经济利益期限的，则将该项无形资产作为使用寿命不确定的无形资产，按照不超过10年的期限进行摊销。　　　　　　　（　　）

（四）计算与会计处理题

1.A公司2013年至2016年与无形资产业务有关的资料如下：

（1）2013年12月3日，以银行存款660万元购入一项无形资产。预计该项无形资产的使用年限为10年，采用直线法摊销。

（2）2015年12月31日，对该无形资产进行减值测试时，该无形资产的预计未来现金流量现值是385万元，公允价值减去处置费用后的净额为450万元。计提减值准备后该资产的使用年限及摊销方法不变。

（3）2016年4月1日，A公司将该无形资产对外出售，取得价款400万元并收存银行。不考虑其他相关税费。

要求：

（1）编制购入该无形资产的会计分录（单位：万元）；

（2）计算2013年12月31日无形资产的摊销金额并编制会计分录（单位：万元）；

（3）计算2014年12月31日该无形资产的账面价值并编制摊销的会计分录（单位：万元）；

（4）计算该无形资产2015年年末计提的减值准备金额并编制会计分录（单位：万元）；

（5）计算2016年无形资产计提的摊销金额并编制会计分录（单位：万元）；

（6）编制该无形资产出售的会计分录（单位：万元）。

2.2013年1月1日，A公司董事会批准研发某项新产品专利技术，有关资料如下：

（1）2013年，发生材料费用30万元、人工费用65万元及其他费用5万元，均属于研究阶段支出，均以银行存款支付。

（2）2014年年初，研究阶段结束，进入开发阶段，该项目研发成功在技术上已具有可行性，B公司管理层明确表示将继续为该项目提供足够的资源支持，该新产品专利技术研发成功后，将立即投产。

（3）2014年，共发生材料费用300万元、人工费用230万元及其他费用20万元，以银行存款支付；2014年12月14日，该项专利技术研发成功并已达到预定用途，B公司在申请专利时发生登记注册费、律师费等相关费用20万元。

（4）预计该新产品专利技术的使用寿命为10年，该专利技术的法律保护期限为15

年，B公司对其采用直线法摊销。

（5）2016年1月1日，B公司决定将该专利技术出租给C公司使用，租赁期为3年，每年支付租金100万元。不考虑其他相关税费。

要求：

（1）编制2013年的有关会计分录（单位：万元）；

（2）编制2014年的有关会计分录（单位：万元）；

（3）编制2016年的有关会计分录（单位：万元）。

四、 本章习题答案及解析

（一）单项选择题

1.B【解析】自创专利发生的成本包括研发阶段发生的开发费用可以资本化的部分以及开发成功后依法申请专利过程中所发生的费用。无形资产的入账价值=120 000+60 000+25 000+5 000=210 000（元）。

2.D【解析】企业自创的商誉、企业内部产生的品牌不确认为无形资产；研究阶段是指为获取新的技术和知识等进行的有计划的调查。研究阶段是探索性的，为进一步开发活动进行资料及相关方面的准备，该阶段是否能在未来形成成果，即通过开发活动后是否会形成无形资产均有很大的不确定性，企业也无法证明其研究活动一定能带来未来经济利益，因此，研究阶段的支出不能资本化，有关支出在发生时应当费用化计入当期损益。

3.B【解析】为运行该无形资产发生的培训费用不属于研究开发无形资产发生的费用，属于为掌握该项无形资产的技术而发生的培训费用，不构成无形资产成本。

4.B【解析】选项A和C，研究阶段发生的有关支出和管理费用、销售费用等间接费用不构成无形资产的开发成本；选项D，对于同一项无形资产在开发过程中达到资本化之前已经费用化计入当期损益的支出不再进行调整。

5.C【解析】选项A，土地使用权用于自行开发建造厂房等地上建筑物时，土地使用权的账面价值不与地上建筑物合并计算其成本，而仍作为无形资产核算；选项B，企业外购房屋建筑物，实际支付的价款中包括土地及建筑物的价值，应当对支付的价款按照合理的方法（例如，公允价值比例）在地上建筑物与土地使用权之间进行分配；如果确实无法进行合理分配的，应当全部作为固定资产，按照固定资产的确认与计量的规定进行处理。选项D，企业改变土地使用权的用途，将其用于出租或增值目的时，应将其转为投资性房地产。

6.A【解析】该专利的入账价值为305万元（300+5），对于取得源自合同性权利或其他法定权利的无形资产，其使用寿命不应超过合同性权利或其他法定权利的期限，应按10年期限摊销，2016年度应摊销的金额=305÷10=30.5（万元）。

7.D【解析】选项A，出租无形资产取得的收入应计入其他业务收入；选项B，出租无形资产的摊销额应计入其他业务成本；选项C，出售无形资产的损益应计入营业外收支。

8.B【解析】选项A、C、D构成无形资产成本。

9.C【解析】该专利的入账价值为540万元（500+40），对于取得源自合同性权利或其他法定权利的无形资产，其使用寿命不应超过合同性权利或其他法定权利的期限；但如果企业使用资产的预期期限短于合同性权利或其他法定权利规定期限的，则应当按照企业预期使用的期限确定其使用寿命，所以应按8年期限摊销，2016年度应摊销金额=540÷8=67.5（万元）。

10.D【解析】选项A、B、C均作为营业外收入处理。

11.A【解析】选项B、C，不应确认为无形资产；选项D，不属于无形资产，在资产负债表中单独列示。

12.B【解析】选项A，应计入管理费用；选项C、D，不应确认为无形资产。

13.B【解析】无形资产应当自其可供使用时起选择适当的摊销方法开始摊销。

（二）多项选择题

1.AD【解析】专利权一种可辨认的、有法定期限的无形资产。

2.ABD【解析】将转让所有权的无形资产的账面价值计入当期损益。

3.ABC【解析】选项D，属于无形资产确认条件。

4.ABD【解析】选项A，"无形资产"科目期末余额反映企业现有无形资产的成本；选项B，无形资产的摊销从增加的当月开始摊销；选项D，企业取得的土地使用权在用于自行开发建造厂房时，不应将土地使用权的账面价值转入在建工程合并计算其成本，仍作为无形资产核算。

5.ABCD

6.ABD【解析】选项C，确实无法区分研究阶段和开发阶段的支出，应当将其全部费用化，计入当期损益。

7.AC【解析】选项A不应确认为无形资产；选项C，对于开发阶段的支出，如果企业能证明满足无形资产的定义及相关确认条件的才能予以资本化，计入无形资产的成本，不符合资本化条件的计入当期损益。

8.ACD【解析】选项B，投资者投入的无形资产，应当按照投资合同或协议约定的价值作为取得成本。如果投资合同或协议约定价值不公允的，应按无形资产的公允价值作为无形资产初始成本入账。

9.ABCD

10.ABD【解析】选项C，处于研究阶段的研发项目已发生的有关支出，期末时应将"研发支出——费用化支出"科目归集的金额转入"管理费用"科目。

11.AC【解析】选项B、D，应按会计估计变更规定进行处理

12.ABCD【解析】无形资产应自取得当月开始摊销；2016年2月至12月无形资产摊销金额=（480-180）÷5×11÷12= 55（万元）。

13.ACD【解析】选项A，对于同一项无形资产在开发过程中达到资本化条件之前已经费用化计入当期损益的支出不再进行调整。选项C，使用寿命确定的无形资产才需要分期摊销。选项D，无形资产的摊销方法有直线法、生产总量法等。企业选择什么样的摊销方法，主要取决于能反映与该项无形资产有关的经济利益的预期实现方式。如果企业由于

各种原因无法确定预期实现方式，则应当采用直线法进行摊销。

（三）判断题

1.×【解析】无形资产的特点之一就是具有可辨认性。不可单独辨认的不构成无形资产。

2.×【解析】取得的土地使用权，在尚未开发或建造自用项目前，作为无形资产入账的，应按规定摊销期限分期摊销。

3.√

4.√

5.√

6.×【解析】在取得后发生的，因尚未达到预定用途，所以继续研发过程中发生的支出，如果符合资本化条件的，可以资本化，否则应当费用化。

7.×【解析】如果确实无法区分研究阶段的支出和开发阶段的支出，应将其所发生的支出全部费用化，计入当期损益。

8.√

9.√

10.×【解析】对于使用寿命不确定的无形资产不需要摊销。

（四）计算与会计处理题

1.相关的业务处理过程如下：

（1）购入该无形资产的会计分录：

借：无形资产   660

  贷：银行存款   660

（2）2013年12月31日无形资产摊销金额的计算及编制的会计分录如下：

2013年12月31日无形资产的摊销金额=660÷10÷12=5.5（万元）

借：管理费用   5.5

  贷：累计摊销   5.5

（3）计算2014年12月31日该无形资产的账面价值：

无形资产的账面价值=660-660÷10-5.5=588.5（万元）

借：管理费用   66

  贷：累计摊销   66

（4）2015年12月31日该无形资产的账面价值为588.5-66=522.5（万元）。

该无形资产的公允价值减去处置费用后的净额高于其预计未来现金流量现值，所以其可收回金额是公允价值减去处置费用后的净额，即450万元，所以，应计提的无形资产减值准备=522.5-450=72.5（万元）。

借：资产减值损失   72.5

  贷：无形资产减值准备   72.5

（5）2016年前3个月该无形资产的累计摊销金额=450÷（120-25）×3=14.21（万元）

借：管理费用   14.21

    贷：累计摊销   14.21

（6）出售该无形资产的会计分录：

借：银行存款   400

    累计摊销   151.71

    无形资产减值准备   72.50

    营业外支出——处置非流动资产损失   35.79

    贷：无形资产   660

2.相关的业务处理过程如下：

（1）2013年的会计分录：

借：研发支出——费用化支出   100

    贷：原材料   30

    应付职工薪酬   65

    银行存款   5

借：应付职工薪酬   65

    贷：银行存款   65

借：管理费用   100

    贷：研发支出——费用化支出   100

（2）2014年的会计分录：

借：研发支出——资本化支出   550

    贷：原材料   300

    应付职工薪酬   230

    银行存款   20

借：应付职工薪酬   230

    贷：银行存款   230

借：研发支出——资本化支出   20

    贷：银行存款   20

借：无形资产   570

    贷：研发支出——资本化支出   570

当年摊销的月摊销额=570÷120=4.75（万元）

借：管理费用   4.75

    贷：累计摊销   4.75

（3）2016年的会计分录：

借：银行存款   100

    贷：其他业务收入   100

借：其他业务成本   57

    贷：累计摊销   57

第八章 资产减值

一、学习目的及要求

通过本章学习，了解资产减值的概念、资产减值迹象的判断，熟悉资产可收回金额的含义；掌握资产可收回金额的估计方法；了解资产组的认定方法；熟练掌握资产减值的会计处理。

二、本章主要知识点

◇ 资产减值的概念及范围

◇ 资产减值迹象的判断

◇ 资产可收回金额的计量

◇ 资产组的认定方法

◇ 资产减值的会计处理

三、本章习题

（一）单项选择题

1.下列不属于《企业会计准则第8号——资产减值》规范的资产范围的是（　　）。

A.固定资产　　　　B.无形资产　　　　C.长期股权投资　　　D.持有至到期投资

2.下列各项资产减值准备中，在以后期间内可以转回的是（　　）。

A.以成本模式计量的投资性房地产的减值准备

B.存货的跌价准备

C.固定资产的减值准备

D.无形资产的减值准备

3.下列资产中，无论是否存在减值迹象，每年年末必须进行减值测试的是（　　）。

A.存货　　　　　　　　　　　　B.长期股权投资

C.使用寿命有限的无形资产　　　D.使用寿命不确定的无形资产

4.关于确定可收回金额的表述中，下列说法正确的是（　　）。

A.可收回金额应当根据资产的公允价值减去处置费用后的净额与资产预计未来现金流量的现值两者之间较高者确定

B.可收回金额应当根据资产的公允价值确定

C.可收回金额应当根据资产的预计未来现金流量的现值确定

D.可收回金额应当根据资产的公允价值减去处置费用后的净额与资产预计未来现金流量的现值两者之间较低者确定

5.关于资产减值，下列说法正确的是（　　　）。

A.资产减值是指资产的可收回金额高于其账面余额

B.资产减值损失确认后，减值资产的折旧或摊销仍按原账面价值为基础计提折旧或摊销费用

C.计提资产减值准备必须以单项资产为基础估计其可收回金额

D.如有迹象表明一项资产可能发生减值的，企业应当以单项资产为基础估计其可收回金额；企业难以对单项资产的可收回金额进行估计的，应当以该资产所属的资产组为基础确定资产组的可收回金额

6.甲企业2016年年末XS专利权的账面净值为1 700万元，剩余摊销年限为5年。2016年年末对XS专利权的账面价值进行减值测试时，发现市场上已存在类似专利技术所生产的产品，对甲企业产品的销售造成重大不利影响。2016年年末如果甲企业将该专利权予以出售，市场价格为1 500万元，需要发生的律师费和其他相关税费处置费用100万元。但是，如果甲企业打算继续利用该专利权进行产品生产，则在未来5年内预计可以获得的未来现金流量的现值为1 100万元，则XS专利权在2016年年末应计提的无形资产减值准备为（　　　）万元。

A.600　　　　B.200　　　　C.300　　　　D.700

7.2014年12月底，A公司购入一项不需安装的管理用固定资产，入账价值为40万元，预计净残值为2万元，预计使用寿命为10年，采用双倍余额递减法计提折旧。2016年年末，该项固定资产出现减值迹象，经减值测试，预计未来现金流量的现值为10万元，公允价值减处置费用后的净额为11万元，则2016年年末该项固定资产应计提的减值准备为（　　　）万元。

A.13　　　　B.15.6　　　　C.14.6　　　　D.21

8.企业在预计资产的未来现金流量时，应建立在企业管理层批准的最近财务预算或者预测基础上，对资产剩余使用寿命期内整个经济状况进行最佳估计，但一般情况下预算涵盖的期间最多不超过（　　　）年。

A.3　　　　B.6　　　　C.5　　　　D.10

9.按照企业会计准则的规定，下列资产在确认资产减值损失后可以转回的是（　　　）。

A.在建工程　　B.存货　　　C.无形资产　　D.固定资产

10.在资产负债表日，如有确凿证据表明资产存在减值迹象，应当进行减值测试，估计资产的（　　　）。

A.现值　　　　　　　　　　B.可收回金额

C.预计净现金流量　　　　　D.历史成本

11.下列各项中，资产减值不是由资产减值准则规范的是（　　　）。

A.固定资产

B.对子公司的长期股权投资

C.对联营企业和合营企业的长期股权投资

D.不属于子公司、联营企业和合营企业的长期股权投资

12.关于资产组，下列说法中不正确的是（　　）。

A.资产组是指企业可以认定的最小资产组合，其产生的现金流入应当基本上独立于其他资产或者资产组产生的现金流入

B.资产组的认定，应当考虑企业管理层对生产经营活动的管理或者监控方式和对资产的持续使用或者处置的决策方式等因素

C.资产组认定后，各个会计期间应当保持一致，不得随意变更

D.资产组是指企业同类资产的组合

13.认定资产组应当考虑的最关键因素是（　　）。

A.资产组能否独立产生现金流入　　　　B.资产组是否是单独的内部核算单位

C.资产组是否可以单独转让　　　　　　D.资产组是否是一个最大组合

14.2012年1月1日，甲公司外购A无形资产，支付价款100万元，预计使用年限5年，采用直线法摊销。2013年12月31日，该无形资产发生减值，估计其可收回金额为21万元。2015年12月31日，甲公司发现，导致A无形资产在2013年发生减值的不利因素已全部消失，此时估计可收回金额为22万元，则2016年该无形资产的摊销金额为（　　）万元。

A.0　　　　　　　　B.7　　　　　　　　C.-15　　　　　　　　D.20

15.在判断下列资产是否存在可能发生减值的迹象时，不能单独进行减值测试的是（　　）。

A.长期股权投资　　B.专利技术　　　C.商誉　　　　　　D.固定资产

16.当资产发生减值时，应当将资产的账面价值减记至（　　）。

A.可收回金额　　　　　　　　　　　　B.公允价值

C.可变现净值　　　　　　　　　　　　D.预计未来现金流量的现值

17.关于资产的公允价值减去处置费用后的净额的确定中，不正确的是（　　）。

A.根据公平交易中资产的销售协议价减去可直接归属于该资产处置费用的金额确定资产的公允价值减去处置费用后净额

B.资产不存在销售协议但存在资产活跃市场的，应当按照该资产的市场价格减去处置费用后的金额确定

C.资产在不存在销售协议和资产活跃市场，企业应当以可获取的最佳信息为基础，根据资产负债表日估计资产的公允价值减去处置费用后的净额

D.在确定资产的公允价值减去处置费用后的净额时，处置费用包括与资产处置相关的法律费用、相关税费、搬运费、财务费用、所得税费用以及为使资产达到可销售状态所发生的直接费用等

（二）多项选择题

1.下列资产项目中，应按资产减值准则的有关规定进行资产减值处理的有（　　）。

A.固定资产

B.采用成本模式进行后续计量的投资性房地产

C.持有至到期投资

D.采用公允价值模式进行后续计量的投资性房地产

2.预计资产未来现金流量应当包括的内容有（　　）。

A.资产持续使用过程中预计产生的现金流入

B.为实现资产持续使用过程中产生的现金流入所必需的预计的现金流出

C.资产使用寿命结束时，处置资产所收到或者支付的净现金流量

D.未来所得税收付产生的现金流量

3.下列情况中有可能导致资产发生减值迹象的有（　　）。

A.资产市价的下跌幅度明显高于因时间的推移或者正常使用而预计的下跌

B.企业经营所处的经济、技术或者法律等环境以及资产所处的市场在当期或者将在近期发生重大变化，从而对企业产生不利影响

C.如果有证据表明资产已经陈旧过时或者其实体已经损坏

D.资产已经或者将被闲置、终止使用或者计划提前处置

4.下列资产减值事项中，不适用资产减值准则进行会计处理的有（　　）。

A.金融资产的减值

B.融资租赁中出租人未担保余值的减值

C.建造合同形成的资产的减值

D.长期股权投资采用权益法核算发生的减值

5.下列资产项目中，无论是否存在减值迹象，每年年度终了必须进行减值测试的有（　　）。

A.使用寿命不确定的无形资产　　　　　　B.固定资产

C.使用寿命有限的无形资产　　　　　　　D.商誉

6.企业在确定资产预计未来现金流量的现值时，主要应当考虑的因素包括（　　）。

A.预计资产未来现金流量

B.资产的公允价值减去处置费用后的净额

C.资产的使用寿命

D.折现率

7.下列各项中，在资产的公允价值减去处置费用后的净额中属于处置费用的有（　　）。

A.购置资产而发生的筹资费用

B.因资产处置收益而产生的所得税费用

C.处置资产时支付的搬运费

D.与处置资产相关的税费

8.根据资产减值准则的规定，企业资产存在减值迹象的，应当估计其可收回金额，资

产的可收回金额应当根据下列（　　）两者之间的较高者确定。

A.资产的现值

B.资产的公允价值减去处置费用后的净额

C.资产预计未来现金流量的现值

D.资产处置费用

9.在进行资产减值测试时，下列表述中不正确的有（　　）。

A.对资产未来现金流量的预计应建立在经企业管理层批准的最近财务预算或者预测数据的基础上

B.资产预计的未来现金流量包括与资产改良有关的现金流出

C.预计资产未来现金流量包括筹资活动和所得税收付产生的现金流量

D.计算未来现金流量现值所使用的折现率是当前市场货币时间价值和资产特定风险的税后利率

10.对于资产减值，下列说法中正确的有（　　）。

A.资产减值损失是资产的账面价值高于其可收回金额时产生的

B.对于资产的公允价值减去处置费用后的净额与资产预计未来现金流量的现值，两者中只要有一项超过了资产的账面价值，就表明该资产没有发生减值，不需要再估计另一项金额

C.资产的公允价值减去处置费用后的净额，通常反映的是资产如果被出售或者处置时可以收回的净现金流入

D.企业在估算资产未来现金流量现值时，各期现金流量对应的折现率通常不一样

11.关于资产的公允价值减去处置费用后的净额的确定，下列说法中正确的有（　　）。

A.应当根据公平交易中销售协议价格减去可直接归属于该资产处置费用的金额确定

B.不存在销售协议但存在资产活跃市场的，应当按照该资产的市场价格减去处置费用后的金额确定，资产的市场价格通常应当根据资产的卖方出价确定

C.在不存在销售协议和活跃市场的情况下，应当以可获取的最佳信息为基础，估计资产的公允价值减去处置费用后的净额，该净额可以参考同行业类似资产的最近交易价格或者结果进行估计

D.无法可靠估计资产的公允价值减去处置费用后的净额的，应当以该资产预计未来现金流量的现值作为其可收回金额

12.预计的资产未来现金流量应当包括的项目有（　　）。

A.资产持续使用过程中预计产生的现金流入

B.为实现资产持续使用过程中产生的现金流入所必需的预计现金流出

C.资产使用寿命结束时，处置资产所收到的现金流量

D.资产使用寿命结束时，处置资产所支付的现金流量

13.固定资产减值损失一经确认，在以后会计期间不得转回，但是在（　　），企业应当将该资产减值准备予以转销。

A.非货币性资产交换方式换出该资产时

B.债务重组用于清偿债务时

C.对外投资时

D.原来的减值迹象完全消失时

14.关于资产组的认定，下列说法中正确的有（　　　）。

A.资产组的认定，应当以资产组产生的主要现金流入是否独立于其他资产或者资产组的现金流入为依据

B.如果几项资产的组合生产的产品存在活跃市场，则表明这几项资产的组合能够独立产生现金流入

C.资产组的认定应当考虑企业管理层对生产经营活动的管理或者监控方式和对资产的持续使用或者处置的决策方式等因素

D.资产组一经确定后，各个会计期间应当保持一致，不得随意变更

15.资产组组合是指由若干个资产组组成的最小资产组组合，包括（　　　）。

A.资产组　　　　　　　　　　　B.资产组组合

C.按合理方法分摊的总部资产的部分　　D.总部资产

16.如果一个资产组或者资产组组合发生减值损失，需要对其减值损失金额进行分摊，下列说法中正确的有（　　　）。

A.首先应当抵减分摊至该资产组或者资产组组合中商誉的账面价值

B.然后根据该资产组或者资产组组合中除商誉之外的其他各项资产的公允价值所占比重，按照比例抵减其他各项资产的账面价值

C.然后根据该资产组中除商誉之外的其他各项资产的账面价值所占比重，按照比例抵减其他各项资产的账面价值

D.按照顺序抵减后，对未能分摊的减值损失金额，应当按照相关资产组或资产组组合中其他各项资产的账面价值所占比重再次进行分摊

（三）判断题

1.资产减值准则中所规范的资产包括除存货外的企业所有的资产。　　　　　　（　　　）

2.如果某一资产的市场价格大幅度下跌，并且预期在近期内不可能恢复，那么，这一资产就有可能发生了减值。　　　　　　　　　　　　　　　　　　　　　　　　　（　　　）

3.企业在估计资产可收回金额时，必须以单项资产为基础。　　　　　　　　（　　　）

4.根据谨慎性原则，资产可收回金额应当根据资产的公允价值减去处置费用后的净额与资产预计未来现金流量的现值两者之间的较低者确定。　　　　　　　　　　　　　（　　　）

5.当资产的公允价值减去处置费用后的净额与资产预计未来现金流量的现值，只要有一项超过了资产的账面价值，就表明该资产没有发生减值，不需要再估计另一项金额。
　　　　　　　　　　　　　　　　　　　　　　　　　　　　　　　　　　　（　　　）

6.处置费用是指可以直接归属于资产处置的增量成本和财务费用。　　　　　（　　　）

7.企业在预计资产未来现金流量和折现率时，如果折现率考虑了因一般通货膨胀而导致的物价上涨因素，预计资产未来现金流量时就不再考虑物价上涨因素。　　　　　（　　　）

8.预计资产未来现金流量时，应当以资产的当前状况为基础，预计资产未来现金流

量，不应当包括与将来可能会发生的、尚未做出承诺的重组事项或者与资产改良有关的预计未来现金流量。　　　　　　　　　　　　　　　　　　　　　　（　　）

9.当判断某一资产没有发生减值的迹象时，就不必再进行减值测试，无须计算其可收回金额。　　　　　　　　　　　　　　　　　　　　　　　　　　　　　（　　）

10.当判断某一资产可能发生减值的迹象时，则表明该资产一定发生了减值，需要确认其减值损失。　　　　　　　　　　　　　　　　　　　　　　　　　　　（　　）

11.在资产减值测试中，计算资产未来现金流量现值时所采用的折现率应当是反映当前市场货币时间价值和资产特定风险的税后利率。　　　　　　　　　　　　（　　）

12.资产减值损失确认后，减值资产的折旧或摊销应当在未来期间作相应调整，以使该资产在剩余使用寿命内，系统地分摊调整后的资产账面价值（扣除预计净残值）。
　　　　　　　　　　　　　　　　　　　　　　　　　　　　　　　　　（　　）

13.对在建工程计提的资产减值准备所形成的损失，应当计入在建工程成本。（　　）

14.企业在对资产组减值损失总额进行分摊时，先冲减该资产组中商誉的账面价值，然后根据资产组中除商誉之外的其他各项资产的公允价值所占总的可辨认资产公允价值之和的比例抵减其他各项资产的账面价值。　　　　　　　　　　　　　　（　　）

15.企业对总部资产一般只能结合其他相关资产组或者资产组组合进行，不能单独进行减值测试。　　　　　　　　　　　　　　　　　　　　　　　　　　　（　　）

（四）计算与会计处理题

1.2015年12月31日，甲公司对在生产经营过程中使用的某项设备进行检查时发现该设备存在可能发生减值的迹象。假设2015年12月31日该设备的账面余额为2 300 000元，已提折旧650 000元，以前年度没有计提资产减值准备。该设备在活跃市场中的市场价格（买方出价）为1 200 000元，可归属于该设备的处置费用为16 000元；该设备如果继续自用，预计尚可使用5年，预计净残值为0，未来现金流量的现值为1 250 000元。

要求：

（1）计算2015年年末该设备可收回金额；

（2）计算2015年年末为该设备计提的资产减值准备金额及账务处理；

（3）计算2016年该设备应计提的折旧额。

2.2015年7月10日，A企业以500万元购入一项管理用专利权，预计使用寿命为10年，预计净残值为0，按月进行无形资产摊销。2014年年末判断该专利可能发生减值，按照资产减值准则进行测试，经减值测试，该无形资产的可收回金额为240万元，预计尚可使用4年。

要求：

（1）计算2014年年末应计提无形资产减值准备；

（2）编制2014年无形资产摊销和计提无形资产减值准备的会计分录；

（3）计算2015年无形资产摊销金额并编制会计分录；

（4）假设2015年12月出售该无形资产，取得价款180万元，不考虑其他税费，编制出售无形资产的会计分录。

3.2016年12月31日，A公司发现某项固定资产出现减值迹象，对其进行减值测试：

（1）该项固定资产系A公司于2013年12月购入的，当月达到预定用途，入账价值为800万元，采用直线法计提折旧，使用年限为10年，预计净残值为0。2016年以前未计提减值准备。

（2）该项固定资产公允价值减去处置费用后的净额为500万元。

（3）如果继续使用，该生产线在未来4年的现金流量净额分别为200万元、150万元、100万元、80万元，2021年使用过程中及处置时形成的现金流量净额合计为60万元，假定有关现金流量均发生于年末。

（4）该项固定资产适用的折现率为5%。已知部分时间价值系数见表8-1。

表8-1　　　　　　　　　　　　　　部分时间价值系数

年数	1	2	3	4	5
5%的复利现值系数	0.9524	0.9070	0.8638	0.8227	0.7835

要求：

（1）计算预计未来现金流量现值，将计算结果填入表8-2。

表8-2　　　　　　　　　　　　　预计未来现金流量现值计算表

年份	预计未来现金流量（万元）	折现率(%)	折现系数	现值(万元)
2017				
2018				
2019				
2020				
2021				
合计				

（2）计算该资产的可收回金额。

（3）计算该资产计提的减值准备并编制相关会计分录。

4.甲公司有一条生产线，生产XV产品，由A、B、C三台机器构成，这三台机器均无法产生独立的现金流量，但组成生产线后构成完整的产销单位，属于一个资产组。

A、B、C三台机器均系甲公司于2012年12月购入，成本分别为480万元、720万元和1 200万元，预计使用年限均为8年，预计净残值均为0，均采用直线法计提折旧。购入当月该生产线达到预定可使用状态。

2016年，市场上出现了XV产品的替代产品，XV产品市场大幅萎缩，出现减值迹象。2016年12月31日，甲公司对该生产线进行减值测试。

2016年12月31日，A机器的公允价值为23万元，如将其处置，预计将发生相关费用1.5万元；B、C机器的公允价值减去处置费用后的净额均无法合理估计。该生产线预计未来现金流量的现值为1 000万元。

要求：

（1）确定该资产组的减值损失。

（2）将该资产组的资产减值损失分摊至各个资产，并进行相关的账务处理。

四、 本章习题答案及解析

（一）单项选择题

1.D【解析】持有至到期投资减值由《企业会计准则第22号——金融工具确认和计量》来规范。

2.B【解析】选项A、C、D，其计提的资产减值准备在以后期间内不得转回。

3.D【解析】存货、长期股权投资和使用寿命有限的无形资产，企业应当在资产负债表日判断资产是否存在可能发生减值的迹象。如果资产可能发生减值迹象，但并不必然表明该资产已经发生减值，还需要进行减值测试，据此估计资产的可收回金额，决定是否需要确认减值损失。但企业合并形成的商誉和使用寿命不确定的无形资产，无论是否存在减值迹象，都应当至少于每年年度终了时进行减值测试。

4.A【解析】资产可收回金额应当根据资产的公允价值减去处置费用后的净额与资产预计未来现金流量的现值两者之间的较高者确定。选项B、C、D的说法不正确。

5.D【解析】选项A，资产减值是指资产的可收回金额低于其账面价值；选项B，资产减值损失确认后，减值资产的折旧或摊销应当在未来期间作相应调整，以使该资产在剩余使用寿命内，系统地分摊调整后的资产账面价值（扣除预计净残值）。此时的固定资产（无形资产）账面价值将根据计提的减值准备相应抵减，之后在固定资产计提折旧（或无形资产摊销）时，应当按照新的固定资产（或无形资产）账面价值为基础计提每期折旧（摊销额）；选项C，有迹象表明一项资产可能发生减值的，企业应当以单项资产为基础估计其可收回金额。

6.C【解析】可收回金额应当根据资产的公允价值减去处置费用后的净额与资产预计未来现金流量的现值两者之间的较高者确定，2016年年末应计提的无形资产减值准备=1 700−1 400=300（万元）。

7.C【解析】2016年年末该项固定资产应计提的减值准备=40−40×2÷10−（40−40×2÷10）×2÷10−11=14.6（万元）。

8.C【解析】企业对资产的未来现金流量预计时，出于数据可靠性和便于操作等方面的考虑，建立在预算或者预测基础上的预计现金流量最多涵盖5年，企业管理层如能证明更长的期间是合理的，可以涵盖更长的期间。

9.B【解析】按照资产减值准则所规范的资产其资产减值损失一经确认，在以后会计期间不得转回，包括在建工程、无形资产、固定资产等资产所确认的资产减值损失。

10.B【解析】在资产负债表日，如有确凿证据表明资产存在减值迹象，应当进行减值测试，估计资产的可收回金额。

11.D【解析】除子公司、联营企业和合营企业的长期股权投资外的长期股权投资的资产减值由《企业会计准则第22号——金融工具确认和计量》所规范资产减值。

12.D【解析】资产组的认定，应当以资产组产生的主要现金流入是否独立于其他资产或者资产组为依据，所以选项D的说法不正确。

13.A【解析】资产组是指企业可以认定的最小资产组合，其产生的现金流入应当基本上独立于其他资产或者资产组。资产组能否独立产生现金流入是认定资产组的最关键因素，所以选项B、C不是认定资产组的最关键因素。选项D，概念错误。

14.B【解析】属于资产减值准则规范的资产其资产减值损失一经确认，在以后会计期间不得转回，计提的资产减值准备直到该资产处置时才可转出。2016年该无形资产的摊销金额=21÷3=7（万元）。

15.C【解析】由于商誉难以独立产生现金流量，因此，商誉应当结合与其相关的资产组或资产组组合进行减值测试。

16.A【解析】当资产的可收回金额低于其账面价值时，应当将资产的账面价值减记至可收回金额，减记的金额确认为资产减值损失计入当期损益，同时计提相应的资产减值准备。

17.D【解析】处置费用不包括财务费用、所得税费用。

（二）多项选择题

1.AB【解析】选项C和D，应分别采用《企业会计准则第22号——金融工具确认和计量》和《企业会计准则第3号——投资性房地产》对其资产减值的处理。

2.ABC【解析】预计资产未来现金流量不包括所得税收付产生的现金流量，现金流量的预计是建立在税前基础之上的，可以避免在资产现金流量现值的计算过程中可能出现的重复计算等问题，以保证现值计算的正确性。

3.ABCD

4.ABC【解析】选项A、B、C，不适用资产减值准则，金融资产减值适用金融工具确认与计量准则；融资租赁中出租人未担保余值的减值适用租赁准则；建造合同形成的资产的减值适用建造合同准则。

5.AD【解析】选项B和C，先需要判断资产是否存在减值迹象，如果有确凿证据表明资产存在减值迹象的，应当进行减值测试。但企业合并形成的商誉和使用寿命不确定的无形资产，无论是否存在减值迹象，都应当至少于每年年度终了时进行减值测试。

6.ACD【解析】选项B，不属于资产预计未来现金流量的内容。

7.CD【解析】处置费用是指可以直接归属于资产处置的增量成本，包括与资产处置相关的法律费用、相关税费、搬运费以及为使资产达到可销售状态所发生的直接费用等，但是财务费用和所得税费用等不包括在内。选项A和B不属于处置费用。

8.BC【解析】资产可收回金额应当根据资产的公允价值减去处置费用后的净额与资产预计未来现金流量的现值两者之间的较高者确定。

9.BCD【解析】选项B，在预计资产未来现金流量时，应当以资产的当前状况为基础，不应当包括与将来可能会发生的、尚未做出承诺的重组事项或者与资产改良有关的预计未来现金流量；选项C，预计资产未来现金流量不包括筹资活动和所得税收付产生的现金流量；选项 D，计算未来现金流量现值所使用的折现率，应当是反映当前市场货币时间价值和资产特定风险的税前利率。

10.ABC【解析】选项 D，企业在估计资产未来现金流量现值时，通常应当使用单一的折现率，但是如果资产未来现金流量的现值对未来不同期间的风险差异或者利率的期间结构反应敏感的，企业应当在未来各不同期间采用不同的折现率。

11.ACD【解析】选项 B，不存在销售协议但存在资产活跃市场的，应当按照该资产的市场价格减去处置费用后的金额确定，资产的市场价格通常应当根据资产的买方出价确定。

12.ABCD

13.ABC【解析】选项 D，固定资产减值损失一经确认，在以后会计期间不得转回，以前期间计提的资产减值准备，需要等到资产处置时才可转出。

14.ABCD

15.ABC【解析】资产组组合是指由若干个资产组组成的最小资产组组合，包括资产组或者资产组组合，以及按合理方法分摊的总部资产的部分。

16.ACD【解析】根据企业会计准则的规定，资产组或者资产组组合发生的减值损失金额首先应当抵减分摊至资产组或者资产组组合中商誉的账面价值，然后根据资产组或者资产组组合中除商誉之外的其他各项资产的账面价值所占比重，按比例抵减其他各项资产的账面价值。以上资产账面价值的抵减，应当作为各单项资产（包括商誉）的减值损失处理，计入当期损益。抵减后的各资产的账面价值不得低于以下三者之中最高者：该资产的公允价值减去处置费用后的净额（如可确定）、该资产预计未来现金流量的现值（如可确定）、零。因此而导致的未能分摊的减值损失金额，应当按照相关资产组或者资产组组合中其他各项资产的账面价值所占比重进行分摊。

（三）判断题

1.×【解析】《企业会计准则第 8 号——资产减值》所涉及的资产具体包括：对子公司、联营企业和合营企业的长期股权投资；采用成本模式进行后续计量的投资性房地产；固定资产；生产性生物资产；无形资产；商誉；探明石油天然气矿区权益和井及相关设置。

2.√

3.×【解析】企业在估计资产可收回金额时，原则上应当以单项资产为基础，如果企业难以对单项资产的可收回金额进行估计的应当以该资产所属的资产组为基础确定资产组的可收回金额。

4.×【解析】资产可收回金额应当根据资产的公允价值减去处置费用后的净额与资产预计未来现金流量的现值两者之间的较高者确定。

5.√

6.×【解析】处置费用是指可以直接归属于资产处置的增量成本，包括与资产处置相关的法律费用、相关税费、搬运费以及为使资产达到可销售状态所发生的直接费用等，但是，财务费用和所得税费用等不包括在内。

7.×【解析】预计资产未来现金流量和折现率，应当在一致的基础上考虑因一般通货膨胀而导致物价上涨因素的影响。如果折现率考虑了这一影响因素，资产预计未来现金流量也应当考虑；折现率没有考虑这一影响因素的，预计未来现金流量也不应考虑。

8.√

9.√

10.×【解析】资产可能发生减值迹象，但并不必然表明该资产已经发生减值，还需要进行减值测试，据此估计资产的可收回金额，决定是否需要确认减值损失。

11.×【解析】计算未来现金流量现值所使用的折现率应当是反映当前市场货币时间价值和资产特定风险的税前利率。如果用于估计折现率的基础是税后的，应当将其调整为税前的折现率。

12.√

13.×【解析】企业计提各项资产减值准备所形成的损失均计入当期损益，通过"资产减值损失"科目核算。

14.×【解析】对资产组减值损失总额进行分摊时，首先应当抵减分摊至资产组中商誉的账面价值，然后根据资产组中除商誉之外的其他各项资产的账面价值所占比重，按比例抵减其他各项资产的账面价值。

15.√

（四）计算与会计处理题

1.相关的业务处理过程如下：

（1）2015年年末该设备可收回金额的计算如下：

预计资产未来现金流量的现值 1 250 000 元，大于公允价值减去处置费用后的净额 1 184 000 元（1 200 000−16 000），因此，该设备的可收回金额为 1 250 000 元。

（2）2015年年末为该设备计提资产减值准备金额的计算及编制的会计分录如下：

由于该设备的可收回金额低于其设备的账面价值，发生了减值，应确认其减值损失 400 000 元（1 650 000−1 250 000）。

借：资产减值损失——计提固定资产减值损失　　　　　　　　400 000
　　贷：固定资产减值准备　　　　　　　　　　　　　　　　　　　400 000

（3）2016年该设备应计提折旧的计算：

2016年该设备固定资产折旧金额=1 250 000÷5=250 000（元）

2.相关的业务处理过程如下：

（1）2014年年末应计提无形资产减值准备的计算：

2014年年末无形资产账面价值=500−500÷120×30=375（万元）

应计提无形资产减值准备=375−240=135（万元）

（2）2014年无形资产摊销和计提无形资产减值准备的会计分录如下：

①无形资产摊销：

借：管理费用　　　　　　　　　　　　　　　　　　　　　　　500 000
　　贷：累计摊销　　　　　　　　　　　　　　　　　　　　　　　500 000

②无形资产减值准备：

借：资产减值损失   1 350 000

 贷：无形资产减值准备   1 350 000

（3）2015年无形资产摊销金额的计算及编制的会计分录如下：

2015年无形资产摊销金额=2 400 000÷4=600 000（元）

借：管理费用   600 000

 贷：累计摊销   600 000

（4）出售无形资产的会计分录如下：

借：银行存款   1 800 000

 累计摊销   1 800 000

 无形资产减值准备   1 350 000

 营业外支出——处置非流动资产损失   50 000

 贷：无形资产   5 000 000

3.相关的业务处理过程如下：

（1）预计未来现金流量现值的计算见表8-3。

表8-3   预计未来现金流量现值计算表

年份	预计未来现金流量(万元)	折现率(%)	折现系数	现值(万元)
2014	200	5	0.9524	190.48
2015	150	5	0.9070	136.05
2016	100	5	0.8638	86.38
2017	80	5	0.8227	65.816
2018	60	5	0.7835	47.01
合计				525.736

（2）资产预计未来现金流量现值为525.736万元，公允价值减去处置费用后的净额为500万元，所以该资产的可收回金额为525.736万元。

（3）计提减值准备前该项固定资产的账面价值=800-800÷10×3=560（万元）

比较账面价值和可收回金额，则：

该资产应该计提的减值准备=560-525.736=34.264（万元）

会计分录：

借：资产减值损失   342 640

 贷：固定资产减值准备   342 640

4.相关的业务处理过程如下：

（1）确定该资产组的减值损失：

2016年12月31日该资产组的账面价值=（480+720+1 200）-[（480+720+1 200）÷8×4]=1 200(万元)

由于公司无法估计B、C机器的公允价值减去处置费用后的净额，因此该资产组的可收回金额即等于该生产线的预计未来现金流量的现值为 1 000 万元，因此：

该资产组的减值损失=1 200-1 000=200（万元）

（2）将该资产组的资产减值损失分摊至各个资产，见表8-4。

表8-4 资产组减值损失分摊表 金额单位：万元

项目	A机器	B机器	C机器	资产组
账面价值	240	360	600	1 200
可收回金额				1 000
减值损失				200
减值损失分摊比例	20%	30%	50%	
分摊减值损失	25*	60	100	185
分摊后的账面价值	215	300	500	1 015
尚未分摊的减值损失				15
二次分摊比例		37.5%	62.5%	
二次分摊的减值损失		5.625	9.375	15
二次分摊后应确认减值损失总额	25	65.625	109.375	200
二次分摊后的账面价值	215	294.375	490.625	1 000

注：*按照分摊比例，A机器应当分摊减值损失400 000元（2 000 000×20%），但是A机器的可收回金额为215 000元，因此，A机器最多只能确认减值损失250 000元（2 400 000-2 150 000），未能分摊的减值损失150 000元（400 000-250 000），应当在B机器和C机器之间进行再分摊。

相关的账务处理为：

借：资产减值损失——A机器   250 000

      ——B机器   656 250

      ——C机器   1 093 750

 贷：固定资产减值准备——A机器   250 000

        ——B机器   656 250

        ——C机器   1 093 750

非货币性资产交换

学习目的及要求

通过本章学习，了解非货币性资产和非货币性资产交换的概念；熟悉非货币性资产交换认定的要点；熟悉商业实质的判断；掌握非货币性资产交换的确认与计量原则；掌握非货币性资产交换的会计处理。

本章主要知识点

◇非货币性资产和非货币性资产交换的概念
◇非货币性资产交换的认定
◇商业实质的判断
◇非货币性资产交换的确认与计量原则
◇公允价值计量的非货币性资产交换的会计处理
◇账面价值计量的非货币性资产交换的会计处理

本章习题

（一）单项选择题

1.下列各个项目中，不属于非货币性资产的是（　　）。

A.存货　　　　　　　　　　　　B.准备持有至到期的债券投资

C.交易性金融资产　　　　　　　D.长期股权投资

2.海潮公司发生的下列非关联交易，属于非货币性资产交换的是（　　）。

A.以公允价值为200万元的手机生产线换入甲公司的一项生产手机零件的流水线，并支付补价60万元

B.以公允价值为100万元的固定资产换入乙公司液晶电视一批，另收取补价25万元

C.以公允价值为100万元的准备持有至到期的债券投资换入小汽车一辆，并支付补价10万元

D.以市价400万元的股票和票面金额200万元的应收票据换取丙公司公允价值为750万元的生产设备

3.甲公司将其持有的一项固定资产换入乙公司一项专利技术，该项交易不涉及补价，

假设其具有商业实质。甲公司该项固定资产的账面价值为150万元，公允价值为200万元。乙公司该项专利技术的账面价值为160万元，公允价值为200万元。甲公司在此交易中为换入资产发生了20万元的税费。甲公司换入该项资产的入账价值为（　　）万元。

  A.150   B.220   C.160   D.170

  4.甲公司为增值税一般纳税人，以一批库存商品换入乙公司一台D设备。甲公司库存商品的账面价值为200万元，公允价值为250万元，适用的增值税税率为17%；乙公司换出的D设备原值为300万元，已计提折旧80万元，公允价值为250万元，增值税专用发票上注明的税额为42.5万元。假定该项交换具有商业实质，则甲公司换入的D设备的入账价值为（　　）万元。

  A.55.20   B.292.5   C.250   D.15

  5.下列资产中，不属于货币性资产的是（　　）。

  A.应收票据   B.准备持有至到期的债券投资

  C.应收账款   D.作为交易性金融资产的股票投资

  6.以下交易形式中，属于非货币性资产交换的是（　　）。

  A.债务重组取得存货   B.发行股票换入固定资产

  C.企业合并取得长期股权投资 D.存货与无形资产交换

  7.企业以固定资产换入库存商品，该库存商品以公允价值为基础进行计量。换出固定资产的公允价值高于其账面价值的差额，应计入（　　）。

  A.营业外收入   B.资本公积

  C.营业外支出   D.公允价值变动损益

  8.某商业企业对具有商业实质且换入资产或换出资产的公允价值能够可靠计量的非货币性资产交换业务，在换出库存商品且其公允价值不含增值税的情况下，下列会计处理中，正确的是（　　）。

  A.按库存商品的公允价值确认其他业务收入

  B.按库存商品的公允价值确认主营业务收入

  C.按库存商品公允价值高于账面价值的差额确认营业外收入

  D.按库存商品公允价值低于账面价值的差额确认营业外支出

  9.甲公司以生产经营用货车换入乙公司的一批材料，换入后作为原材料核算。甲公司换出货车的原值为37.50万元，已计提折旧10.50万元，已计提固定资产减值准备5万元。原材料不含增值税的公允价值为20万元，公允价值等于计税价格，增值税税率为17%。另外，甲公司支付给乙公司补价2万元。假定该项交换不具有商业实质，则甲公司取得的原材料的入账价值为（　　）万元。

  A.20   B.22   C.20.6   D.24

  10.甲公司以一批库存商品换入乙公司的一台设备，并收到对方支付的补价40.5万元，该库存商品的账面价值为110万元，不含增值税的公允价值为150万元，公允价值等于计税价格，适用的税率为17%；换入设备的账面价值为155万元，公允价值为135万元，双方交易具有商业实质。甲公司因该项非货币性资产交换影响损益的金额为（　　）

万元。

A.40　　　　　　B.150　　　　　　C.110　　　　　　D.120

11.某企业以长期股权投资换入一批原材料，为换出资产支付相关税费3 000元，换出长期股权投资的账面余额为100 000元，已计提长期股权投资减值准备15 000元，公允价值为90 000元。换入原材料时确认的投资收益为（　　　）元。

A.2 000　　　　　　B.−1 000　　　　　　C.−13 000　　　　　　D.5 000

（二）多项选择题

1.下列各项中，属于非货币性资产的有（　　　）。

A.应收账款　　　　　　　　　　　B.固定资产

C.可供出售权益性金融资产　　　　D.投资性房地产

2.下列各项中，属于货币性资产的有（　　　）。

A.应收票据　　　　　　　　　　　B.预收账款

C.准备持有至到期的债券投资　　　D.准备随时变现的股票投资

3.下列业务中，属于非货币性资产交换的有（　　　）。

A.甲公司以公允价值为20万元的原材料换入乙公司的机器设备一台，并支付给乙公司2万元的补价

B.甲公司以账面价值为13 000元的设备交换乙公司的库存商品，乙公司库存商品的账面价值为9 000元；甲公司设备的公允价值等于账面价值，并且甲公司收到乙公司支付的补价600元

C.甲公司用公允价值为100万元的准备持有至到期的债券投资换入公允价值为80万元的长期股权投资，收到补价20万元

D.甲公司以账面价值560万元、公允价值为600万元的专利技术换取一项长期股权投资，另收取补价180万元

4.下列各项交易中，属于非货币性资产交换的有（　　　）。

A.以应收债权换取一项无形资产

B.以持有的长期股权投资换入原材料

C.以银行汇票购买固定资产

D.以公允价值为100万元的房产换取一台生产用设备并收取补价2万元

5.下列各项中，能够据以判断非货币资产交换具有商业实质的有（　　　）。

A.换入资产与换出资产预计未来现金流量的风险、金额相同，时间不同

B.换入资产与换出资产预计未来现金流量的时间、金额相同，风险不同

C.换入资产与换出资产预计未来现金流量的风险、时间相同，金额不同

D.换入资产与换出资产预计未来现金流量现值不同，且其差额与换入资产和换出资产公允价值相比是重大的

6.在非货币性资产交换具有商业实质且公允价值能够可靠计量的情况下，下列关于非货币性资产交换的会计处理的说法中，正确的有（　　　）。

A.换出资产为长期股权投资，换出资产公允价值与其账面价值的差额，计入投资

收益

B.支付补价方，应当以换出资产的公允价值加上支付的补价（即换入资产的公允价值）和应支付的相关税费，作为换入资产的成本

C.收到补价方，应当以换入资产的公允价值（或换出资产的公允价值减去补价）和应支付的相关税费，作为换入资产的成本

D.收到补价方，换入资产成本减收到的补价与换出资产账面价值加应支付的相关税费之和的差额，应当计入当期损益

7.下列说法可以表明换入资产或换出资产的公允价值能够可靠地计量的有（　　）。

A.换入资产或换出资产存在活跃市场

B.换入资产或换出资产不存在活跃市场，但同类或类似资产存在活跃市场

C.不存在同类或类似资产的可比市场交易，应当采用估值技术确定资产的公允价值，采用估值技术确定的公允价值估计数的变动区间很大，视为公允价值能够可靠计量

D.不存在同类或类似资产的可比市场交易，在公允价值估计数变动区间内，各种用于确定公允价值估计数的概率能够合理确定，视为公允价值能够可靠计量

8.非货币性资产交换具有商业实质且公允价值能够可靠计量的，在发生补价的情况下，下列各项关于换出资产公允价值与其账面价值的差额的会计处理，正确的有（　　）。

A.换出资产为存货的，应当视同销售处理，根据《企业会计准则第14号——收入》按其公允价值确认商品销售收入，同时结转商品销售成本

B.换出资产为固定资产，换出资产公允价值和换出资产账面价值的差额，计入营业外收入或营业外支出

C.换出资产为可供出售金融资产的，换出资产公允价值和换出资产账面价值的差额，计入投资收益

D.换出资产为随时变现的股票投资，换出资产公允价值和换出资产账面价值的差额，计入营业外收入或营业外支出

9.在涉及多项非货币性资产的交换中，应当按照换入资产的原账面价值占换入资产原账面价值总额的比例确定各项换入资产成本的情形有（　　）。

A.资产交换具有商业实质且各项换出资产和各项换入资产的公允价值均能够可靠计量

B.资产交换具有商业实质且换出资产的公允价值能够可靠计量但换入资产的公允价值不能可靠计量

C.资产交换具有商业实质且换入资产的公允价值能够可靠计量但换出资产的公允价值不能可靠计量

D.资产交换不具有商业实质，或换出资产和换入资产的公允价值均不能可靠计量

10.资产交换具有商业实质且公允价值能够可靠计量的非货币性资产交换，在确定换入资产的入账价值时需要考虑的因素有（　　）。

A.支付的相关税费　　　　　　　　　　B.换出资产的账面价值

C.收到对方支付的补价　　　　　　　　D.换出资产的公允价值

（三）判断题

1.非货币性资产交换，是指交易双方主要以存货、固定资产、无形资产和长期股权投资等非货币性资产进行的交换。　　　　　　　　　　　　　　　　　　　　（　　）

2.在非货币性资产交换中，包括以非货币性资产作为股利发放给股东的交易。（　　）

3.非货币性资产交换准则规定，认定涉及少量货币性资产的交换为非货币性资产交换，通常以补价占整个资产交换金额的比例是否低于25%作为参考比例。　　　（　　）

4.在非货币性资产交换中，只要该项交换具有商业实质，就可以按照公允价值计量换入资产的成本。　　　　　　　　　　　　　　　　　　　　　　　　　　（　　）

5.在非货币性资产交换中，换入资产或换出资产不存在活跃市场，但同类或类似资产存在活跃市场的也不能视为公允价值能够可靠计量。　　　　　　　　　　　　（　　）

6.换入资产的未来现金流量在风险、时间和金额方面与换出资产显著不同，视为具有商业实质。　　　　　　　　　　　　　　　　　　　　　　　　　　　　　（　　）

7.在换入资产和换出资产为同类资产的情况下，其之间的交换一定不具有商业实质。

（　　）

8.非货币性资产交换不具有商业实质，或者虽然具有商业实质但换入资产和换出资产的公允价值均不能可靠计量的，应当以换出资产账面价值为基础确定换入资产成本，如涉及补价的，需要确认损益。　　　　　　　　　　　　　　　　　　　　　（　　）

9.在以公允价值计量的情况下，不论是否涉及补价，只要换出资产的公允价值与其账面价值不相同，就一定会涉及损益的确认。　　　　　　　　　　　　　　　（　　）

10.涉及多项非货币性资产的交换，资产交换具有商业实质且换入资产的公允价值能够可靠计量但换出资产的公允价值不能可靠计量的情况下，换入资产的总成本应当按照换入资产的账面价值总额为基础确定。　　　　　　　　　　　　　　　　　（　　）

（四）计算与会计处理题

1.甲公司和乙公司为增值税一般纳税人，适用的增值税税率均为17%，经协商甲公司用一台设备交换乙公司生产的一批产品。甲公司换入的存货作为原材料，乙公司换入的设备作为生产用的固定资产。设备账面原价为800 000元，交换日的累计折旧为150 000元，公允价值为600 000元。库存商品账面价值为400 000元，交换日的市场价格为600 000元，市场价格等于计税价格。甲公司为清理固定资产支付清理费用3 000元。假设甲、乙公司都没有计提资产减值准备，整个交易过程中没有发生除增值税以外的其他相关税费。

要求：分别编制甲、乙公司的有关会计分录。

2.丙公司和丁公司为增值税一般纳税人，适用的增值税税率均为17%。7月1日，丙公司和丁公司进行非货币性资产交换。丙公司将持有的一项可供出售金融资产与丁公司的一批产品进行交换，丙公司该项可供出售金融资产的成本为400万元，公允价值变动借方余额为50万元，交换日的公允价值为550万元；丁公司该批产品的账面价值为300万元，不含增值税的公允价值为500万元，已计提存货跌价准备30万元。交换过程中丙公司向丁公司支付补价为35万元，同时丙公司为换入商品支付相关费用5万元，丙公司换入的商品作为原材料核算，丁公司换入的可供出售金融资产作为交易性金融资产核算，假设该项交换具有商业实质。

要求：分别计算丙公司和丁公司换入资产的入账价值，并编制丙公司和丁公司的会计分录（单位：万元）。

3. 甲公司以一项长期股权投资与乙公司交换一台设备和一项无形资产，甲公司的长期股权投资账面余额为260万元，计提减值准备32万元，公允价值为180万元；乙公司的设备原价为80万元，累计折旧40万元，公允价值为50万元；无形资产账面价值为170万元，公允价值为150万元；甲公司支付给乙公司补价20万元。乙公司以银行存款支付固定资产清理费用5万元。不考虑其他相关税费。

要求：

（1）判断本题交易是否属于非货币性资产交换；如果是，请计算甲公司换入的各项资产的入账价值（单位：万元）。

（2）编制甲、乙公司的相关会计分录（单位：万元）。

四、 本章习题答案及解析

（一）单项选择题

1. B【解析】非货币性资产是指货币性资产以外的资产，包括存货、固定资产、在建工程、工程物资、无形资产、长期股权投资、不准备持有至到期的债券投资等。

2. A【解析】B选项，补价所占比重=25÷100×100%=25%，不属于非货币性资产交换；C选项不属于非货币性资产交换，准备持有至到期债券投资为货币性资产；D选项，补价所占比重=200÷750×100%=26.67%，不属于非货币性资产交换（应收票据为货币性资产）。

3. B【解析】甲公司换入的该项资产的入账价值=200+20=220（万元）。

4. C【解析】甲公司换入的D设备的入账价值=250+250×17%-42.5=250（万元）。取得的设备增值税可以抵扣，所以，换出资产的公允价值+销项税额-进项税额=换入的D设备的入账价值。

5. D【解析】货币性资产是指企业持有的货币资金和将以固定或可确定的金额收取的资产，包括库存现金、银行存款、应收账款和应收票据及准备持有至到期的债券投资等。选项D不符合货币性资产的规定条件。

6. D【解析】非货币性资产交换不涉及在企业合并、债务重组中和发行股票取得的非货币性资产，选项A、B、C均不符合非货币性资产交换的认定。

7. A【解析】换出资产为固定资产、无形资产的，换出资产的公允价值与其账面价值的差额，计入营业外收入或营业外支出。本题中换出固定资产的公允价值高于其账面价值的差额，应计入营业外收入。

8. B【解析】按照规定，换出资产为存货的应当视同销售处理，按换出资产（库存商品）的公允价值确认为主营业务收入，同时结转销售成本，相当于按照公允价值确认的主营业务收入和按库存商品账面价值结转的主营业务成本之间的差额体现为企业的营业利润。选项 B、C、D 不正确。

9.C【解析】甲公司换入原材料的入账价值=换出资产的账面价值（37.5-10.5-5）+支付的补价（2）-可抵扣的进项税额（3.4）=20.6（万元）。

10.A【解析】甲公司影响损益的金额=150-110=40（万元）。

11.A【解析】换入原材料时确认的投资收益=90 000-（100 000-15 000）-3 000=2 000（元）。

（二）多项选择题

1.BCD【解析】非货币性资产是指货币性资产以外的资产，包括存货、固定资产、在建工程、工程物资、无形资产、长期股权投资、不准备持有至到期的债券投资等。选项 A 属于货币性资产。

2.AC【解析】选项 B 属于负债；选项 D 收回金额不固定，属于非货币性资产。

3.AB【解析】选项 A，支付补价：20 000÷（200 000+20 000）×100%=9.09%<25%，属于非货币性资产交换；选项 B，收到补价：300÷13 000×100%=2.31%<25%，属于非货币性资产交换；选项 C，准备持有至到期的债券投资属于货币性资产，不属于非货币性资产交换；选项 D，收到补价：1 800 000÷6 000 000×100%=30%>25%，不属于非货币性资产交换。

4.BD【解析】选项 A 和 C 中的应收债权和银行汇票属于货币性资产，所以选项 A、C 不属于非货币性资产交换。

5.ABCD

6.ABC【解析】收到补价方，换入资产成本加收到的补价之和与换出资产账面价值加应支付的相关税费之和的差额，应当计入当期损益，故选项 D 不正确。

7.ABD【解析】选项 C，不存在同类或类似资产的可比市场交易，应当采用估值技术确定资产的公允价值，采用估值技术确定的公允价值估计数的变动区间很小，视为公允价值能够可靠计量。

8.ABC【解析】选项 D，换出资产为随时变现的股票投资，换出资产公允价值和换出资产账面价值的差额，计入投资收益。

9.BD【解析】选项 A，对于具有商业实质且各项换出资产和各项换入资产的公允价值均能够可靠计量的资产交换，应当按照各项换入资产的公允价值占换入资产公允价值总额的比例，对换入资产总成本进行分配，确定各项换入资产的成本。选项 C，对于具有商业实质且换入资产的公允价值能够可靠计量但换出资产的公允价值不能可靠计量的资产交换，应当按照各项换入资产的公允价值占换入资产公允价值总额的比例，对换入资产总成本进行分配，确定各项换入资产的成本。

10.ACD【解析】在资产交换具有商业实质且公允价值能够可靠计量的非货币性资产交换中，企业换出资产的账面价值不影响该企业计算换入资产的入账价值。

（三）判断题

1.√

2.×【解析】非货币性资产交换准则所述的非货币性资产交换是企业之间主要以非货

币性资产形式的互惠转让，即企业取得一项非货币性资产，必须以付出自己拥有的非货币性资产作为代价。与所有者的非互惠转让，如以非货币性资产作为股利发放给股东等，属于资本性交易，适用《企业会计准则第37号——金融工具列报》。

3.√

4.×【解析】非货币性资产交换同时满足该项交换具有商业实质和换入资产或换出资产的公允价值能够可靠地计量两个条件的，应当以公允价值和应支付的相关税费作为换入资产的成本，公允价值与换出资产账面价值的差额计入当期损益。

5.×【解析】换入资产或换出资产不存在活跃市场，但同类或类似资产存在活跃市场的，视为公允价值能够可靠计量。

6.√

7.×【解析】在换入资产和换出资产为同类资产的情况下，同类资产产生的未来现金流量既可能相同，也可能显著不同，其之间的交换因而可能具有商业实质，也可能不具有商业实质。

8.×【解析】非货币性资产交换不具有商业实质，或者虽然具有商业实质且换入资产和换出资产的公允价值均不能可靠计量的，应当以换出资产的账面价值为基础确定换入资产成本，无论是否支付补价，均不确认损益。

9.√

10.×【解析】涉及多项非货币性资产的交换，具有商业实质且换入资产的公允价值能够可靠计量但换出资产的公允价值不能可靠计量的资产交换，换入资产的总成本应当按照换入资产的公允价值总额为基础确定。

（四）计算与会计处理题

1.编制的会计分录如下：

（1）甲公司编制的会计分录如下：

甲公司换入资产的增值税进项税额=600 000×17%=102 000（元）

换出资产的增值税销项税额=600 000×17%=102 000（元）

借：固定资产清理	650 000	
累计折旧	150 000	
贷：固定资产		800 000
借：固定资产清理	3 000	
贷：银行存款		3 000
借：原材料	600 000	
应交税费——应交增值税（进项税额）	102 000	
营业外支出	53 000	
贷：固定资产清理		653 000
应交税费——应交增值税（销项税额）		102 000

（2）乙公司编制的会计分录如下：

换出资产的增值税销项税额=600 000×17%=102 000（元）

换入资产的增值税进项税额=600 000×17%=102 000（元）

借：固定资产	600 000
应交税费——应交增值税（进项税额）	102 000
贷：主营业务收入	600 000
应交税费——应交增值税（销项税额）	102 000
借：主营业务成本	400 000
贷：库存商品	400 000

2.相关的业务处理过程如下：

（1）丙公司的业务处理过程如下：

丙公司换入原材料的入账价值=550+35+5-500×17%=505（万元）

借：原材料	505
应交税费——应交增值税（进项税额）	85
贷：可供出售金融资产——成本	400
——公允价值变动	50
投资收益	100
银行存款	40
借：资本公积——其他资本公积	50
贷：投资收益	50

（2）丁公司的业务处理过程如下：

丁公司换入交易性金融资产的入账价值=500+500×17%-35=550（万元）

借：交易性金融资产	550
银行存款	35
贷：主营业务收入	500
应交税费——应交增值税（销项税额）	85
借：主营业务成本	270
存货跌价准备	30
贷：库存商品	300

3.相关的业务处理过程如下：

（1）对甲公司而言，支付补价20万元占换出资产公允价值与支付补价之和200万元的比例为10%，小于25%，属于非货币性资产交换，应按照非货币性资产交换准则核算。

对乙公司而言，收到补价20万元占换出资产公允价值200万元的比例为10%，小于25%，属于非货币性资产交换，应按照非货币性资产交换准则核算。

甲公司换入资产入账价值总额=180+20=200（万元）

设备公允价值占换入资产公允价值总额的比例=50÷（50+150）×100%=25%

无形资产公允价值占换入资产公允价值总额的比例=150÷（50+150）×100%=75%

换入设备的入账价值=200×25%=50（万元）

换入无形资产的入账价值=200×75%=150（万元）

（2）甲公司编制的有关会计分录如下：

借：固定资产　　　　　　　　　　　　　　　　　　　　　50

　　无形资产　　　　　　　　　　　　　　　　　　　　　150

　　长期股权投资减值准备　　　　　　　　　　　　　　　32

　　投资收益　　　　　　　　　　　　　　　　　　　　　48

　　贷：长期股权投资　　　　　　　　　　　　　　　　　　260

　　　　银行存款　　　　　　　　　　　　　　　　　　　　20

乙公司编制的有关会计分录如下：

借：固定资产清理　　　　　　　　　　　　　　　　　　　40

　　累计折旧　　　　　　　　　　　　　　　　　　　　　40

　　贷：固定资产　　　　　　　　　　　　　　　　　　　　80

借：固定资产清理　　　　　　　　　　　　　　　　　　　5

　　贷：银行存款　　　　　　　　　　　　　　　　　　　　5

借：长期股权投资　　　　　　　　　　　　　　　　　　　180

　　银行存款　　　　　　　　　　　　　　　　　　　　　20

　　营业外支出　　　　　　　　　　　　　　　　　　　　15

　　贷：无形资产　　　　　　　　　　　　　　　　　　　　170

　　　　固定资产清理　　　　　　　　　　　　　　　　　　45

---第十章--- **负 债**

学习目的及要求

通过本章学习，了解负债的概念、特征、分类；掌握短期借款、应付票据、应付账款、预收账款、应付职工薪酬、应交税费、应付利息、应付股利、其他应付款等流动负债的会计处理，重点掌握应付职工薪酬及应交税费的账务处理；掌握长期借款、应付债券、长期应付款等非流动负债的会计处理；熟悉借款费用及债务重组的相关概念并掌握其会计处理。

二、 **本章主要知识点**

◇流动负债
◇非流动负债
◇借款费用
◇债务重组

三、 **本章习题**

（一）单项选择题

1.下列各项中，关于短期借款业务表述不正确的是（　　）。

A."短期借款"科目既核算借款本金，又核算借款利息

B.短期借款的目的一般是满足生产经营的资金需求或抵偿某项债务

C.短期借款是企业向银行或其他金融机构等借入的期限在1年以内（含1年）的各种款项

D.数额不大的短期借款利息，可以不采用预提的方法，在实际支付或收到计息通知时直接计入当期损益

2.下列有关应付票据会计处理的表述中，不正确的是（　　）。

A.企业开出并承兑商业汇票时，应按票据的到期值贷记"应付票据"科目

B.企业支付的银行承兑手续费，计入当期财务费用

C.应付票据到期支付时，按账面余额结转

D.企业到期无力支付的商业承兑汇票，应按账面金额转入应付账款

3.某企业于2016年6月2日从甲公司购入一批产品并已验收入库。增值税专用发票上注明该批产品的价款为150万元，增值税税额为25.5万元。合同中规定的现金折扣条件为：2/10，1/20，N/30。假定计算现金折扣时不考虑增值税。该企业在2016年6月11日付清货款。企业购买产品时该应付账款的入账价值为（　　）万元。

  A.147   B.150   C.172.5   D.175.5

4.下列各项中，属于短期薪酬的职工薪酬是（　　）。

  A.企业为职工缴纳的工伤保险费

  B.企业为职工缴纳的失业保险费

  C.企业为职工缴纳的基本养老保险费

  D.企业为鼓励职工自愿接受裁减而给予的补偿

5.某生产企业为增值税一般纳税人，年末将本企业生产的一批应税消费品发放给职工作为福利。市场售价为12万元（不含增值税），增值税适用税率为17%，消费税税率为10%，实际成本为10万元。假定不考虑其他因素，该企业应确认的应付职工薪酬为（　　）万元。

  A.10   B.11.7   C.12   D.14.04

6.下列各项中，应通过"其他应付款"科目核算的是（　　）。

  A.应付现金股利   B.应交教育费附加

  C.应付租入包装物租金   D.应付管理人员工资

7.企业对外转让一栋厂房，根据税法规定计算的应交土地增值税，应借记的会计科目是（　　）。

  A."销售费用"   B."固定资产清理"

  C."制造费用"   D."管理费用"

8.某企业本期实际应上交增值税400 000元、消费税100 000元、土地增值税100 000元。该企业适用的城市维护建设税税率为7%，则该企业应交的城市维护建设税为（　　）元。

  A.21 000   B.35 000   C.42 000   D.28 000

9.委托加工的应税消费品收回后直接出售的，由受托方代收代缴的消费税，委托方应借记的会计科目是（　　）。

  A."在途物资"   B."委托加工物资"

  C."应交税费——应交消费税" D."营业税金及附加"

10.某工业生产企业为小规模纳税人，采用计划成本对材料进行日常核算，本期购入原材料一批，增值税专用发票上注明的原材料价款为200 000元，增值税税额为34 000元，材料尚未到达，并支付运费1 200元，已取得运费发票，则其在采购时应记入"材料采购"账户的金额为（　　）元。

  A.201 200   B.235 200   C.218 116   D.217 000

11.下列各项中，关于企业因书立购销合同而缴纳印花税的会计处理正确的是（　　）。

  A.借记"管理费用"科目，贷记"应交税费"科目

B.借记"管理费用"科目，贷记"银行存款"科目

C.借记"营业税金及附加"科目，贷记"应交税费"科目

D.借记"营业税金及附加"科目，贷记"银行存款"科目

12.A公司建造办公楼领用外购原材料10 000元，原材料购入时支付的增值税税额为1 700元；因台风毁损原材料一批，其实际成本为20 000元，经确认损失材料的增值税为3 400元，则A公司记入"应交税费——应交增值税（进项税额转出）"科目的金额为（　　）元。

    A.680　　　　　　　　B.1 020　　　　　　　　C.1 700　　　　　　　　D.5 100

13.企业发行分期付息、到期一次还本的债券，其按票面利率计算确定的应付未付利息应借记的会计科目是（　　）。

    A."应付债券——应计利息"　　　　　　B."应付利息"

    C."应付债券——利息调整"　　　　　　D."应付债券——面值"

14.2015年12月31日，某企业计提筹建期间一次还本付息的长期借款利息200 000元（不符合资本化条件），下列会计处理中正确的是（　　）。

    A.借：在建工程　　　　　　　　　　　　　　　　　　200 000

       贷：长期借款　　　　　　　　　　　　　　　　　　　　　　200 000

    B.借：在建工程　　　　　　　　　　　　　　　　　　200 000

       贷：应付利息　　　　　　　　　　　　　　　　　　　　　　200 000

    C.借：管理费用　　　　　　　　　　　　　　　　　　200 000

       贷：长期借款　　　　　　　　　　　　　　　　　　　　　　200 000

    D.借：管理费用　　　　　　　　　　　　　　　　　　200 000

       贷：应付利息　　　　　　　　　　　　　　　　　　　　　　200 000

15.下列各项中，关于应付债券业务的表述不正确的是（　　）。

A.发行长期债券的企业，应按期计提利息

B.应付债券是企业为筹集（长期）资金而发行的债券

C.债券折价是债券发行企业的损失，债券溢价是债券发行企业的收益

D.企业应在未来某一特定日期按债券所记载的利率、期限等约定还本付息

16.某公司于2016年1月1日对外发行3年期、面值总额为1 000万元的公司债券，债券票面年利率为7%，分期付息、到期一次还本，实际收到发行价款1 054.47万元。该公司采用实际利率法摊销债券溢折价，不考虑其他相关税费，经计算确定其实际利率为5%。2016年12月31日，该公司该项应付债券的"利息调整"明细科目余额为（　　）万元。

    A.54.74　　　　　　　　B.71.75　　　　　　　　C.37.19　　　　　　　　D.17.28

17.下列各项中，不符合资本化条件的资产是（　　）。

A.需要经过相当长时间的购建才能达到预定可使用状态的固定资产

B.需要经过相当长时间的购建才能达到预定可使用状态的投资性房地产

C.需要经过相当长时间的生产活动才能达到预定可销售状态的存货

D.需要经过半年的购建才能达到预定可销售状态的投资性房地产

18.下列各项中,属于债务重组准则核算范围的是(   )。

A.在债务人处于财务困难的前提条件下进行的债权人按照其与债务人达成的协议或者法院的裁定做出让步的事项

B.债务人处于清算或改组时的债务重组

C.虽修改了债务条件,但实质上债权人并未做出让步的债务重组事项

D.债务人发生财务困难时,债权人同意债务人用等值库存商品抵偿到期债务,但不调整偿还金额

19.甲公司应付乙公司账款90万元,甲公司由于发生严重财务困难,与乙公司达成债务重组协议:甲公司以一幢厂房抵偿债务。该厂房的账面原价为120万元,已提折旧30万元,已提减值准备10万元,公允价值为65万元,不考虑其他因素。甲公司该项债务重组的净损益为(   )万元。

A.0   B.10   C.20   D.30

20.2016年1月1日,甲公司采用分期付款方式购入大型设备一套,当日投入使用。合同约定的价款为2 700万元,分3年等额支付;该分期支付购买价款的现值为2 430万元。假定不考虑其他因素,2016年1月1日甲公司长期应付款的入账金额为(   )万元。

A.810   B.2 430   C.900   D.2 700

(二)多项选择题

1.下列各项中,关于应付账款账务处理的表述正确的有(   )。

A.应付账款一般按到期时应付金额的现值入账

B.物资与发票账单同时到达的情况下,一般待所购物资验收入库后,按发票账单登记入账

C.所购物资已经验收入库,但至月末时发票账单仍未到达,应在月份终了时暂估入账

D.采购业务中形成的应付账款,在确认其入账价值时不需要考虑将要发生的现金折扣

2.下列各项中,属于职工薪酬准则所界定的"职工"范围的有(   )。

A.与企业订立劳动合同的全职职工

B.与企业订立劳动合同的临时职工

C.企业正式任命并聘请的独立董事

D.通过企业与劳务中介公司签订用工合同而向企业提供服务的人员

3.下列各项中,属于职工薪酬中"短期薪酬"的项目有(   )

A.企业支付给职工的超额劳动报酬

B.企业支付给职工的物价补贴

C.企业支付给职工的防暑降温费

D.企业支付给职工的增收节支劳动报酬

4.下列各项中,关于应交税费会计处理的表述正确的有(   )。

A.拥有并使用的单位缴纳的车船税应记入"管理费用"科目

B.自产自用应税消费品应缴纳的资源税应记入"生产成本""制造费用"等科目

C.房地产开发经营企业销售房地产应交纳的土地增值税应记入"营业税金及附加"科目

D.委托加工应税消费品收回后用于连续生产，受托方代扣代缴的消费税应记入"委托加工物资"科目

5.下列各项中，企业应记入"管理费用"科目的税金有（　　）。

A.土地增值税　　　　B.印花税　　　　　C.房产税　　　　　D.耕地占用税

6.下列税金中，应计入企业固定资产价值的有（　　）。

A.房产税　　　　　　　　　　　　　B.车船税

C.车辆购置税　　　　　　　　　　　D.购入固定资产缴纳的契税

7.下列税费中，应通过"应交税费"科目核算的有（　　）。

A.企业因销售商品而缴纳的增值税

B.企业因书立合同而缴纳的印花税

C.企业因用耕地建房从事非农业建设而缴纳的耕地占用税

D.企业因转让国有土地使用权、地上建筑物而缴纳的土地增值税

8.下列各项中，属于增值税应税服务的有（　　）。

A.陆路运输服务　　B.邮政特殊服务　　C.文化创意服务　　D.鉴证咨询服务

9.下列各项中，不应通过"其他应付款"科目核算的有（　　）。

A.租入包装物支付的押金　　　　　　B.应缴纳的教育费附加

C.为职工垫付的水电费　　　　　　　D.外单位存入的保证金

10.下列各项中，应计入长期应付款的有（　　）。

A.应付社会保险费　　　　　　　　　B.应付客户存入的保证金

C.融资租入固定资产应付租赁费　　　D.以分期付款方式购入的固定资产应付款

11.下列对长期借款利息费用的会计处理中，正确的有（　　）。

A.筹建期间不符合资本化条件的借款利息计入管理费用

B.筹建期间不符合资本化条件的借款利息计入长期待摊费用

C.日常生产经营活动不符合资本化条件的借款利息计入财务费用

D.符合资本化条件的借款利息计入相关资产成本

12.下列关于企业发行一般公司债券的会计处理中，正确的有（　　）。

A.无论是按面值发行，还是溢价发行或折价发行，均应按债券面值记入"应付债券"科目的"面值"明细科目

B.实际收到的款项与面值的差额，应记入"利息调整"明细科目

C.对于利息调整，企业应在债券存续期间内选用实际利率法或直线法进行摊销

D.资产负债表日，企业应按应付债券的面值和实际利率计算确定当期的债券利息费用

13.借款费用资本化必须同时满足的条件有（　　）。

A.资产支出已经发生

B.借款费用已经发生

C.为使资产达到预定可使用或者可销售状态所必要的购建或者生产活动已经开始

D.已使用借款购入工程物资

14.企业为购建固定资产专门借入的款项所发生的借款费用，停止资本化的时点有（　　）。

A.所购建固定资产与设计要求或合同要求相符或基本相符时

B.固定资产的实体建造工作已经全部完成或实质上已经完成时

C.继续发生在所购建固定资产上的支出金额很少或者几乎不再发生时

D.需要试生产的固定资产在试生产结果表明资产能够正常生产出合格产品时

15.关于借款费用的资本化期间与资本化金额，下列说法中不正确的有（　　）。

A.符合资本化条件的资产达到预定可使用或者可销售状态后所发生的借款费用，应当在发生时计入当期损益

B.符合资本化条件的资产在购建或者生产过程中只要发生非正常中断，就应当暂停借款费用的资本化

C.借款存在折价或者溢价的，应当按照实际利率法确定每一会计期间应摊销的折价或溢价金额，调整每期的利息费用

D.为购建或者生产符合资本化条件的资产而借入的专门借款，应根据资产支出加权平均数乘以所占用的专门借款的资本化率，计算确定应予资本化的利息金额

16.2016年3月31日，甲公司应收乙公司的一笔贷款500万元到期，由于乙公司发生财务困难，该笔贷款预计短期内无法收回。该公司已为该项债权计提坏账准备100万元。当日，甲公司就该债权与乙公司进行协商。下列协商方案中，属于甲公司债务重组的有（　　）。

A.减免100万元债务，其余部分立即以现金偿还

B.减免50万元债务，其余部分延期2年偿还

C.以公允价值为500万元的固定资产偿还

D.以现金100万元和公允价值为400万元的无形资产偿还

17.某股份有限公司清偿债务的下列方式中，属于债务重组的有（　　）。

A.根据转换协议将应付可转换公司债券转为资本

B.以公允价值低于债务金额的非现金资产清偿

C.债权人做出让步时，延长债务偿还期限并收取比原利率低的利息

D.以低于债务账面价值的银行存款清偿

18.债务重组是指在债务人发生财务困难的情况下，债权人按照其与债务人达成的协议或者法院的裁定做出让步的事项。下列各项中，属于债权人做出的让步事项有（　　）。

A.债权人减免债务人部分债务本金

B.允许债务人延期支付债务，但不减少债务的账面价值

C.降低债务人应付债务的利率

D.债权人减免债务人部分债务利息

19.债务人以现金清偿债务的情况下，债权人进行账务处理可能涉及的会计科目有

（   ）。

    A."库存现金"   B."营业外支出"   C."营业外收入"   D."资产减值损失"

20.债务人以非现金资产抵偿债务的，非现金资产公允价值与账面价值之间的差额应记入的会计科目可能有（   ）。

    A.投资收益   B.营业外收入   C.营业外支出   D.主营业务成本

（三）判断题

1.企业应付各种赔款、应付租金、应付存入保证金等应在"其他应付款"等科目核算。（   ）

2.企业按规定计算出应交的教育费附加，一般都是借记"营业税金及附加"科目，贷记"应交税费——应交教育费附加"科目。实际上缴时，借记"应交税费——应交教育费附加"科目，贷记"银行存款"科目。（   ）

3.企业应交的各种税金，都通过"应交税费"科目核算。（   ）

4.委托加工的应税消费品收回后直接用于销售的，委托方应将受托方代收代缴的消费税计入委托加工后的应税消费品的成本。（   ）

5.企业只有在对外销售消费税应税产品时才应交纳消费税。（   ）

6.企业以自产的产品对外捐赠，由于会计核算时不作销售处理，因此不需交纳增值税。（   ）

7.企业提供给职工配偶、子女、受赡养人、已故员工遗属及其他受益人等的福利，也属于职工薪酬。（   ）

8.通常情况下，与非累积带薪缺勤相关的职工薪酬已经包括在企业每期向职工发放的工资等薪酬中，因此，不必额外作相应的账务处理。（   ）

9.对于设定提存计划，企业应当根据在资产负债表日为换取职工在会计期间提供的服务而应向单独主体缴存的提存金，确认为职工薪酬负债，并计入当期损益或相关资产成本。（   ）

10.应付债券按实际利率（实际利率与票面利率差异较小时也可按票面利率）计算确定的利息费用，应按照与长期借款相一致的原则计入有关成本、费用。（   ）

（四）计算与会计处理题

1.甲企业2016年7月份应付工资总额693 000元，"工资费用分配汇总表"中列示的产品生产人员工资为480 000元，车间管理人员工资为105 000元，企业行政管理人员工资为90 600元，专设销售机构人员工资为17 400元。甲企业根据"工资费用分配汇总表"结算本月应付工资总额693 000元，其中企业代扣职工房租32 000元，代垫职工家属医药费8 000元，实发工资653 000元。

要求：编制甲企业的相关会计分录。

2.乙公司为家电生产企业，共有职工200名，其中170名为直接参加生产的职工，30名为总部管理人员。2015年12月，乙公司以其生产的每台成本为900元的电暖器作为春节福利发放给公司每名职工。该型号电暖器的市场售价为每台1 000元，乙公司适用的增值税税率为17%。乙公司总部共有部门经理级别以上职工20名，每人提供一辆桑塔纳汽车免费使用，假定每辆桑塔纳汽车每月计提折旧1 000元；该公司共有副总裁以上高级管理人员5名，公司为其每人租赁一套面积为200平方米的公寓，月租金为每套8 000元。

要求：编制乙公司的相关会计分录。

3.A企业与B企业签订购销合同销售一批产品，B企业预付货款60 000元，一个月后，A企业将产品发往B企业，开出的增值税专用发票上注明的价款为100 000元，增值税税额为17 000元，该批货物成本为72 000元。当日B企业以银行存款支付剩余货款。

要求：编制A企业相关的会计分录。

4.2016年4月1日，甲公司因急需流动资金，从银行取得5个月期限的借款100 000元，年利率为6%，按月计提利息，8月31日到期偿还本息，假定不考虑其他因素。

要求：编制甲公司与短期借款有关的会计分录。

5.正保股份公司（上市公司）发行公司债券为建造专用生产线筹集资金，有关资料如下：

（1）2012年12月31日，委托证券公司以9 306万元的价格发行3年期分期付息公司债券，该债券面值为9 600万元，票面年利率为4.5%，实际年利率为5.64%，每年付息一次，到期后按面值偿还，支付的发行费用与发行期间冻结资金产生的利息收入相等。

（2）生产线建造工程采用出包方式，于2013年1月1日开始动工，发行债券所得款项当日全部支付给建造承包商，2014年12月31日所建造的生产线达到预定可使用状态。

（3）假定各年度利息的实际支付日期均为下年度的1月10日，2016年1月10日支付2015年度利息，一并偿付面值。

（4）所有款项均以银行存款收付。

要求：

（1）计算正保公司该债券在各年末的摊余成本、应付利息金额、当年应予资本化或费用化的利息金额、利息调整的本年摊销额，结果填入表9-1中（不需列出计算过程）。

表9-1　　　　　　　　　　　应付债券利息调整和摊余成本计算表　　　　　　　　　单位：万元

时间		2012年12月31日	2013年12月31日	2014年12月31日	2015年12月31日
年末摊余成本	面值				
	利息调整				
	合计				
当年应予资本化或费用化的利息金额					
年末应付利息金额					
"利息调整"本年摊销额					

（2）分别编制正保公司与债券发行、2013年12月31日和2015年12月31日确认债券利息、2016年1月10日支付利息和面值业务相关的会计分录。

（答案中的金额单位用万元表示，"应付债券"科目应列出明细科目）

6.正保公司拟建造一栋厂房，预计工期为2年，有关资料如下：

（1）正保公司于2014年1月1日为该项工程专门借款3 000万元，借款期限为3年，年利率为6%，利息按年支付。

（2）工程建设期间占用了两笔一般借款，具体如下：

①2013年12月1日向某银行借入长期借款4 000万元，期限为3年，年利率为9%，利息按年于每年年初支付。

②2014年7月1日按面值发行5年期公司债券3 000万元，票面年利率为8%，利息按年于每年年初支付，款项已全部收存银行。

（3）工程于2014年1月1日开始动工兴建，工程采用出包方式建造，当日支付工程款1 500万元。工程建设期间的支出情况如下：2014年7月1日：3 000万元；2015年1月1日：2 000万元；2015年7月1日：3 000万元；截至2015年年末，工程尚未完工。其中，工程由于施工质量问题于2014年8月1日至11月30日停工4个月。

（4）专门借款中未支出部分全部存入银行，月利率为0.5%。假定全年按照360天计算，每月按照30天计算。

要求：

（1）计算2014年利息资本化和费用化的金额并编制会计分录（计算过程中结果保留两位小数，单位：万元，下同）。

（2）计算2015年利息资本化和费用化的金额并编制会计分录。

四、本章习题答案及解析

（一）单项选择题

1.A【解析】"短期借款"科目只核算借款本金，不核算借款利息。

2.A【解析】企业开出并承兑商业汇票时，应按票据的票面金额而不是到期值贷记"应付票据"科目。

3.D【解析】现金折扣对应付账款的入账价值没有影响，影响的只是应付账款的货币流出金额。购货方购买产品时并不考虑现金折扣，待实际支付货款时将享受的现金折扣冲减财务费用。因此，企业购买产品时该应付账款的入账价值=150+25.5=175.5（万元）。

4.A【解析】企业为职工缴纳的失业保险费、企业为职工缴纳的基本养老保险费属于离职后福利；企业为鼓励职工自愿接受裁减而给予的补偿属于辞退福利。

5.D【解析】该企业确认的应付职工薪酬=12+12×17%=14.04（万元）。

6.C【解析】选项A应付现金股利通过"应付股利"科目核算；选项B应交教育费附加通过"应交税费"科目核算；选项C应付租入包装物租金通过"其他应付款"科目核算；选项D应付管理人员工资通过"应付职工薪酬"科目核算。

7.B【解析】企业计算出应交土地增值税，借记"固定资产清理""在建工程"等科目，贷记"应交税费——应交土地增值税"科目。

8.B【解析】该企业应交的城市维护建设税=（400 000+100 000）×7%=35 000（元）。

9.B

10.B【解析】小规模纳税企业购入货物无论是否具有增值税专用发票，其支付的增值税均应计入购入货物的成本中，所以，应计入材料采购的金额=200 000+34 000+1 200=235 200（元）。

11.B

12.C【解析】A公司记入"应交税费——应交增值税（进项税额转出）"科目的金额为1 700元。因台风毁损的存货增值税进项税额是可以抵扣的，不需要作增值税进项税额转出处理。

13.B【解析】对于分期付息、到期一次还本的债券，其按票面利率计算确定的应付未付利息通过"应付利息"科目核算；对于一次还本付息的债券，其按票面利率计算确定的应付未付利息通过"应付债券——应计利息"科目核算。

14.C

15.C

16.C【解析】2016年年末该债券"利息调整"明细科目余额=（1 054.47-1 000）-（1 000×7%-1 054.47×5%）=37.19（万元）。

17.D【解析】按照借款费用准则规定，符合资本化条件的资产是指需要经过相当长时间的购建或者生产活动才能达到预定可使用或者可销售状态的固定资产、投资性房地产和存货等资产。这里的"相当长时间"一般是指"1年以上"。

18.A【解析】债务重组是指在债务人发生财务困难的情况下，债权人按照其与债务人达成的协议或者法院的裁定做出让步的事项。债务重组涉及债权人与债务人，对债权人而言，为"债权重组"，对债务人而言，为"债务重组"。为便于表述，统称为"债务重组"。债务重组概念中强调了债务人处于财务困难的前提条件，并突出了债权人做出让步的实质内容，从而排除了债务人不处于财务困难条件下的债务重组、处于清算或改组时的债务重组以及虽修改了债务条件但实质上债权人并未做出让步的债务重组事项。如在债务人发生财务困难时，债权人同意债务人用等值库存商品抵偿到期债务，但不调整偿还金额，实质上债权人并未做出让步，不属于债务重组准则规范的内容。

19.B【解析】甲公司该项债务重组应计入营业外收入的金额=（90-65）+［65-（120-30-10）］=10（万元）。

20.D

（二）多项选择题

1.BCD

2.ABCD

3.ABCD

4.ABC【解析】委托加工应税消费品收回后用于连续生产，受托方代扣代缴的消费税应记入"应交税费——应交消费税"科目。

5.BC【解析】管理费用中核算的税费主要有城镇土地使用税、印花税、房产税、车船税和矿产资源补偿费。

6.CD【解析】固定资产的入账价值中，包括企业为取得固定资产而交纳的契税、耕地占用税、车辆购置税等相关税费。房产税和车船税应该计入管理费用。

7.AD【解析】印花税、耕地占用税不通过"应交税费"科目核算。

8.ABCD【解析】根据《营业税改征增值税试点实施办法》，在中华人民共和国境内提供交通运输业、邮政业和部分现代服务业服务（以下称应税服务）的单位和个人，为增值税纳税人。纳税人提供应税服务，应当缴纳增值税，不再缴纳营业税。营改增试点中规定的应税服务，是指陆路运输服务、水路运输服务、航空运输服务、管道运输服务、邮政普遍服务、邮政特殊服务、其他邮政服务、研发和技术服务、信息技术服务、文化创意服务、物流辅助服务、有形动产租赁服务、鉴证咨询服务、广播影视服务。

9.ABC【解析】租入包装物支付的押金、为职工垫付的水电费应计入其他应收款；应缴纳的教育费附加应计入应交税费；外单位存入的保证金应计入其他应付款。

10.CD

11.ACD

12.AB【解析】利息调整应在债券存续期间内采用实际利率法进行摊销，选项C错误；资产负债表日，对于应付债券，企业应按应付债券的摊余成本和实际利率计算确定债券利息费用，选项D不正确。

13.ABC【解析】选项D虽然属于资产支出的一种，但并不属于借款费用允许资本化必须同时满足的条件。

14.ABCD【解析】在固定资产达到预定可使用状态时，借款费用应当停止资本化，具体表现为：固定资产的实体建造（包括安装）工作已经全部完成或者实质上已经完成；所购建或者生产的固定资产与设计要求或者合同要求相符或者基本相符；继续发生在所购建固定资产上的支出金额很少或者几乎不再发生；如果所购建固定资产需要试生产或者试运行，则在试生产结果表明资产能够正常生产出合格产品时，或者试运行结果表明资产能够正常运转或者营业时，就应当认为资产已经达到预定可使用状态，借款费用应当停止资本化，所以此题选项A、B、C、D均正确。

15.BD【解析】符合资本化条件的资产在购建或者生产过程中如果发生非正常中断，且中断时间连续超过3个月的，应当暂停借款费用的资本化，选项B不正确；专门借款费用的资本化不与资产支出挂钩，其资本化金额以专门借款当期实际发生的利息费用（资本化期间），减去将尚未动用的借款资金存入银行取得的利息收入或进行暂时性投资取得的投资收益（资本化期间）后的金额确定，选项D是对一般借款利息资本化金额的确定方法。

16.AB【解析】债务重组是指在债务人发生财务困难的情况下，债权人按照其与债务人达成的协议或者法院的裁定做出的让步的事项。此题选项C、D均没有做出让步，所以不属于债务重组。

17.BCD【解析】选项A，债务人根据转换协议，将应付可转换公司债券转为资本的，则属于正常情况下的债务转为资本，不能作为本章所指的债务重组。

18.ACD【解析】按照企业会计准则的规定，债务重组是指在债务人发生财务困难的情况下，债权人按照其与债务人达成的协议或者法院的裁定做出让步的事项。从这个定义可以看出，它强调债权人向债务人做出让步，即指债权人同意发生财务困难的债务人现在或将来以低于重组债务账面价值的金额偿还债务。让步的结果是，债权人发生债务重组损失，债务人获得债务重组收益。债权人做出让步的情形主要包括债权人减免债务人部分债务本金或者利息、降低债务人应付债务的利率等。选项B，债权人只是延长债务人的偿还期限，不减收本金也不减收利息，不属于债务重组。

19.ABD【解析】以现金清偿债务的，债权人应当将重组债权的账面余额与收到的现金之间的差额计入当期损益（营业外支出）。债权人已对债权计提减值准备的，应当先将该差额冲减减值准备，冲减后尚有余额的，计入营业外支出（债务重组损失）；冲减后减值准备仍有余额的，应予转回并抵减当期资产减值损失。

20.ABC【解析】以非现金资产偿还债务的，非现金资产为存货的，应当视同销售处理，按非现金资产的公允价值确认销售商品收入，同时结转相应的成本。非现金资产为固定资产、无形资产的，其公允价值和账面价值的差额计入营业外收入或营业外支出。非现金资产为长期股权投资的，其公允价值和账面价值的差额计入投资损益（投资收益）。

（三）判断题

1.√【解析】企业应付各种赔款、应付租金、应付存入保证金等应在"其他应付款"等科目核算。

2.√

3.×【解析】对印花税、耕地占用税、契税等不需要预计应交税费金额的，无须通过"应交税费"科目核算。

4.√【解析】委托加工物资收回后直接用于销售的，其所负担的消费税应计入委托加工物资成本；如果收回的委托加工物资用于连续生产应税消费品的，应将所负担的消费税先记入"应交税费——应交消费税"科目的借方，按规定用以抵扣该消费品以后销售时所负担的消费税。

5.×【解析】企业自产自用应税消费品也应按规定交纳消费税。

6.×【解析】企业将自产产品用于非应税项目或无偿赠送他人的，应视同销售计算应交增值税。

7.√

8.√

9.√

10.√

（四）计算与会计处理题

1.编制的会计分录如下：

借：生产成本——基本生产成本　　　　　　　　　　　　　480 000

　　制造费用　　　　　　　　　　　　　　　　　　　　105 000

借：管理费用 90 600

  销售费用 17 400

  贷：应付职工薪酬——职工工资、奖金、津贴和补贴 693 000

如果通过现金发放工资，该企业应编制如下会计分录：

借：库存现金 653 000

  贷：银行存款 653 000

借：应付职工薪酬——工资、奖金、津贴和补贴 653 000

  贷：库存现金 653 000

如果通过银行发放工资，该企业应编制如下会计分录：

借：应付职工薪酬——工资、奖金、津贴和补贴 653 000

  贷：银行存款 653 000

借：应付职工薪酬——工资、奖金、津贴和补贴 40 000

  贷：其他应收款——职工房租 32 000

    ——代垫医药费 8 000

2.编制的会计分录如下：

借：生产成本 198 900

  管理费用 35 100

  贷：应付职工薪酬——非货币性福利 234 000

借：应付职工薪酬——非货币性福利 234 000

  贷：主营业务收入 200 000

    应交税费——应交增值税（销项税额） 34 000

借：主营业务成本 180 000

  贷：库存商品——电暖器 180 000

借：管理费用 20 000

  贷：应付职工薪酬——非货币性福利 20 000

借：应付职工薪酬——非货币性福利 20 000

  贷：累计折旧 20 000

借：管理费用 40 000

  贷：应付职工薪酬——非货币性福利 40 000

借：应付职工薪酬——非货币性福利 40 000

  贷：银行存款 40 000

3.收到预付款时：

借：银行存款 60 000

  贷：预收账款 60 000

实际销售时：

借：预收账款 117 000

  贷：主营业务收入 100 000

　　　　贷：应交税费——应交增值税（销项税额）　　　　　　　　　17 000
　　借：银行存款　　　　　　　　　　　　　　　　　　57 000
　　　　贷：预收账款　　　　　　　　　　　　　　　　　　　　　57 000
　　借：主营业务成本　　　　　　　　　　　　　　　　72 000
　　　　贷：库存商品　　　　　　　　　　　　　　　　　　　　　72 000

4.编制的会计分录如下：

（1）取得短期借款：

　　借：银行存款　　　　　　　　　　　　　　　　　　100 000
　　　　贷：短期借款　　　　　　　　　　　　　　　　　　　　100 000

（2）每月计提利息：

　　借：财务费用（100 000×6%÷12）　　　　　　　　　　　500
　　　　贷：应付利息　　　　　　　　　　　　　　　　　　　　　500

（3）到期还本付息：

　　借：短期借款　　　　　　　　　　　　　　　　　　100 000
　　　　应付利息　　　　　　　　　　　　　　　　　　　2 000
　　　　财务费用　　　　　　　　　　　　　　　　　　　　500
　　　　贷：银行存款　　　　　　　　　　　　　　　　　　　　102 500

5.相关业务处理过程如下：

（1）计算的正保公司该债券在各年末的摊余成本、应付利息金额、当年应予资本化或费用化的利息金额、利息调整的本年摊销额见表9-2。

表9-2　　　　　　　　　应付债券利息调整和摊余成本计算表　　　　　　　　单位：万元

时间		2012年12月31日	2013年12月31日	2014年12月31日	2015年12月31日
年末摊余成本	面值	9 600	9 600	9 600	9 600
	利息调整	（294）	（201.14）	（103.04）	0
	合计	9 306	9 398.86	9 496.96	9 600
当年应予资本化或费用化的利息金额			524.86（9 306×5.64%）	530.10（9 398.86×5.64%）	535.04
年末应付利息金额			432（9 600×4.5%）	432	432
"利息调整"本年摊销额			92.86	98.10	103.04

（2）编制的会计分录如下：

①2012年12月31日发行债券：

　　借：银行存款　　　　　　　　　　　　　　　　　　9 306
　　　　应付债券——利息调整　　　　　　　　　　　　294

贷：应付债券——面值   9 600

②2016年12月31日计提利息：

借：在建工程   524.86

    贷：应付债券——利息调整   92.86

        应付利息   432

③2015年12月31日计提利息：

借：财务费用   535.04

    贷：应付债券——利息调整   103.04

        应付利息   432

注释：2014年度的利息调整摊销额＝（9 306＋92.86）×5.64%－9 600×4.5%＝98.10（万元），2015年度属于最后一年，利息调整摊销额应采用倒挤的方法计算，所以应是103.04万元（294－92.86－98.10）。

④2016年1月10日付息还本：

借：应付债券——面值   9 600

    应付利息   432

    贷：银行存款   10 032

6.相关的业务处理过程如下：

（1）2014年利息资本化和费用化的金额的计算及编制的会计分录如下：

①计算2014年专门借款应予资本化的利息金额：

2014年专门借款发生的利息金额＝3 000×6%＝180（万元）

2014年8—11月专门借款发生的利息费用＝3 000×6%×120÷360＝60（万元）

2014年专门借款存入银行取得的利息收入＝1 500×0.5%×6＝45（万元）

2014年应予资本化的专门借款利息金额＝180－60－45＝75（万元）

②计算2014年一般借款应予资本化的利息金额：

在2014年占用的一般借款资金的资产支出加权平均数＝1 500×60÷360＝250（万元）

2014年一般借款发生的利息金额＝4 000×9%＋3 000×8%×180÷360＝480（万元）

2014年一般借款的资本化率＝480÷（4 000＋3 000×180÷360）×100%＝8.73%

2014年一般借款应予资本化的利息金额＝250×8.73%＝21.83（万元）

2014年应当计入当期损益的一般借款利息金额＝480－21.83＝458.17（万元）

③计算2014年应予资本化的和应计入当期损益的利息金额：

2014年应予资本化的借款利息金额＝75＋21.83＝96.83（万元）

2014年应当计入当期损益的借款利息金额＝60＋458.17＝518.17（万元）

④2014年有关会计分录：

借：在建工程   96.83

    财务费用   518.17

    应收利息（或银行存款）   45

    贷：应付利息   660

（2）2015年借款利息资本化金额和应计入当期损益金额的计算及编制的会计分录如下：

①计算2015年专门借款应予资本化的利息金额：

2015年应予资本化的专门借款利息金额=3 000×6%=180（万元）

②计算2015年一般借款应予资本化的利息金额：

2015年一般借款应予资本化的利息金额=1 500×360÷360+2 000×360÷360+3 000×180÷360

=5 000（万元）

2015年一般借款发生的利息金额=4 000×9%+3 000×8%=600（万元）

2015年一般借款的资本化率=600÷（4 000+3 000）×100%=8.57%

2015年一般借款应予资本化的利息金额=5 000×8.57%=428.5（万元）

2015年应当计入当期损益的一般借款利息金额=600−428.5=171.5（万元）

③计算2015年应予资本化和应计入当期损益的利息金额：

2015年应予资本化的借款利息金额=180+428.5=608.5（万元）

2015年应计入当期损益的借款利息金额=171.5万元

④2015年有关会计分录：

借：在建工程　　　　　　　　　　　　　　　　　　　　608.5

　　财务费用　　　　　　　　　　　　　　　　　　　　171.5

　　贷：应付利息　　　　　　　　　　　　　　　　　　　　780

第十一章 所有者权益

一、 学习目的及要求

通过本章学习，了解所有者权益的内涵及构成；掌握实收资本的核算、资本公积的核算、盈余公积的核算以及未分配利润的核算。

二、 本章主要知识点

◇实收资本

◇资本公积

◇其他综合收益

◇留存收益

三、 本章习题

（一）单项选择题

1.企业增资扩股时，投资者实际缴纳的出资额大于其按约定比例计算的其在注册资本中所占的份额部分，应记入的会计科目是（   ）。

    A.资本公积   B.实收资本   C.盈余公积   D.营业外收入

2.下列各项中，不属于所有者权益的是（   ）。

    A.递延收益   B.盈余公积   C.未分配利润   D.资本公积

3.股份有限公司采用收购本公司股票方式减资的，如果回购股票所支付的价款低于面值总额，所注销库存股的账面余额与所冲减股本的差额应记入的会计科目是（   ）。

    A.股本   B.资本公积   C.盈余公积   D.未分配利润

4.下列各项中，不应计入其他综合收益的项目是（   ）。

    A.外币财务报表折算差额

    B.直接计入当期损益的利得（或损失）

    C.现金流量套期工具产生的利得（或损失）

    D.按照权益法核算的在被投资单位其他综合收益中所享有的份额

5.某公司"盈余公积"科目的年初余额为900万元，本期提取盈余公积1 112.5万元，用盈余公积转增资本500万元。该公司"盈余公积"科目的年末余额为（   ）万元。

A.712.5   B.1 512.5   C.1 312.5   D.1 762.5

6.某企业2016年年初未分配利润的贷方余额为300万元，本年度实现的净利润为100万元，分别按10%和5%提取法定盈余公积和任意盈余公积。假定不考虑其他因素，该企业2016年度的可供分配利润为（　　）万元。

A.285   B.290   C.300   D.400

7.2016年1月1日某企业所有者权益情况如下：实收资本200万元，资本公积26万元，盈余公积28万元，未分配利润59万元。该企业2016年1月1日留存收益为（　　）万元。

A.32   B.38   C.70   D.87

8.下列各项中，能够导致企业留存收益减少的是（　　）。

A.股东大会宣告派发现金股利   B.以资本公积转增资本

C.提取盈余公积   D.以盈余公积弥补亏损

9.下列各项中，影响所有者权益总额的是（　　）。

A.用盈余公积弥补亏损   B.用盈余公积转增资本

C.股东大会宣告分配现金股利   D.实际分配股票股利

10.A企业2016年增加实收资本60万元，其中：盈余公积转增资本45万元；2016年12月1日接受固定资产投资6万元（使用年限5年，采用年限平均法计提折旧，不考虑残值，自接受之日起投入使用）；货币投资9万元。不考虑其他事项，该企业在年末所有者权益增加金额为（　　）万元。

A.15   B.40   C.9   D.6

（二）多项选择题

1.下列各项中，属于"以后会计期间在满足规定条件时将重分类进损益的其他综合收益"项目有（　　）。

A.可供出售金融资产公允价值变动形成利得的税后净额

B.持有至到期投资重分类为可供出售金融资产形成的利得的税后净额

C.现金流量套期工具产生的利得或损失中属于有效套期的部分的税后净额

D.外币财务报表折算差额

2.下列各项中，不增加企业资本公积的有（　　）。

A.划转无法支付的应付账款   B.接受捐赠的固定资产

C.股本溢价   D.盘盈的固定资产

3.股份有限公司委托其他单位发行股票支付的手续费或佣金等相关费用的金额，如果发行股票的溢价中不够冲减的，或者无溢价的，其差额不应记入的科目有（　　）。

A."长期待摊费用"   B."资本公积"

C."管理费用"   D."财务费用"

4.企业吸收投资者出资时，下列会计科目的余额不会发生变化的有（　　）。

A."营业外收入"   B."实收资本"

C."递延收益"   D."资本公积"

5.下列各项中，能够引起企业留存收益总额发生变动的有（　　　）。

A.本年度实现的净利润　　　　　　　　B.提取法定盈余公积

C.向投资者宣告分配现金股利　　　　　D.用盈余公积转增资本

6.下列各项中，不会引起企业留存收益总额发生变动的有（　　　）。

A.盈余公积补亏　　　　　　　　　　　B.计提法定盈余公积

C.盈余公积转增资本　　　　　　　　　D.计提任意盈余公积

7.企业发生亏损时，下列各项中，弥补亏损的渠道有（　　　）。

A.以盈余公积弥补亏损　　　　　　　　B.以资本公积弥补亏损

C.用以后5年税前利润弥补　　　　　　D.用5年后的税后利润弥补

8.下列各项中，不会引起所有者权益总额发生增减变动的有（　　　）。

A.宣告发放股票股利　　　　　　　　　B.资本公积转增资本

C.盈余公积转增资本　　　　　　　　　D.接受投资者追加投资

9.关于企业所有者权益，下列说法中正确的有（　　　）。

A.资本公积可以弥补企业亏损　　　　　B.盈余公积可以按照规定转增资本

C.未分配利润可以弥补亏损　　　　　　D.资本公积可以按照规定转增资本

10.下列各项中，会引起所有者权益总额内部结构发生增减变动的有（　　　）。

A.以资本公积转增资本

B.以盈余公积转增资本

C.用税前利润弥补以前年度亏损

D.用税后利润弥补以前年度亏损

（三）判断题

1.企业不能用盈余公积分配现金股利。　　　　　　　　　　　　　　　（　　　）

2.年度终了，除"未分配利润"明细科目外，"利润分配"科目下的其他明细科目应当无余额。　　　　　　　　　　　　　　　　　　　　　　　　　　　　　（　　　）

3.支付已宣告的现金股利时所有者权益减少。　　　　　　　　　　　　（　　　）

4.企业计提法定盈余公积的基数是当年实现的净利润和企业年初未分配利润之和。
　　　　　　　　　　　　　　　　　　　　　　　　　　　　　　　　（　　　）

5.企业增资扩股时，投资者实际缴纳的出资额大于其按约定比例计算的其在注册资本中所占的份额部分，也应该记入"实收资本"科目。　　　　　　　　　　（　　　）

6.企业接受投资者以非现金资产投资时，应按该资产的账面价值入账。　（　　　）

7.平时资产负债表中的未分配利润的金额是由"本年利润"及"利润分配"科目的余额合计填入；年末，由于"本年利润"已转入"利润分配"，所以年末资产负债表的未分配利润的金额等于"利润分配"科目的余额。　　　　　　　　　　　　（　　　）

8.企业用当年实现的利润弥补亏损时，应单独做出相应的账务处理。　（　　　）

9.企业以盈余公积向投资者分配现金股利，不会引起留存收益总额的变动。（　　　）

10.所有者权益和负债反映的都是企业全部资产的索取权。　　　　　　（　　　）

（四）计算与会计处理题

1.甲、乙两个投资者向某有限责任公司投资，甲投资者投入自产产品一批，双方确认的价值为180万元（假设是公允的），税务部门认定的增值税为30.6万元，并开具了增值税专用发票。乙投资者投入货币资金9万元和一项专利技术，货币资金已经存入开户银行，该专利技术原账面价值为128万元，预计使用寿命为16年，已摊销40万元，计提减值准备10万元，双方确认的价值为80万元（假设是公允的）。两年后，丙投资者向该公司追加投资，其缴付该公司的出资额为人民币176万元，协议约定丙投资者享有的注册资本金额为130万元。假设甲、乙两个投资者出资额与其在注册资本中所享有的份额相等，不产生资本公积。

要求：根据上述资料，分别编制被投资公司接受甲、乙、丙投资者投资的有关会计分录（单位：万元）。

2.大兴公司2016年发生的有关经济业务如下：

（1）按照规定办理增资手续后，将资本公积45万元转增注册资本，其中A、B、C三家公司各占1/3。

（2）用盈余公积37.5万元弥补以前年度亏损。

（3）从税后利润中提取法定盈余公积19万元。

（4）接受D公司加入联营。经投资各方协议，D公司实际出资额中500万元作为新增注册资本，使投资各方在注册资本总额中均占1/4。D公司以银行存款550万元缴付出资额。

要求：根据上述经济业务，编制大兴公司的相关会计分录。（不要求编制将利润分配各明细科目余额结转到"利润分配——未分配利润"科目中的分录，单位：万元）

3.甲股份有限公司2015—2016年发生的与其股票有关的业务如下：

（1）2015年1月4日，经股东大会决议，并报有关部门核准，增发普通股20 000万股，每股面值1元，每股发行价格5元，股款已全部收到并存入银行。假定不考虑相关税费。

（2）2015年6月20日，经股东大会决议，并报有关部门核准，以资本公积2 000万元转增股本。

（3）2016年6月20日，经股东大会决议，并报有关部门核准，以银行存款回购本公司股票50万股，每股回购价格为3元。

（4）2016年6月26日，经股东大会决议，并报有关部门核准，将回购的本公司股票50万股注销。

要求：编制甲股份有限公司上述业务的会计分录（单位：万元）。

四、本章习题答案及解析

（一）单项选择题

1.A

2.A【解析】所有者权益由实收资本（或股本）、资本公积、其他综合收益、盈余公积和未分配利润构成。递延收益属于企业的负债，因此该题答案为选项A。

3.B

4.B

5.B【解析】公司"盈余公积"科目的年末余额=900+1 112.5-500=1 512.5（万元）。

6.D【解析】企业本年实现的净利润加上年初未分配利润（或减年初未弥补亏损）和其他转入后的余额为可供分配利润。该企业2016年度可供分配利润=300+100=400（万元）。

7.D【解析】企业的留存收益包括两个：盈余公积与未分配利润，留存收益=28+59=87（万元）。

8.A【解析】股东大会宣告现金股利使得留存收益减少，负债增加；以资本公积转增资本不涉及留存收益；提取盈余公积和用盈余公积补亏都是在留存收益内部发生变化，不影响留存收益总额的变化。

9.C【解析】用盈余公积弥补亏损，盈余公积减少，未分配利润增加；用盈余公积转增资本，盈余公积减少，实收资本（或股本）增加；实际分配股票股利，未分配利润减少，股本增加。上述三项均不影响所有者权益总额。股东大会宣告分配现金股利时，未分配利润或盈余公积减少，应付股利增加，所有者权益减少。

10.A【解析】所有者权益的增加额=6+9=15（万元）；盈余公积转增资本属于所有者权益内部项目一增一减，总额不变。在这个题目中增加所有者权益的事项只有接受投资业务。

（二）多项选择题

1.ABCD

2.ABD【解析】划转无法支付的应付账款贷记营业外收入，接受捐赠的固定资产贷记营业外收入，不会增加企业的资本公积。固定资产盘盈作为前期差错更正，通过"以前年度损益调整"核算。

3.ACD【解析】与发行权益性证券直接相关的手续费、佣金等交易费用，如果是溢价发行股票的，应从溢价中抵扣，冲减资本公积——股本溢价；无溢价发行股票或溢价金额不足以抵扣的，应将不足抵扣的部分冲减盈余公积和未分配利润。

4.AC【解析】吸收投资者出资时可能编制的会计分录是：

借：银行存款等资产类科目

　　贷：实收资本（或股本）

　　　　资本公积——资本溢价（或股本溢价）（或借记）

5.ACD【解析】企业的留存收益包括盈余公积和未分配利润。选项A使得企业的未分配利润增加，因此最终能够引起企业的留存收益增加；选项B使得盈余公积增加，未分配利润减少，属于留存收益内部增减变动，总额不变；选项C使得应付股利增加，未分配利润减少，会引起企业的留存收益减少；选项D使得盈余公积减少，实收资本（或股本）增加，会引起企业的留存收益减少。因此正确答案是ACD。

6.ABD【解析】选项C会使留存收益减少。

7.ACD【解析】资本公积不能来弥补亏损。

8.ABC【解析】选项D会引起企业资产与所有者权益总额同时增加。

9.BCD【解析】资本公积可以按照规定转增资本，但是不可以弥补企业亏损，企业亏损可以用税前利润或留存收益弥补。

10.AB

（三）判断题

1.×【解析】经股东大会批准，盈余公积可以分配现金股利。

2.√

3.×【解析】支付已宣告的现金股利，会计处理为：

借：应付股利

　　贷：银行存款

资产减少，负债减少，所有者权益不变。

4.×【解析】企业计提法定盈余公积是按当年实现的净利润作为基数计提的，该基数不应包括企业年初未分配利润。

5.×【解析】企业增资扩股时，投资者实际缴纳的出资额大于其按约定比例计算的其在注册资本中所占的份额部分，属于资本（股本）溢价，计入资本公积，不记入"实收资本"科目。

6.×【解析】企业接受投资者以非现金资产投资时，应按投资合同或协议约定的价值入账，但投资合同或协议约定的价值不公允的除外。

7.√

8.×【解析】企业用利润弥补亏损，在会计上无须专门作账务处理。

9.×【解析】留存收益包括未分配利润和盈余公积，以盈余公积向投资者分配现金股利导致盈余公积减少，所以留存收益总额减少。

10.×【解析】所有者权益和负债在性质上有本质的区别。负债反映的是企业债权人对企业资产的索取权。所有者权益是所有者对企业资产的剩余索取权，反映的是企业资产中扣除债权人权益后应由所有者享有的部分。

（四）计算与会计处理题

1.编制的会计分录如下：

（1）被投资公司收到甲投资者的投资时：

借：库存商品　　　　　　　　　　　　　　　　　　　180

　　应交税费——应交增值税（进项税额）　　　　　　30.6

　　贷：实收资本——甲　　　　　　　　　　　　　　210.6

（2）被投资公司收到投资者乙的投资时：

借：银行存款　　　　　　　　　　　　　　　　　　　9

　　无形资产　　　　　　　　　　　　　　　　　　　80

　　贷：实收资本——乙　　　　　　　　　　　　　　89

（3）被投资公司收到投资者丙的投资时：

借：银行存款   176

  贷：实收资本——丙   130

    资本公积——资本溢价   46

2.编制的会计分录如下：

（1）借：资本公积   45

   贷：实收资本——A公司   15

      ——B公司   15

      ——C公司   15

（2）借：盈余公积   37.5

   贷：利润分配——盈余公积补亏 37.5

（3）借：利润分配——提取法定盈余公积 19

   贷：盈余公积——法定盈余公积 19

（4）借：银行存款   550

   贷：实收资本——D公司   500

    资本公积   50

3.编制的会计分录如下：

（1）借：银行存款（20 000×5） 100 000

   贷：股本   20 000

    资本公积   80 000

（2）借：资本公积   2 000

   贷：股本   2 000

（3）借：库存股   150

   贷：银行存款   150

（4）借：股本   50

    资本公积   100

   贷：库存股   150

第十二章

收入、费用、利润

一、 **学习目的及要求**

通过本章的学习，了解收入的定义、特征、分类；熟悉销售商品收入、提供劳务收入及让渡资产使用权收入确认与计量的标准；熟练掌握销售商品收入的会计处理；掌握提供劳务收入、让渡资产使用权收入的会计处理；了解费用的定义、特征；掌握费用的核算；掌握所得税会计相关概念及会计处理；掌握利润形成及利润分配的会计处理。

二、 **本章主要知识点**

◇收入

◇费用

◇利润

◇所得税

三、 **本章习题**

（一）单项选择题

1.下列项目中，应计入其他业务收入的是（　　　）。

A.转让无形资产所有权收入 　　　　　B.出租固定资产收入

C.罚款收入 　　　　　　　　　　　　D.股票发行收入

2.某企业销售商品6 000件，每件售价60元（不含增值税），增值税税率为17%；企业为购货方提供的商业折扣为10%，提供的现金折扣条件为：2/10，1/20，N/30，并代垫运杂费500元。该企业在这项交易中应确认的收入金额为（　　　）元。

A.320 000 　　　　　B.308 200 　　　　　C.324 000 　　　　　D.320 200

3.下列各项中，关于收入的确认和计量表述不正确的是（　　　）。

A.现金折扣实际上是企业为了尽快回笼资金而发生的理财费用

B.采用支付手续费方式委托代销商品，委托方在发出商品时确认收入

C.采用交款提货方式销售商品，在开出发票账单收到货款时确认收入

D.满足确认条件的销售商品收入应当按照已收或应收合同或协议价款的公允价值确认入账金额

4.某企业在2016年10月8日销售商品100件，增值税专用发票上注明的价款为10 000元，增值税税额为1 700元。企业为了及早收回货款而在合同中规定的现金折扣条件为：2/10，1/20，N/30。假定计算现金折扣时不考虑增值税。如买方在2016年10月24日付清货款，该企业实际收款金额应为（　　）元。

A.11 466　　　　　B.11 500　　　　　C.11 583　　　　　D.11 600

5.下列各项中，关于让渡资产使用权收入的确认和计量表述不正确的是（　　）。

A.企业进行股权投资取得的现金股利，构成让渡资产使用权收入

B.如果企业估计使用费收入收回的可能性不大，就不应确认收入

C.让渡资产使用权的使用费收入，一般通过"其他业务收入"科目核算

D.如果合同或协议规定一次性收取使用费，且提供后续服务的，应当视同销售一次性确认收入

6.企业取得与收益相关的政府补助，用于补偿已发生相关费用的，直接计入补偿当期的（　　）。

A.资本公积　　　　B.营业外收入　　　　C.其他业务收入　　　　D.主营业务收入

7.企业让渡资产使用权所计提的摊销额等，一般应该计入（　　）。

A.营业外支出　　　B.主营业务成本　　　C.其他业务成本　　　D.管理费用

8.下列各项中，应计入其他业务成本的是（　　）。

A.在建工程领用的库存商品成本

B.生产经营用固定资产计提的折旧额

C.作为职工薪酬发放给职工的库存商品成本

D.采用成本模式计量的投资性房地产计提的折旧额

9.下列各项中，应计入营业税金及附加的是（　　）。

A.交通运输企业提供运输服务应交纳的增值税

B.制造业企业转让房地产应交纳的土地增值税

C.拥有并使用车船的制造业企业应交纳的车船税

D.石油、天然气企业对外出售开采的石油、天然气应交纳的资源税

10.A公司2016年8月10日收到B公司因质量问题而退回的商品10件，每件商品成本为100元。该批商品系A公司2016年5月13日出售给B公司，每件商品售价为230元，适用的增值税税率为17%，货款尚未收到，A公司尚未确认销售商品收入。因B公司提出的退货要求符合销售合同约定，A公司同意退货。A公司应在验收退货入库时编制的会计分录为（　　）。

A.借：库存商品　　　　　　　　　　　　　　　　　　　　　　1 000

　　贷：主营业务成本　　　　　　　　　　　　　　　　　　　　　　　1 000

B.借：主营业务收入　　　　　　　　　　　　　　　　　　　　2 691

　　贷：应收账款　　　　　　　　　　　　　　　　　　　　　　　　　2 691

C.借：库存商品　　　　　　　　　　　　　　　　　　　　　　1 000

　　贷：发出商品　　　　　　　　　　　　　　　　　　　　　　　　　1 000

D.借：发出商品   1 000

    贷：库存商品   1 000

11.大明公司于2016年8月接受一项产品安装任务，安装期5个月，合同收入200 000元，当年实际发生成本120 000元，预计已完工80%，则该企业2016年度确认的收入为（ ）元。

  A.120 000   B.160 000   C.200 000   D.0

12.企业对于已经发出但尚未确认销售收入的商品成本，应借记的会计科目是（ ）。

  A."在途物资"   B."库存商品"

  C."主营业务成本"   D."发出商品"

13.下列各项中，不属于费用的是（ ）。

  A.经营性租出固定资产的折旧额

  B.成本模式计量的投资性房地产的摊销额

  C.企业发生的现金折扣

  D.出售固定资产发生的净损失

14.下列各项税金中，应记入"营业税金及附加"科目的是（ ）。

  A.消费税   B.增值税   C.房产税   D.印花税

15.随同产品出售且单独计价的包装物，应于包装物发出时结转其成本，记入（ ）科目。

  A."销售费用"   B."其他业务成本"

  C."管理费用"   D."营业外支出"

16.甲工业企业产品售价每件460元，若客户购买达到200件及以上的，可得到40元/件的商业折扣。某客户2016年12月10日购买该企业产品200件，规定的现金折扣条件为：2/10，1/20，N/30，适用的增值税税率为17%。该企业于12月26日收到该笔款项时，应确认的财务费用金额为（ ）元。（假定计算现金折扣时考虑增值税）

  A.840   B.0   C.1 965.6   D.982.8

17.某企业某月销售商品发生商业折扣40万元、现金折扣30万元、销售折让50万元。该企业上述业务计入当月财务费用的金额为（ ）万元。

  A.30   B.40   C.70   D.90

18.企业专设销售机构固定资产的折旧费应记入（ ）科目。

  A."其他业务成本"   B."制造费用"   C."销售费用"   D."管理费用"

19.超支的广告费应计入（ ）。

  A.营业外支出   B.销售费用   C.财务费用   D.管理费用

20.下列各项业务中，在进行会计处理时应计入管理费用的是（ ）。

  A.支付离退休人员工资   B.销售用固定资产计提折旧

  C.生产车间管理人员的工资   D.计提坏账准备

21.下列各项中，不属于企业期间费用的有（ ）。

  A.固定资产维修费   B.聘请中介机构费

C.生产车间管理人员工资   D.企业发生的现金折扣

22.甲企业2016年3月份发生的费用有：计提车间管理人员工资费用50万元，发生管理部门人员工资30万元，支付广告宣传费用40万元，筹集外币资金发生汇兑损失10万元，支付固定资产维修费用15万元。该企业当期的期间费用总额为（   ）万元。

A.95   B.130   C.140   D.145

23.下列交易或事项，不应确认为营业外收入的是（   ）。

A.接受捐赠利得   B.罚没利得

C.出售无形资产净收益   D.出租固定资产的收益

24.企业因债权人撤销而转销无法支付的应付账款时，应将所转销的应付账款计入（   ）。

A.资本公积   B.其他应付款   C.营业外收入   D.其他业务收入

（二）多项选择题

1.关于政府补助的计量，下列说法中正确的有（   ）。

A.政府补助为货币性资产的，应当按照收到或应收的金额计算

B.政府补助为非货币性资产的，公允价值能够可靠计量时，应当按照公允价值计量

C.政府补助为非货币性资产的，应当按照账面价值计量

D.政府补助为非货币性资产的，如没有注明价值且没有活跃交易市场、不能可靠取得公允价值的，应当按照名义金额计量

2.有关政府补助的表述正确的有（   ）。

A.与收益相关的政府补助，用于补偿企业以后期间的相关费用或损失的，取得时确认为递延收益，在确认相关费用的期间计入当期损益（营业外收入）

B.与收益相关的政府补助，用于补偿企业已发生的相关费用或损失的，取得时直接计入当期损益（营业外收入）

C.政府补助为非货币性资产的，应当按照公允价值计量

D.公允价值不能可靠取得的，应当按照名义金额计量

3.让渡资产使用权的收入确认条件不包括（   ）。

A.与交易相关的经济利益能够流入企业   B.收入的金额能够可靠地计量

C.资产所有权上的风险已经转移   D.没有继续保留资产的控制权

4.企业跨期提供劳务的，期末可以按照完工百分比法确认收入的条件包括（   ）。

A.劳务总收入能够可靠地计量   B.相关的经济利益能够流入企业

C.劳务的完成程度能够可靠地确定   D.劳务总成本能够可靠地计量

5.根据企业会计准则的规定，下列有关收入确认的表述中，正确的有（   ）。

A.在提供劳务交易的结果不能可靠估计的情况下，已经发生的劳务成本预计能够得到补偿时，公司应在资产负债表日按已经发生的劳务成本确认收入

B.劳务的开始和完成分属不同的会计年度，在劳务的结果能够可靠地计量的情况下，公司应在资产负债表日按完工百分比法确认收入

C.在资产负债表日，已发生的合同成本预计不能收回时，公司应将已发生的成本计

入当期损益，不确认收入

D.在同一会计年度内开始并完成的劳务，公司应按完工百分比法确认各月收入

6.下列有关销售商品收入的处理中，不正确的有（　　）。

A.在采用收取手续费的委托代销方式下销售商品，发出商品时就确认收入

B.当期售出的商品被退回时，直接冲减退回当期的收入、成本、税金等相关项目

C.当期已经确认收入的售出商品发生销售折让时，直接将发生的销售折让作为当期的销售费用处理

D.当期已经确认收入的售出商品发生销售折让时，将发生的销售折让冲减当期的收入和税金

7.下列各项中，对收入的描述正确的有（　　）。

A.营业外收入也属于企业的收入

B.收入可能表现为企业资产的增加或负债的减少

C.所有使企业利润增加的经济利益的流入均属于企业的收入

D.收入不包括为第三方或客户代收的款项

8.收入的特征表现为（　　）。

A.收入从日常活动中产生，而不是从偶发的交易或事项中产生

B.收入与所有者投入资本有关

C.收入可能表现为所有者权益的增加

D.收入包括代收的增值税

9.下列应交的各种税费，应在"营业税金及附加"科目核算的有（　　）。

A.消费税　　　　　B.增值税　　　　　C.资源税　　　　　D.教育费附加

10.下列各项税金中，通常与一般纳税人当期损益有直接关系的有（　　）。

A.增值税　　　　　　　　　　　B.个人所得税

C.车船税　　　　　　　　　　　D.城市维护建设税

11.下列各项中，应计入其他业务成本的有（　　）。

A.出借包装物成本的摊销

B.出租包装物成本的摊销

C.随同产品出售单独计价的包装物成本

D.随同产品出售不单独计价的包装物成本

12.下列各项中，一定记入"财务费用"科目借方的有（　　）。

A.公司发行股票支付的手续费、佣金等发行费用

B.期末计提长期借款的利息

C.销货企业实际发生的现金折扣

D.支付银行承兑汇票的手续费

13.下列项目中，销售企业不应当作为财务费用处理的有（　　）。

A.购货方获得的商业折扣　　　　　B.购货方获得的销售折让

C.购货方获得的现金折扣　　　　　D.购货方放弃的现金折扣

14.下列各项中，应记入"财务费用"科目中的有（　　　）。

A.诉讼费　　　　　　　　　　　　　B.业务招待费

C.汇兑损失　　　　　　　　　　　　D.费用化的利息支出

15.下列各项中，不应在发生时确认为销售费用的有（　　　）。

A.车间管理人员的工资　　　　　　B.对外出租的投资性房地产的折旧

C.专设销售机构固定资产的维修费　D.预计产品质量保证损失

16.下列各项中，不应计入管理费用的有（　　　）。

A.销售商品发生的现金折扣　　　　B.管理部门固定资产折旧

C.出租固定资产折旧额　　　　　　D.委托代销手续费

17.下列各项费用中，应计入管理费用的有（　　　）。

A.劳动保险费　　　B.业务宣传费　　　C.广告费　　　D.业务招待费

18.下列各项中，属于期间费用的有（　　　）。

A.董事会会费　　　　　　　　　　B.劳动保险费

C.销售人员工资　　　　　　　　　D.季节性停工损失

19.以下各项中，属于费用确认条件的有（　　　）。

A.与费用相关的支出已经实际发生

B.经济利益流出企业的结果会导致资产的减少或负债的增加

C.经济利益的流出能够可靠计量

D.与费用相关的经济利益很可能流出企业

（三）判断题

1.对需要安装的商品的销售，必须在安装和检验完毕后确认收入。（　　　）

2.企业出售无形资产和出租无形资产取得的收益，均应作为其他业务收入核算。
（　　　）

3.销售收入已经确认后发生的现金折扣和销售折让（非资产负债表日后事项），均应在实际发生时计入当期财务费用。（　　　）

4.企业已经确认销售商品收入的售出商品发生销售折让时，应冲减当月的销售商品收入，不应该冲减销售商品的成本。（　　　）

5.2016年11月1日，A公司收到政府补助7 000元，用于补偿A公司已经发生的管理部门相关费用和损失，A公司应冲减管理费用。（　　　）

6.政府向企业提供补助属于非互惠交易，具有无偿性的特点。（　　　）

7.如果合同或协议规定一次性收取使用费，且提供后续服务的，应在合同或协议规定的有效期内分期确认收入。（　　　）

8.在支付手续费委托代销方式下，委托方应在发出商品时确认销售收入。（　　　）

9.企业对于在同一会计期间内能够一次完成的劳务，应分期采用完工百分比法确认收入和结转成本。（　　　）

10.企业销售商品一批，并已收到款项，即使商品的成本不能够可靠地计量，也要确认相关的收入。（　　　）

11.企业为客户提供的现金折扣应在实际发生时计入当期财务费用。（　　）

12.增值税进项税额是销项税额的抵扣项目，是不会影响销售收入的。（　　）

13.A公司将一批商品销售给B公司，按合同规定A公司仍保留通常与所有权相联系的继续管理权和对已售出的商品实施控制，因而，A公司不能确认收入。（　　）

14.企业的收入包括主营业务收入、其他业务收入和营业外收入。（　　）

15.企业销售自产应税化妆品应交的消费税，应列入利润表的"营业税金及附加"项目。（　　）

16.企业出售原材料取得的款项扣除其成本及相关费用后的净额，应当计入营业外收入或营业外支出。（　　）

17.企业为客户提供的现金折扣应在实际发生时冲减当期收入。（　　）

18.工业企业为拓展销售市场所发生的业务招待费，应计入管理费用。（　　）

19.制造费用与管理费用不同，本期发生的管理费用直接影响本期损益，而本期发生的制造费用不一定影响本期的损益。（　　）

20.管理费用、制造费用、销售费用都属于企业的期间费用。（　　）

21.企业出售固定资产发生的处置净损失也属于企业的费用。（　　）

22.企业向银行或其他金融机构借入的各种款项所发生的利息均应计入财务费用。（　　）

（四）计算与会计处理题

1.恒通股份有限公司（以下简称恒通公司）为增值税一般纳税企业，适用的增值税税率为17%。商品销售价格均为不含增值税额，所有劳务均属于工业性劳务。销售实现时结转销售成本。恒通公司销售商品和提供劳务为主营业务。2016年12月，恒通公司销售商品和提供劳务的资料如下：

（1）12月1日，对A公司销售商品一批，增值税专用发票上注明的销售价格为100万元，增值税税额为17万元。提货单和增值税专用发票已交A公司，A公司已承诺付款。为及时收回货款，给予A公司的现金折扣条件如下：2/10，1/20，N/30（假设计算现金折扣时不考虑增值税因素）。该批商品的实际成本为85万元。12月19日，收到A公司支付的扣除所享受现金折扣金额后的款项，并存入银行。

（2）12月2日，收到B公司来函，要求对当年11月2日所购商品在价格上给予5%的折让（恒通公司在该批商品售出时，已确认销售收入200万元，并收到款项）。经查核，该批商品外观存在质量问题。恒通公司同意了B公司提出的折让要求，当日收到B公司交来的税务机关开具的索取折让证明单，并出具红字增值税专用发票和支付折让款项。

（3）12月14日，与D公司签订合同，以现销方式向D公司销售商品一批。该批商品的销售价格为120万元，实际成本75万元，提货单已交D公司。款项已于当日收到，存入银行。

（4）12月15日，与E公司签订一项设备维修合同。该合同规定，该设备维修总价款为60万元（不含增值税额），于维修完成并验收合格后一次结清。12月31日，该设备维修任务完成并经E公司验收合格。恒通公司实际发生的维修费用为20万元（均为维修人员工资）。12月31日，鉴于E公司发生重大财务困难，恒通公司预计很可能收到的维修款为17.55万元（含增值税额）。

（5）12月25日，与F公司签订协议，委托其代销商品一批。根据代销协议，恒通公司按代销协议价收取所代销商品的货款，商品实际售价由受托方自定。该批商品的协议价为200万元（不含增值税额），实际成本为180万元。商品已运往F公司。12月31日，恒通公司收到F公司开来的代销清单，列明已售出该批商品的20%，款项尚未收到。

（6）12月31日，与G公司签订一份特制商品的合同。该合同规定，商品总价款为80万元（不含增值税额），自合同签订日起2个月内交货。合同签订日，收到G公司预付的款项40万元，并存入银行。商品制造工作尚未开始。

（7）12月31日，收到A公司退回的当月1日所购全部商品。经查核，该批商品存在质量问题，恒通公司同意了A公司的退货要求。当日，收到A公司交来的税务机关开具的进货退出证明单，并开具红字增值税专用发票和支付退货款项。

要求：

（1）编制恒通公司12月份发生的上述经济业务的会计分录。

（2）计算恒通公司12月份主营业务收入和主营业务成本。

（"应交税费"科目要求写出明细科目，单位：万元）

2.同顺股份有限公司（以下简称同顺公司）系工业企业，为增值税一般纳税人，适用的增值税税率为17%，适用的所得税税率为25%。销售单价除标明为含税价格外，均为不含增值税价格，产品销售为其主营业务。同顺公司2016年12月发生如下业务：

（1）12月5日，向甲企业销售材料一批，价款为350 000元，该材料发出成本为250 000元。当日收取面值为409 500元的票据一张。

（2）12月10日，收到外单位租用本公司办公用房下一年度租金300 000元，款项已收存银行。

（3）12月13日，向乙企业赊销A产品50件，单价为10 000元，单位销售成本为5 000元。

（4）12月18日，丙企业要求退回本年11月25日购买的20件A产品。该产品销售单价为10 000元，单位销售成本为5 000元，其销售收入200 000元已确认入账，价款尚未收取。经查明退货原因系发货错误，同意丙企业退货，并办理退货手续和开具红字增值税专用发票。

（5）12月21日，乙企业来函提出12月13日购买的A产品质量不完全合格。经协商同意按销售价款的10%给予折让，并办理退款手续和开具红字增值税专用发票。

（6）12月31日，计算本月应缴纳的城市维护建设税4 188.8元，其中，销售产品应缴纳3 722.3元，销售材料应缴纳466.5元；教育费附加1 795.2元，其中，销售产品应缴纳1 616.7元，销售材料应缴纳178.5元。

要求：根据上述业务编制相关的会计分录（"应交税费"科目须写出二级和三级明细科目，其他科目可不写出明细科目）。

3.甲公司为增值税一般纳税企业，适用的增值税税率为17%。2016年3月1日，甲公司向乙公司销售某商品1 000件，每件标价2 000元，实际每件售价1 800元（售价中不含增值税额），已开出增值税专用发票，商品已交付给乙公司。为了及早收回货款，甲公司在合同中规定的现金折扣条件为：2/10，1/20，N/30。假定计算现金折扣不考虑增值税。

要求：根据以下假定，分别编制以下条件下甲公司收到款项时的会计分录（不考虑成本的结转）：

（1）乙公司在3月8日按合同规定付款，甲公司收到款项并存入银行。

（2）乙公司在3月19日按合同规定付款，甲公司收到款项并存入银行。

（3）乙公司在3月29日按合同规定付款，甲公司收到款项并存入银行。

4.甲、乙两企业均为增值税一般纳税人，增值税税率均为17%。2016年3月6日，甲企业与乙企业签订代销协议，甲企业委托乙企业销售A商品500件，A商品的单位成本为每件350元。代销协议规定，乙企业应按每件A商品585元（含增值税）的价格售给顾客，甲企业按不含增值税售价的10%向乙企业支付手续费。4月1日，甲企业收到乙企业交来的代销清单，代销清单中注明：实际销售A商品400件，商品售价为200 000元，增值税税额为34 000元。当日甲企业向乙企业开具金额相等的增值税专用发票。4月6日，甲企业收到乙企业支付的已扣除手续费的商品代销款。

要求：根据上述资料，编制甲企业如下会计分录：

（1）发出商品。

（2）收到代销清单时确认销售收入、增值税、手续费支出，以及结转销售成本。

（3）收到商品代销款。

（"应交税费"科目要求写出明细科目及专栏名称）

5.清河股份有限公司2013年年末"利润分配——未分配利润"科目年初贷方余额100万元，每年按10%提取法定盈余公积，所得税税率为25%，2010—2015年的有关资料如下：

（1）2013年实现净利润200万元；提取法定盈余公积后，宣告派发现金股利150万元。

（2）2014年发生亏损500万元（假设无以前年度未弥补亏损）。

（3）2015年实现利润总额600万元（假设2015年盈余公积在2016年年初计提，2015年年末未计提，也未发放现金股利。）

要求：

（1）编制2013年有关利润分配的会计分录（盈余公积及利润分配的核算写出明细科目，需要做出利润分配明细科目转入"利润分配——未分配利润"的处理，单位：万元，下同）。

（2）编制2014年结转亏损的会计分录。

（3）计算2015年应交的所得税。

（4）计算2015年"利润分配——未分配利润"科目的余额。

6.甲公司2016年适用的所得税税率为25%，假定税法规定，保修费在实际发生时可以在应纳税所得额中扣除。"递延所得税资产"2016年年初余额为11.25万元（45×25%，均为产品质量保证形成的）。2016年发生下列有关经济业务：

（1）2016年税前会计利润为1 000万元。

（2）2016年年末甲公司对售出的A产品可能发生的三包费用，按照当期该产品销售收入的2%预计产品修理费用。甲公司从2015年1月起为售出产品提供"三包"服务，规定产品出售后一定期限内出现质量问题，负责退换或免费提供修理。假定甲公司只生产和销售A种产品。在2016年年初"预计负债——产品质量保证"账面余额为45万元，A产品的"三包"期限为2年。2016年年末实际销售收入为2 000万元，实际发生修理费用30万元，均为人工费用。

要求：根据上述业务，做出实际发生修理费的账务处理；编制2016年年末确认预计负债的相关会计分录，并计算期末"预计负债"的余额；计算甲公司2016年度的所得税费用，并做出相关的账务处理（单位：万元）。

7.甲公司2015年3月2日，以银行存款2 000万元从证券市场购入A公司5%的普通股股票，划分为可供出售金融资产。2015年年末，甲公司持有的A公司股票的公允价值变为2 400万元；2016年年末，甲公司持有的A公司股票的公允价值变为2 100万元。甲公司适用的所得税税率为25%。

要求：计算甲公司2015年和2016年对该项可供出售金融资产应确认的递延所得税负债的金额；编制甲公司2015年和2016年有关可供出售金融资产和所得税的相关会计分录（单位：万元）。

8.A公司2015年度、2016年度实现的利润总额均为8 000万元，所得税采用资产负债表债务法核算，适用的所得税税率为25%。A公司2015年度、2016年度与所得税有关的经济业务如下：

（1）A公司2015年发生广告费支出1 000万元，发生时已作为销售费用计入当期损益。A公司2015年实现销售收入5 000万元。2016年发生广告费支出400万元，发生时已作为销售费用计入当期损益。A公司2016年实现销售收入5 000万元。税法规定，该类支出不超过当年销售收入15%的部分，准予扣除；超过部分，准予在以后纳税年度结转扣除。

（2）A公司对其所销售产品均承诺提供3年的保修服务。A公司因产品保修承诺在2015年度利润表中确认了200万元的销售费用，同时确认为预计负债。2015年没有实际发生产品保修费用支出。2016年，A公司实际发生产品保修费用支出100万元，因产品保修承诺在2016年度利润表中确认了250万元的销售费用，同时确认为预计负债。税法规定，产品保修费用在实际发生时才允许税前扣除。

（3）A公司2014年12月12日购入一项管理用设备，取得成本为400万元，会计上采用年限平均法计提折旧，使用年限为10年，预计净残值为0，企业在计税时按5年计提折旧，折旧方法及预计净残值与会计相同。2016年年末，因该项设备出现减值迹象，对该项设备进行减值测试，发现该项设备的可收回金额为300万元，使用年限与预计净残值没有改变。

（4）2015年购入一项交易性金融资产，取得成本为500万元，2015年年末该项交易性金融资产的公允价值为650万元，2016年年末该项交易性金融资产的公允价值为570万元。

要求：计算2015年应交所得税、递延所得税以及利润表中确认的所得税费用，并编制与所得税相关的会计分录；计算2016年应交所得税、递延所得税以及利润表中确认的所得税费用，并编制与所得税相关的会计分录（单位：万元）。

四、本章习题答案及解析

（一）单项选择题

1.B【解析】罚款收入、转让无形资产所有权收入均属于营业外收入核算的内容。固定资产的出租收入属于其他业务收入核算的内容，股票发行收入不属于企业的收入。

2.C【解析】企业应该按照扣除商业折扣的金额确认收入，并且收入中应该包括现金折扣，因此，该企业在这项交易中应确认的收入=6 000×60×（1-10%）=324 000（元）。

3.B【解析】采用支付手续费方式委托代销商品，委托方在收到代销清单时确认收入。

4.D【解析】10月8日至10月24日在10天和20天之间，应该给予1%的折扣，实际上少收到10 000×1%=100（元），实际收到款项=11 700-100=11 600（元）。

5.D

6.B【解析】企业取得与收益相关的政府补助，用于补偿已发生相关费用的，应该直接计入补偿当期的营业外收入。

7.C【解析】企业让渡资产使用权所计提的摊销额等，一般作为其他业务成本处理。

8.D

9.D

10.C【解析】尚未确认商品收入的售出商品发生销售退回的，应将已记入"发出商品"科目的商品成本全额转入"库存商品"科目，借记"库存商品"科目，贷记"发出商品"科目，因此该题答案为选项C。

11.B【解析】该企业2016年度确认的收入=200 000×80%=160 000（元）。

12.D

13.D【解析】出售固定资产发生的净损失计入营业外支出，营业外支出不是日常活动中发生的，所以不属于费用。选项A，经营性租出固定资产的折旧额计入其他业务成本中；选项B，成本模式计量的投资性房地产的摊销额计入其他业务成本中；选项C，企业发生的现金折扣计入财务费用。

14.A【解析】房产税和印花税应该计入管理费用，增值税可以抵扣，不计入相关费用。

15.B【解析】随同产品出售且单独计价的包装物，应于包装物发出时结转其成本，记入"其他业务成本"科目；随同产品出售不单独计价的包装物，应于包装物发出时结转其成本，并记入"销售费用"科目。

16.D【解析】应给予客户的现金折扣=（460-40）×200×（1+17%）×1%=982.8（元），所以应该计入财务费用的金额是982.8元，答案为选项D。

17.A【解析】商业折扣、现金折扣、销售折让三者的处理中，只有现金折扣在"财务费用"科目中体现，因此答案应该为选项A。

18.C【解析】企业专设销售机构发生的费用应记入"销售费用"科目。

19.B【解析】企业发生的广告费一律计入销售费用，超支的部分也应该通过销售费用核算，本题答案应该为选项B。

20.A【解析】销售用固定资产计提折旧应记入"销售费用"科目，生产车间管理人员的工资应记入"制造费用"科目，计提坏账准备应记入"资产减值损失"科目，而支付离退休人员工资直接记入"管理费用"科目。

21.C【解析】选项A，固定资产维修费计入管理费用；选项B，聘请中介机构费计入管理费用；选项C，生产车间管理人员工资计入制造费用；选项D，企业发生的现金折扣计入财务费用。制造费用属于成本类账户，构成企业产品成本，不属于企业的期间费用，而不直接影响本期损益。

22.A【解析】计提车间管理人员工资费用记入"制造费用"科目；管理部门人员工资记入"管理费用"科目；广告宣传费记入"销售费用"科目；筹集外币资金发生的汇兑损失记入"财务费用"科目；支付固定资产维修费用记入"管理费用"科目。销售费用、管理费用与财务费用属于期间费用，所以答案=30+40+10+15=95（万元）。

23.D【解析】出租固定资产的收益计入其他业务收入，不计入营业外收入。

24.C

（二）多项选择题

1.ABD【解析】政府补助为非货币性资产的，应当按照公允价值计量；公允价值不能可靠取得的，按照名义金额计量，不能按账面价值计量。

2.ABCD

3.CD【解析】让渡资产使用权的收入确认条件有两个：与交易相关的经济利益能够流入企业；收入的金额能够可靠地计量。

4.ABCD【解析】企业跨期提供劳务的，期末可以按照完工百分比法确认收入的条件包括：第一，劳务总收入和总成本能够可靠地计量；第二，与交易相关的经济利益能够流入企业；第三，劳务的完成程度能够可靠地确定。

5.ABC【解析】在同一会计年度内开始并完成的劳务，应在劳务完成时确认收入，确认的金额为合同或协议总金额，确认方法可参照商品销售收入的确认原则。因此，选项D不正确。

6.AC【解析】在采用收取手续费方式下，委托方在收到代销清单时才能确认收入。当期已经确认收入的售出商品发生销售折让时，将发生的销售折让冲减当期的收入和税金。

7.BD【解析】营业外收入不属于企业收入的范畴，使企业利润增加的经济利益的流入，不一定属于企业的收入，如营业外收入就属于利得。

8.AC【解析】收入与所有者投入资本无关；收入也不包括代收的增值税。

9.ACD

10.CD【解析】企业交纳的车船税和城市维护建设税，应计入当期损益。一般纳税人的增值税是价外税，与当期损益无关；企业代扣代缴的职工个人所得税，应冲减"应付职工薪酬"科目，因此不影响企业的当期损益，与企业当期损益无直接关系。

11.BC【解析】出租包装物和随同产品出售单独计价的包装物产生的收入记入"其他业务收入"账户，其成本摊销应记入"其他业务成本"账户。

12.CD【解析】公司发行股票支付的手续费、佣金等发行费用不是计入财务费用，而是应从溢价发行收入中扣除；无溢价或溢价不足以抵扣的部分，冲减盈余公积和未分配利润。期末计提长期借款利息也不是一定计入财务费用，对于满足资本化条件的，应该计入相关资产成本；对于不满足资本化条件的，如果是在筹建期间，应该计入管理费用，如果是在生产经营期间，应该计入财务费用。销货企业实际发生的现金折扣应视为理财费用计入财务费用。支付银行承兑汇票的手续费计入财务费用。

13.ABD【解析】对销售企业来说，购货方获得的现金折扣应作为财务费用处理；购货方获得的商业折扣不需进行账务处理；购货方获得的销售折让，如销售企业已经作确认收入的账务处理且不属于资产负债表日后事项的，应冲减主营业务收入和有关税金等；如销售企业未作确认收入的账务处理，应直接按照扣除折让后的金额确认收入；购货方放弃的现金折扣不需进行账务处理。

14.CD【解析】诉讼费和业务招待费应在"管理费用"科目中核算。

15.AB【解析】车间管理人员的工资计入制造费用；对外出租投资性房地产的折旧计入其他业务成本。

16.ACD【解析】选项A应该记入"财务费用"科目；选项C应该记入"其他业务成本"科目；选项D应该记入"销售费用"科目。

17.AD【解析】劳动保险费和业务招待费属于管理费用的核算范围；业务宣传费和广告费属于销售费用的核算范围。

18.ABC【解析】董事会会费、劳动保险费应计入管理费用，销售人员工资应计入销售费用，季节性停工损失应计入制造费用，因此本题中属于期间费用的有A、B、C三项。

19.BCD

（三）判断题

1.×【解析】如果安装程序比较简单，则可以在商品发出时确认收入。

2.×【解析】企业出售无形资产取得的收益，应计入营业外收入。

3.×【解析】销售收入已经确认后，现金折扣在发生时计入财务费用，而发生的销售折让应该冲减主营业务收入以及增值税等。

4.√

5.×【解析】对于与收益相关的政府补助，用于补偿企业已经发生的费用或损失的，取得时直接计入当期营业外收入。

甲公司处理应为：

借：银行存款　　　　　　　　　　　　　　　　　　　　　　7 000

　　贷：营业外收入　　　　　　　　　　　　　　　　　　　　　7 000

6.√

7.√

8.×【解析】在支付手续费委托代销方式下，委托方应在收到代销清单时确认销售收入。

9.×【解析】能在同一会计期间完成的劳务，应在劳务完成时确认收入并结转成本。

10.×【解析】商品的成本能够可靠地计量是确认收入的五个条件之一，不满足则不应该确认收入。

11.√

12.√

13.√【解析】企业既没有保留通常与所有权相联系的继续管理权，也没有对已售出的商品实施控制时，才可以确认收入。

14.×【解析】收入是从企业的日常经营活动中产生的，而不是从偶发的交易或事项中发生的。企业的收入包括主营业务收入和其他业务收入。营业外收入是非日常经营活动中产生的，不属于收入，属于利得。

15.√

16.×【解析】企业出售原材料应该确认其他业务收入，成本结转至其他业务成本。

17.×【解析】企业为客户提供的现金折扣应在实际发生时计入当期财务费用。

18.√

19.√【解析】本期发生的制造费用可能包含在期末存货项目中，此时对本期的损益是不产生影响的。

20.×【解析】企业的期间费用包括管理费用、销售费用和财务费用。制造费用是成本类科目，不属于期间费用。

21.×【解析】企业出售固定资产发生的处置净损失应该计入营业外支出中，不属于日常经营活动发生的，所以不属于企业的费用。

22.×【解析】对于用于固定资产等建造的专门借款，符合资本化条件的应计入在建工程，对于筹建期间发生的不符合资本化条件的借款利息应该计入管理费用。

（四）计算与会计处理题

1.（1）编制的会计分录如下：

①12月1日赊销时：

借：应收账款　　　　　　　　　　　　　　　　117

　　贷：主营业务收入　　　　　　　　　　　　　　100

　　　　应交税费——应交增值税（销项税额）　　　17

借：主营业务成本　　　　　　　　　　　　　　　85

　　贷：库存商品　　　　　　　　　　　　　　　　85

12月19日收到货款时：

借：银行存款　　　　　　　　　　　　　　　　116

　　财务费用　　　　　　　　　　　　　　　　　　1

	贷：应收账款	117
②借：主营业务收入		10
应交税费——应交增值税（销项税额）		1.7
贷：银行存款		11.7
③借：银行存款		140.4
贷：主营业务收入		120
应交税费——应交增值税（销项税额）		20.4
借：主营业务成本		75
贷：库存商品		75
④借：应收账款		17.55
贷：主营业务收入（17.55÷（1+17%））		15
应交税费——应交增值税（销项税额）（15×17%）		2.55
借：劳务成本		20
贷：应付职工薪酬		20
借：主营业务成本		20
贷：劳务成本		20
⑤借：委托代销商品		180
贷：库存商品		180
借：应收账款		46.8
贷：主营业务收入		40
应交税费——应交增值税（销项税额）		6.8
借：主营业务成本		36
贷：委托代销商品		36
⑥借：银行存款		40
贷：预收账款		40
⑦借：主营业务收入		100
应交税费——应交增值税（销项税额）		17
贷：银行存款		116
财务费用		1
借：库存商品		85
贷：主营业务成本		85

（2）主营业务收入＝100－10＋120＋15＋40－100＝165（万元）

主营业务成本＝85＋75＋20＋36－85＝131（万元）

2.编制的会计分录如下：

（1）借：应收票据 409 500

贷：其他业务收入 350 000

应交税费——应交增值税（销项税额） 59 500

借：其他业务成本 250 000

　　贷：原材料 250 000

（2）借：银行存款 300 000

　　　贷：预收账款 300 000

（3）借：应收账款 585 000

　　　贷：主营业务收入 500 000

　　　　　应交税费——应交增值税（销项税额） 85 000

借：主营业务成本 250 000

　　贷：库存商品 250 000

（4）借：主营业务收入 200 000

　　　　应交税费——应交增值税（销项税额） 34 000

　　　贷：应收账款 234 000

借：库存商品 100 000

　　贷：主营业务成本 100 000

（5）借：主营业务收入 50 000

　　　　应交税费——应交增值税（销项税额） 8 500

　　　贷：应收账款 58 500

（6）借：营业税金及附加 5 984

　　　贷：应交税费——应交城市维护建设税 4 188.8

　　　　　　　　　　——应交教育费附加 1 795.2

3.编制的会计分录如下：

（1）甲公司销售商品时：

借：应收账款 2 106 000

　　贷：主营业务收入 1 800 000

　　　　应交税费——应交增值税（销项税额） 306 000

（2）甲公司收到款项时：

①乙公司在3月8日付款，享受36 000元（1 800 000×2%）的现金折扣：

借：银行存款 2 070 000

　　财务费用 36 000

　　贷：应收账款 2 106 000

②乙公司在3月19日付款，享受18 000元（1 800 000×1%）的现金折扣：

借：银行存款 2 088 000

　　财务费用 18 000

　　贷：应收账款 2 106 000

③乙公司在3月29日付款，不能享受现金折扣，应全额付款：

借：银行存款 2 106 000

　　贷：应收账款 2 106 000

4.编制的会计分录如下：

（1）借：委托代销商品 175 000

　　　　贷：库存商品 175 000

（2）借：应收账款 234 000

　　　　贷：主营业务收入 200 000

　　　　　　应交税费——应交增值税（销项税额） 34 000

借：销售费用 20 000

　贷：应收账款 20 000

借：主营业务成本 140 000

　贷：委托代销商品 140 000

或：

借：应收账款 214 000

　　销售费用 20 000

　贷：主营业务收入 200 000

　　　应交税费——应交增值税（销项税额） 34 000

借：主营业务成本 140 000

　贷：委托代销商品 140 000

（3）借：银行存款 214 000

　　　　贷：应收账款 214 000

5.编制的会计分录如下：

（1）借：本年利润 200

　　　　贷：利润分配——未分配利润 200

借：利润分配——提取法定盈余公积 20

　贷：盈余公积——法定盈余公积 20

借：利润分配——应付现金股利 150

　贷：应付股利 150

借：利润分配——未分配利润 170

　贷：利润分配——提取法定盈余公积 20

　　　　　　——应付现金股利 150

（2）借：利润分配——未分配利润 500

　　　　贷：本年利润 500

（3）2015年应交所得税=（600−500）×25%=25（万元）

（4）利润分配——未分配利润=100+30−500+600−25=205（万元）

6.编制的会计分录如下：

（1）2016年实际发生修理费用30万元：

借：预计负债——产品质量保证 30

　贷：应付职工薪酬 30

（2）2016年年末确认预计负债的相关会计分录：

借：销售费用（2 000×2%）   40

　　贷：预计负债——产品质量保证   40

2016年年末预计负债余额=45-30+40=55（万元）

（3）2016年年末确认所得税费用：

应交所得税=（1 000-30+40）×25%=252.5（万元）

递延所得税资产余额=55×25%=13.75（万元）

递延所得税资产发生额=13.75-11.25=2.5（万元）

所得税费用=252.5-2.5=250（万元）

借：所得税费用   250

　　递延所得税资产   2.5

　　贷：应交税费——应交所得税   252.5

7.相关业务处理过程如下：

（1）2015年年末应纳税暂时性差异=2 400-2 000=400（万元）

2015年应确认的递延所得税负债的金额=400×25%-0=100（万元）

2016年年末应纳税暂时性差异=2 100-2 000=100（万元）

2016年应确认的递延所得税负债的金额=100×25%-100=-75（万元）

（2）甲公司2015年和2016年有关可供出售金融资产和所得税的相关会计分录：

2015年度：

确认400万元的公允价值变动时：

借：可供出售金融资产——公允价值变动   400

　　贷：资本公积——其他资本公积   400

确认应纳税暂时性差异的所得税影响时：

借：资本公积——其他资本公积   100

　　贷：递延所得税负债   100

2016年公允价值变动：

借：资本公积——其他资本公积   300

　　贷：可供出售金融资产——公允价值变动   300

借：递延所得税负债   75

　　贷：资本公积——其他资本公积   75

8.编制的会计分录如下：

（1）2015年年末计算2015年的应交所得税：

应纳税所得额=8 000+（1 000-5 000×15%）+200-（400÷5-400÷10）-150=8 260（万元）

应交所得税=8 260×25%=2 065（万元）

计算2015年递延所得税：

事项一：

产生的可抵扣暂时性差异=1 000-5 000×15%=250（万元）

应确认的递延所得税资产=250×25%=62.5（万元）

事项二：

预计负债的账面价值=200万元

预计负债的计税基础=0

产生的可抵扣暂时性差异=200万元

应确认的递延所得税资产=200×25%=50（万元）

事项三：

固定资产的账面价值=400-400÷10=360（万元）

固定资产的计税基础=400-400÷5=320（万元）

产生的应纳税暂时性差异=360-320=40（万元）

应确认的递延所得税负债=40×25%=10（万元）

事项四：

交易性金融资产的账面价值=650万元

交易性金融资产的计税基础=500万元

产生的应纳税暂时性差异=650-500=150（万元）

应确认的递延所得税负债=150×25%=37.5（万元）

计算2015年度的所得税费用：

所得税费用=应交所得税+递延所得税=2 065+（-62.5-50+10+37.5）=2 000（万元）

相关的会计分录：

借：所得税费用　　　　　　　　　　　　　　　　　2 000

　　递延所得税资产　　　　　　　　　　　　　　　112.5

　　贷：应交税费——应交所得税　　　　　　　　　　　2 065

　　　　递延所得税负债　　　　　　　　　　　　　　　47.5

（2）2016年年末计算2016年的应交所得税：

应纳税所得额=8 000-（1 000-5 000×15%）+（250-100）+[20-（400÷5-400÷10）]+80

　　　　　　=7 960（万元）

应交所得税=7 960×25%=1 990（万元）

计算2016年递延所得税：

事项（1）：

因2016年实际发生的广告费支出为400万元，而税前允许扣除限额为750万元（5 000×15%），差额为350万元，所以2015年发生的但当年尚未税前扣除的广告费支出250万元（1 000-5 000×15%）可以在2016年全部税前扣除。

可抵扣暂时性差异余额=250-250=0

应转回的递延所得税资产=62.5-0=62.5（万元）

事项（2）：

预计负债的账面价值=200-100+250=350（万元）

预计负债的计税基础=0

可抵扣暂时性差异余额=350万元

应确认的递延所得税资产=（350-200）×25%=37.5（万元）

事项（3）：

计提减值准备前固定资产的账面价值=400-400÷10×2=320（万元）

所以，应计提减值准备20万元。

计提减值准备后固定资产的账面价值=300万元

固定资产的计税基础=400-400÷5×2=240（万元）

应纳税暂时性差异余额=300-240=60（万元）

应确认的递延所得税负债=（60-40）×25%=5（万元）

事项（4）：

交易性金融资产的账面价值=570万元

交易性金融资产的计税基础=500万元

应纳税暂时性差异余额=570-500=70（万元）

应转回的递延所得税负债=（150-70）×25%=20（万元）

计算2015年所得税费用：

所得税费用=应交所得税+递延所得税=1 990+（62.5-37.5+5-20）=2 000（万元）

相关的会计分录：

借：所得税费用　　　　　　　　　　　　　　　　　2 000

　　　递延所得税负债　　　　　　　　　　　　　　　15

　　贷：应交税费——应交所得税　　　　　　　　　　　　　1 990

　　　　递延所得税资产　　　　　　　　　　　　　　　　　25

───── 第十三章 ◀ **财务报告**

一、学习目的及要求

通过本章学习，在了解财务报告内容、作用、披露方式、分类、编制原则和基本要求的基础上，重点掌握四张主表的结构原理（包括性质、内容、基本结构及作用）和编制方法；对报表附注、中期财务报告和分部报告有初步的认识。

二、本章主要知识点

◇财务报告的内容、作用、披露方式、分类、编制原则和基本要求

◇资产负债表

◇利润表

◇现金流量表

◇所有者权益变动表

◇附注

◇中期财务报告

◇分部报告

三、本章习题

（一）单项选择题

1.下列关于财务报表的说法，错误的是（　　）。

A.财务报表的目标是旨在提供有助于使用者决策的信息

B.企业应当根据其经营活动的性质，确定本企业适用的财务报表格式和附注

C.财务报表的列报基础是会计期间

D.企业至少应当编制年度财务报表

2.下列资产负债表项目中，根据总账科目期末余额的合计数填列的是（　　）。

A.存货　　　　　B.货币资金　　　　　C.应收账款　　　　　D.固定资产

3.2016年12月1日，某企业"应收账款"及"预收账款"科目所属各明细账的月初借方余额合计数为500万元，相应的"坏账准备"科目贷方余额为25万元，本月收回2015年已作坏账转销的应收账款5万元并存入银行。2016年12月31日经减值测试，该企业应

冲减坏账准备10万元。假定不考虑其他因素，该企业2016年12月31日资产负债表"应收账款"项目的金额为（　　）万元。

A.480　　　　　　B.485　　　　　　C.490　　　　　　D.500

4.某企业期末"工程物资"科目的余额为100万元，"发出商品"科目的余额为50万元，"原材料"科目的余额为60万元，"材料成本差异"科目的贷方余额为5万元。"存货跌价准备"科目的余额为20万元，"生产成本"科目的余额为67万元，"委托代销商品"科目的余额为240万元，"受托代销商品"科目的余额为120万元，"受托代销商品款"科目的余额为120万元，假定不考虑其他因素，该企业资产负债表中"存货"项目的金额为（　　）万元。

A.397　　　　　　B.392　　　　　　C.492　　　　　　D.497

5."预收账款"科目明细账中若有借方余额，应将其记入资产负债表中的（　　）项目。

A."其他应收款"　　B."其他应付款"　　C."应收账款"　　D."预收款项"

6.资产负债表中的"未分配利润"项目，应根据（　　）填列。

A."利润分配"科目余额

B."本年利润"科目余额

C."本年利润"和"利润分配"科目的余额计算后

D."盈余公积"科目余额

7.甲企业于2015年12月31日分别借入2年期100万元借款、5年期500万元借款。两项借款均为单利计算利息，到期一次还本付息，年利率为3%。甲企业在2016年年末资产负债表中"长期借款"项目应为（　　）万元。

A.500　　　　　　B.515　　　　　　C.600　　　　　　D.618

8.下列影响营业利润的项目是（　　）。

A."公允价值变动损益"　　　　　　　　B."营业外支出"

C."所得税费用"　　　　　　　　　　　D."营业外收入"

9.甲股份有限公司在2016年度正常生产经营过程中发生的下列事项中，不影响其2016年度利润表中营业利润的是（　　）。

A.有确凿证据表明存在某金融机构的款项无法收回

B.交易性金融资产的公允价值高于其账面余额产生的公允价值变动损益

C.出售交易性金融资产时产生的投资收益

D.无法查明原因的现金短缺

10.某企业2016年发生的营业收入为1 000万元，营业成本为600万元，销售费用为20万元，管理费用为50万元，财务费用为10万元，投资收益为40万元，资产减值损失为70万元（损失），公允价值变动损益为80万元（收益），营业外收入为25万元，营业外支出为15万元。该企业2016年度的营业利润为（　　）万元。

A.370　　　　　　B.330　　　　　　C.320　　　　　　D.390

11.在下列事项中，影响企业现金流量的是（　　）。

A.取得短期借款　　　　　　　　　　B.分配股票股利

C.无形资产摊销　　　　　　　　　　D.购买3个月内到期的国债

12.甲公司为增值税一般纳税人。2016年度，甲公司主营业务收入为1 000万元，增值税销项税额为170万元；应收账款期初余额为100万元，期末余额为150万元；预收账款期初余额为50万元，期末余额为10万元。假定不考虑其他因素，甲公司2016年度现金流量表中"销售商品、提供劳务收到的现金"项目的金额为（　　）万元。

A.1 080　　　　　B.1 160　　　　　C.1 180　　　　　D.1 260

13.A公司应付职工薪酬年初余额100万元，本年计入生产成本、制造费用、管理费用中的职工薪酬为160万元，应付职工薪酬期末余额150万元，则"支付给职工以及为职工支付的现金"项目的金额为（　　）万元。

A.100　　　　　B.0　　　　　C.160　　　　　D.110

14.企业偿还的长期借款利息，在编制现金流量表时，应作为（　　）项目填列。

A."偿还债务支付的现金"

B."分配股利、利润和偿付利息支付的现金"

C."支付其他与筹资活动有关的现金"

D."支付利息费用"

15.下列各项中，属于筹资活动所产生的现金流量的是（　　）。

A.企业购买债券所支付的现金

B.企业发行股票所产生的现金流量

C.企业因股票投资所收到的现金股利

D.出售长期股权资产所取得的现金

16.某企业出售一台不需用设备，收到价款35万元已存入银行，该设备原价50万元，已提折旧25万元，计提减值准备5万元。以现金支付该项设备的清理费用1万元。该项业务使企业投资活动产生的现金流量净额增加（　　）万元。

A.35　　　　　B.34　　　　　C.14　　　　　D.16

17.关于所有者权益变动表的编制，下列说法不正确的是（　　）。

A."净利润"项目，反映企业当年实现的净利润（或净亏损）金额

B."所有者投入资本"项目，反映企业所有者投入的资本，包括实收资本和资本溢价

C."所有者权益内部结转"项目，反映不影响当年所有者权益总额的所有者权益各组成部分之间当年的增减变动

D."本年年末余额"项目，是在未分配利润本年年初余额的基础上，加上（或减去）本年度增减变动金额计算得出的

18.按照我国企业会计准则的规定，中期财务报表的编制原则不包括（　　）。

A.中期财务报告中各会计要素的确认与计量标准应当与年度财务报告所采用的原则相一致

B.企业财务报告的频率不应当影响其年度结果的计量

C.对于周期性取得的收入，企业应当在发生时予以确认和计量，不应当在中期财务

报表中预计或递延

D.对于会计年度中不均匀发生的费用，应当在中期财务报表中预提或待摊

19.A出版发行公司对外征订图书，收到订单和购书款与发送图书分属于不同的中期。假定第一季度收到图书订单，第二季度收到购书款，第三季度印刷并发送图书。则A出版发行公司确认收入的中期为（   ）。

A.第一季度   B.第二季度   C.第三季度   D.第四季度

20.下列关于确定业务分部和地区分部的说法，不正确的是（   ）。

A.甲公司的生产经营范围包括工程塑料的制造、旅游及餐饮业、工程机械制造、合成纤维生产等。在确定业务分部时，甲公司应分别将其作为不同的业务分部，而不能将工程机械制造与旅游业作为一个业务分部

B.乙公司主要从事食品的生产和销售，业务范围包括饮料、奶制品及冰淇淋；炊具用品；巧克力、糖果及饼干；制药产品等。在确定业务分部时，乙公司应当分别将其作为不同的业务分部处理，而不能将炊具用品与巧克力、糖果及饼干食品作为一个业务分部处理

C.甲公司分别在华北地区和华东地区设立两个子公司，华北地区的子公司主要经营业务是生产汽车轮胎，并主要向华东地区的子公司销售。华东地区的子公司主要经营业务为组装小汽车。因此，甲公司应当将华北地区的子公司和华东地区的子公司合并作为一个地区分部

D.丙公司主要生产机床，其总公司设在辽宁省，在上海、杭州、新疆、内蒙古等地均设有制造厂，其生产的产品主要销售到国内各省（市）以及韩国、瑞典、南非等国家。丙公司在确定地区分部时，风险和报酬主要来自资产所在地，从而选择确定中国、韩国、瑞典、南非等作为地区分部

（二）多项选择题

1.财务报表包括（   ）。

A.资产负债表   B.利润表

C.现金流量表   D.所有者权益变动表

2.下列关于财务报表列报的要求的表述，正确的有（   ）。

A.在编制财务报表的过程中，企业应当考虑报表项目的重要性

B.性质或功能不同的项目，应当在财务报表中单独列报，但不具有重要性的项目除外

C.性质或功能类似的项目，一般可以合并列报

D.性质或功能类似的项目，其所属类别具有重要性的，应当按其类别在财务报表中单独列报

3.财务报表按照反映的内容不同，可以分为（   ）。

A.中期报告   B.年报   C.静态报表   D.动态报表

4.依据企业会计准则的规定，下列关于企业对外提供的财务报表的表述中，正确的有（   ）。

A.年末应当提供资产负债表、利润及利润分配表、现金流量表、所有者权益变动表和附注

B.年末应当提供资产负债表、利润表、现金流量表、所有者权益变动表和附注

C.中期末至少应当提供资产负债表、利润表、现金流量表、所有者权益变动表和附注，但报表格式和内容比年报简化

D.中期末至少应当提供资产负债表、利润表、现金流量表和附注，报表格式和内容与年报一致

5.资产负债表的格式分为（　　）。

A.账户式 　　　　B.报告式 　　　　C.单步式 　　　　D.多步式

6.下列资产中，属于非流动资产的有（　　）。

A.长期股权投资　　　　　　　　B.其他应收款

C.一年内到期的非流动资产　　　　D.投资性房地产

7.下列资产减值准备科目余额，不在资产负债表上单独列示的有（　　）。

A.可供出售金融资产减值准备　　　B.无形资产减值准备

C.存货跌价准备　　　　　　　　D.固定资产减值准备

8.依据企业会计准则的规定，在编制年末资产负债表时，下列关于流动资产和流动负债划分的做法中，正确的有（　　）。

A.将一年内到期的持有至到期投资和长期应收款列示为流动资产

B.将一年内到期的长期应付债券列示为流动负债

C.将应于下一个年度内清偿、企业能够自主地将清偿期推迟至资产负债表日后一年以上、但不打算推迟清偿的长期负债，列示为流动负债

D.在资产负债表日或之前违反了长期借款协议，导致贷款人可随时要求清偿的债务，企业在财务报表中仍将其列示为非流动负债

9.利润表"营业税金及附加"项目反映企业应交纳的税金，主要包括（　　）。

A.城市维护建设税　　　　　　　B.增值税

C.消费税　　　　　　　　　　　D.印花税

10.下列交易或事项产生的现金流量中，属于投资活动产生的现金流量的有（　　）。

A.为购建固定资产支付的耕地占用税

B.为购建固定资产支付的已资本化的利息费用

C.因火灾造成固定资产损失而收到的保险赔款

D.融资租赁方式租入固定资产所支付的租金

11.A公司2016年发生下列经济业务：

（1）以银行存款500万元作为合并对价支付给甲公司的原股东，持股比例为80%；

（2）以银行存款660万元（含应收利息5万元）购入公司债券，面值为650万元，另支付交易费用4万元，划分为交易性金融资产；

（3）以银行存款700万元购入公司债券，面值为710万元，另支付交易费用5万元，划分为持有至到期投资；

（4）以银行存款800万元购入公司股票，另支付交易费用6万元，划分为可供出售金融资产。

上述业务所涉及的现金流量应填列在现金流量表中"投资支付的现金"项目的有（   ）。

A.业务（1）　　　　　B.业务（2）　　　　　C.业务（3）　　　　　D.业务（4）

12.下列项目中，上市公司应在其财务报表附注中披露的有（   ）。

A.会计政策变更当期和各个列报前期财务报表中受影响的项目名称和调整金额

B.会计估计变更的原因

C.未决诉讼

D.与关联方交易的定价政策规定

13.依据企业会计准则的规定，下列有关中期财务报告的表述中，正确的有（   ）。

A.中期财务报告应当采用与年度财务报告相一致的会计政策

B.中期财务报告编制应以预计的年度财务数据为基础判断重要性程度

C.中期会计计量应当以年初至本中期末为基础

D.中期财务报告中的附注应当以年初至本中期末为基础编制

14.业务分部确定时应考虑的主要因素有（   ）。

A.产品或劳务的性质　　　　　　　　B.生产过程的性质

C.产品或劳务的客户类型　　　　　　D.销售产品或提供劳务的方式

15.下列各项，表明相关分部应纳入分部报表编制范围的有（   ）。

A.分部营业收入占所有分部营业收入合计的10%或者以上

B.分部资产额占所有分部资产总额合计的10%或者以上

C.分部营业亏损占所有亏损分部营业亏损合计的10%或者以上

D.分部营业利润占所有盈利分部营业利润合计的10%或者以上

（三）判断题

1.在编制财务报表的过程中，对于性质或功能不同的项目，无论其是否具有重要性，均应当在财务报表中单独列报。　　　　　　　　　　　　　　　　　　　　（　　）

2.财务报表中的资产项目和负债项目的金额、收入项目和费用项目的金额均不得以净额列示。　　　　　　　　　　　　　　　　　　　　　　　　　　　　　　　　（　　）

3.对于在资产负债表日起一年内到期的负债，如果在资产负债表日后、财务报告批准报出日前签订了重新安排清偿计划协议，则该项负债应归类为非流动负债。　　（　　）

4.现金流量表中的经营活动，是指企业投资活动和筹资活动以外的交易和事项。销售商品或提供劳务、购买固定资产、支付短期借款利息等产生的现金流量均包括在经营活动产生的现金流量之中。　　　　　　　　　　　　　　　　　　　　　　　　　（　　）

5.现金流量表中的投资活动，指的是企业长期资产的购建和所有投资活动及其处置活动。　　　　　　　　　　　　　　　　　　　　　　　　　　　　　　　　　　（　　）

6.现金流量表中的经营活动，是指企业投资活动和筹资活动以外的交易和事项。销售商品或提供劳务、购买固定资产、支付短期借款利息等产生的现金流量均包括在经营活动产生的现金流量之中。　　　　　　　　　　　　　　　　　　　　　　　　　（　　）

7.企业发行债券直接支付的印刷费，应在"吸收投资收到的现金"中扣除。（　　）

8.企业派发股票股利、公积金转增资本，会增加（或减少）其发行在外的普通股或潜在普通股的数量，但并不影响所有者权益金额。（　　）

9.对于上期确定为报告分部，本期未满足规定条件的，即使企业本期认为其依然重要也不应将其确定为本期的报告分部。（　　）

10.报告分部的对外交易收入合计额占合并总收入或企业总收入的比重未达75%的，应当将其他的分部确定为报告分部（即使它们未满足上述规定的条件），直到该比重达到75%。（　　）

（四）计算与会计处理题

1.A公司为增值税一般纳税人，适用17%的增值税税率。公司在商品销售的同时结转销售成本。2016年11月30日，损益类相关科目的余额见表13-1。

表13-1　　　　　　　　　　　　**损益类科目余额**　　　　　　　　　　单位：万元

科目名称	借方余额	贷方余额
主营业务成本	1 085	
营业税金及附加	15	
其他业务成本	10	
销售费用	34	
管理费用	21	
财务费用	52	
营业外支出	20	
主营业务收入		1 550
其他业务收入		16
投资收益		22
营业外收入		50

2016年12月份A公司发生如下经济业务：

（1）销售商品一批，增值税专用发票上注明的售价50万元，增值税8.5万元。款项已收到并存入银行，该批商品的实际成本为37.5万元。

（2）本月发生应付职工薪酬174万元，其中，生产工人工资120万元，车间管理人员工资10万元，厂部管理人员工资14万元，销售人员工资30万元。假定不考虑当月计提应付福利费。

（3）本月摊销管理部门自用无形资产成本64万元。

（4）本月主营业务应交城市维护建设税5万元、教育费附加0.5万元。

（5）该公司适用的所得税税率为25%，假定该公司本年无纳税调整事项。

要求：

（1）编制A公司2016年12月份业务（1）～（4）的相关会计分录（单位：万元）。

（2）编制A公司2016年度利润表。

2.嘉园公司相关资料如下：

（1）嘉园公司2016年度的资产负债表及其他有关资料见表13-2。

（2）嘉园公司其他有关资料如下：

①公司2016年度未发生其他投资业务。年初的长期股权投资均为对兰普公司的投资，该投资占兰普公司股东权益总额为40%，按权益法进行会计处理。兰普公司2016年度实现净利润500万元，实际发放现金股利300万元。

表13-2

资产负债表（简表）

编制单位：嘉园公司　　　　　　　　　　2016年12月31日　　　　　　　　　　单位：万元

资产	期末余额	年初余额	负债及股东权益	期末余额	年初余额
货币资金	7 760	5 000	短期借款	2 350	280
应收票据	?	120	应付票据	?	170
应收账款	?	600	应付账款	?	260
预付款项	?	50	预收款项	?	0
存货	?	2 200	长期借款	1 700	1 600
长期股权投资	?	1 000	股本(普通股)	6 000	6 000
固定资产	7 550	3 200	盈余公积	4 010	2 000
			未分配利润	4 250	1 860
资产总计	?	12 170	负债及股东权益总计	?	12 170

②公司2016年年末部分往来账户的余额见表13-3。

表13-3　　　　　　　　　　　　　　　**部分往来账户余额**　　　　　　　　　　　　　单位：万元

科目	借方余额	贷方余额	科目	借方余额	贷方余额
应收账款——A企业	800		应付账款——甲企业		420
应收账款——B企业		150	应付账款——乙企业	140	
预付账款——C企业	176		预收账款——丙企业		210
预付账款——D企业		26	预收账款——丁企业	52	
应收票据——E企业	350		应付票据——戊企业		166

要求：根据上述资料计算资产负债表中未知项目的金额。

3.A公司2016年有关财务报表和补充资料见表13-4和表13-5。

表13-4   **资产负债表部分资料**   单位：万元

项目	期末余额	年初余额
应收票据	480	450
应收账款	320	360
预收款项	200	100
存货	7 840	9 760
应付票据	890	750
应付账款	540	670

表13-5   **利润表部分资料**   单位：万元

项目	本期金额
营业收入	50 000
营业成本	26 500

补充资料：

①本期计提坏账准备10万元。

②本期增值税的销项税额为8 500万元；本期增值税的进项税额465万元。

③"营业成本"项目中包括计提车间折旧费50万元，分配生产车间工人薪酬130万元。

④"存货"项目中包括计提车间折旧费20万元，分配生产车间工人薪酬80万元。

要求：根据上述资料，不考虑其他因素，计算：

（1）现金流量表的"销售商品、提供劳务收到的现金"金额。

（2）现金流量表的"购买商品、接受劳务支付的现金"金额。

四、 本章习题答案及解析

（一）单项选择题

1.C【解析】一般情况下，财务报表以持续经营为基础列报。但在非持续经营的情况下，企业应当在附注中声明财务报表未以持续经营为基础列报，披露未以持续经营为基础的原因以及财务报表的编制基础。

2.B【解析】资产负债表"存货"项目根据"原材料"、"委托加工物资"、"周转材料"、"材料采购"、"在途物资"、"发出商品"、"材料成本差异"等总账科目期末余额的分析汇总数，再减去"存货跌价准备"等备抵科目余额后的净额填列；资产负债表"货币资金"项目根据"库存现金"、"银行存款"、"其他货币资金"三个总账科目期末余额的合计数填列；资产负债表"应收账款"项目根据"应收账款"和"预收账款"两个科目所属的有关明细科目的期末借方余额的合计数，减去"坏账准备"科目中有关应收账款计提的坏账准备的期末余额的净额填列；资产负债表"固定资产"项目根据"固定资产"科目的期末余额减去"累计折旧"、"固定资产减值准备"等科目的余额后的净额填列。

3.A【解析】2016年12月31日该企业资产负债表"应收账款"项目的金额＝（500+5-5）－（25+5-10）=480（万元）。

4.B【解析】该企业资产负债表中"存货"项目的金额＝"发出商品"科目余额50+"原材料"科目余额60+"生产成本"科目余额67＋"委托代销商品"科目余额240＋"受托代销商品"科目余额120－"受托代销商品款"科目余额120－"材料成本差异"科目贷方余额5-"存货跌价准备"科目余额20＝392（万元）。

5.C【解析】"预收账款"明细账借方余额具有应收性质，应在资产负债表的"应收账款"项目中反映。

6.C【解析】"本年利润"账户的金额只有在年度终了时才能结转到"利润分配——未分配利润"账户。在未结转前编制资产负债表时，"本年利润"账户的余额也应反映在资产负债表的"未分配利润"项目中。

7.B【解析】一年内到期负债应列入"一年内到期的非流动负债"项目中，长期借款计提利息时，一方面增加"财务费用"或"在建工程"，一方面增加"长期借款"，所以在2016年年末资产负债表中"长期借款"项目=500×（1+3%）=515（万元）。

8.A【解析】营业利润=营业收入－营业成本－营业税金及附加－销售费用－管理费用－财务费用－资产减值损失+公允价值变动收益（－公允价值变动损失）+投资收益（－投资损失），可见，营业外支出、营业外收入和所得税费用都不影响营业利润。

9.A【解析】对于存在银行或其他金融机构的款项已经部分不能收回或者全部不能收回的，应当查明原因进行处理，有确凿证据表明无法收回的，应当根据企业管理权限报经批准后，借记"营业外支出"科目，贷记"银行存款"科目，不影响营业利润。

10.A【解析】营业利润=营业收入－营业成本－营业税金及附加－销售费用－管理费用－财务费用－资产减值损失+公允价值变动收益（－公允价值变动损失）+投资收益（－投资损失）=1 000-600-20-50-10+40-70+80=370（万元）。

11.A【解析】选项A，取得短期借款会产生现金流入；选项B，分配股票股利是所有者权益内部的增减变动，不产生现金流出；选项C，无形资产摊销成本费用增加了，但是没有现金流出企业；选项D属于现金等价物，它是现金流量表中"现金"概念的构成内容，它增加同时会引起银行存款的减少，因此，此选项引起现金内部一增一减的变化，不会引起现金流量总额的变化。

12.A【解析】销售商品、提供劳务收到的现金=1 000+170－（150-100）－（50-10）=1 080（万元）。

13.D【解析】支付给职工以及为职工支付的现金=100+160-150=110（万元）。

14.B【解析】选项A填列的是企业偿还债务的本金；选项C支付的是除债券本金、利息等之外的现金；选项D不属于现金流量表的项目。只有选项B符合题意。

15.B

16.B【解析】现金流量净额增加=35-1=34（元）。

17.D【解析】"本年年末余额"项目，是在所有者权益本年年初余额的基础上，加上（或减去）本年度增减变动金额计算得出的。

18.D【解析】选项D不符合原则"对于会计年度中不均匀发生的费用，除了在会计年度末允许预提或者待摊的之外，企业都应当在发生时予以确认和计量，不应当在中期财务报表中预提或者待摊"。

19.C【解析】A出版发行公司在收到订单和购书款的中期不能确认图书的销售收入，因为此时与图书所有权有关的风险和报酬尚未转移，不符合收入确认的条件，企业只能在发送图书，并且与图书所有权有关的风险和报酬已经转移的中期才能确认收入。

20.D【解析】丙公司在确定地区分部时，就应当根据风险和报酬主要来自于资产所在地还是客户所在地，从而选择确定以资产所在地（如辽宁、上海、杭州、新疆、内蒙古等地）或客户所在地（如中国、韩国、瑞典、南非等）作为地区分部。由于丙公司在确定地区分部时，风险和报酬主要来自于资产所在地，从而选择应确定辽宁、上海、杭州、新疆、内蒙古等作为地区分部。

（二）多项选择题

1.ABCD

2.ABCD

3.CD【解析】财务报表按照反映的内容不同，可以分为静态财务报表和动态财务报表。

4.BD

5.AB【解析】资产负债表的格式包括账户式和报告式两种。

6.AD【解析】一年内到期的非流动资产和其他应收款均属于流动资产，其他两项属于非流动资产。

7.ABCD【解析】选项A、B、C、D均应作为相关资产的抵减项合并填列，不能单独填列。

8.AB【解析】选项C为非流动负债，选项D为流动负债。

9.AC【解析】"营业税金及附加"项目不反映企业应交纳的增值税，因为增值税属于价外税；印花税通过"管理费用"科目核算。

10.AC【解析】选项B、D均属于筹资活动产生的现金流量。

11.CD【解析】选项A，应填列在"取得子公司及其他营业单位支付的现金净额"项目；选项B，除应收利息5万元填列在"支付其他与投资有关的现金"外，其他业务仍填列在"投资支付的现金"项目，虽然交易费用在账务处理上计入投资收益，但也要填列在"投资支付的现金"项目。

12.ABCD【解析】选项A、B、C、D均应在上市公司的财务报表附注中披露。

13.ACD【解析】中期财务报告编制应以中期财务数据为基础判断重要性程度，不得以预计的年度财务数据为基础判断重要性程度。

14.ABCD

15.AB【解析】选项C、D不应该选，该分部的分部利润（或亏损）的绝对额，占所有盈利分部利润合计额或者所有亏损分部亏损合计额的绝对额两者中较大者的10%或者以上。

（三）判断题

1.×【解析】在编制财务报表的过程中，性质或功能不同的项目，应当在财务报表中单独列报，但不具有重要性的项目除外。

2.×【解析】财务报表中的资产项目和负债项目的金额、收入项目和费用项目的金额不得相互抵销，但满足条件的除外：①资产项目按扣除减值准备后的净额列示；②非日常活动产生的损益，以收入扣减费用后的净额列示。

3.×【解析】对于在资产负债表日起一年内到期的负债，如果企业不能自主地将清偿义务展期的，则即使在资产负债表日后、财务报告批准报出日前签订了重新安排清偿计划协议，该项负债仍应归类为流动负债。

4.×【解析】购买固定资产产生的现金流量属于投资活动产生的现金流量，支付短期借款利息产生的现金流量属于筹资活动产生的现金流量。

5.×【解析】现金流量表中的投资活动，指的是企业长期资产的购建和不包括在现金等价物范围内的投资活动及其处置活动，现金与现金等价物的转换不属于现金流量。

6.×【解析】购买固定资产产生的现金流量属于投资活动产生的现金流量，支付短期借款利息产生的现金流量属于筹资活动产生的现金流量。

7.√【解析】"吸收投资收到的现金"反映企业以发行股票、债券方式筹集资金实际收到的款项，减去直接支付的佣金、手续费、宣传费、咨询费、印刷费等发行费用后的净额。

8.√

9.×【解析】对于上期确定为报告分部，企业本期认为其依然重要，即使本期未满足规定条件的，仍应将其确定为本期的报告分部。

10.√

（四）计算与会计处理题

1.相关业务处理过程如下：

（1）编制的会计分录如下：

①借：银行存款　　　　　　　　　　　　　　　　　　　　58.5

　　贷：主营业务收入　　　　　　　　　　　　　　　　　50

　　　　应交税费——应交增值税（销项税额）　　　　　　8.5

　借：主营业务成本　　　　　　　　　　　　　　　　　　37.5

　　贷：库存商品　　　　　　　　　　　　　　　　　　　37.5

②借：生产成本　　　　　　　　　　　　　　　　　　　120

　　制造费用　　　　　　　　　　　　　　　　　　　　10

　　管理费用　　　　　　　　　　　　　　　　　　　　14

　　销售费用　　　　　　　　　　　　　　　　　　　　30

        贷：应付职工薪酬   174

  ③借：管理费用   64

        贷：累计摊销   64

  ④借：营业税金及附加   5.5

        贷：应交税费——应交城市维护建设税   5

                ——应交教育费附加   0.5

（2）编制的 2016 年度的利润表见表 13-6。

表 13-6   **利润表（简表）**

编制单位：A公司   2016 年度   单位：万元

项目	本期金额
一、营业收入	1 616
减：营业成本	1 132.5
营业税金及附加	20.5
销售费用	64
管理费用	99
财务费用	52
资产减值损失	0
加：公允价值变动收益（损失以"－"号填列）	0
投资收益（损失以"－"号填列）	22
其中：对联营企业和合营企业的投资收益	0
二、营业利润（亏损以"－"号填列）	270
加：营业外收入	50
减：营业外支出	20
其中：非流动资产处置损失	0
三、利润总额（亏损总额以"－"号填列）	300
减：所得税费用	75
四、净利润（净亏损以"－"号填列）	225

2.计算的资产负债表中的相关项目金额见表13-7。

表13-7

资产负债表(简表)

编制单位：嘉园公司　　　　　　　　　　2016年12月31日　　　　　　　　　　　单位：万元

资产	期末余额	年初余额	负债及股东权益	期末余额	年初余额
货币资金	7 760	5 000	短期借款	2 350	280
应收票据	350	120	应付票据	166	170
应收账款	852	600	应付账款	446	260
预付款项	316	50	预收款项	360	0
存货	1 374	2 200	长期借款	1 700	1 600
长期股权投资	1 080	1 000	股本(普通股)	6 000	6 000
固定资产	7 550	3 200	盈余公积	4 010	2 000
			未分配利润	4 250	1 860
资产总计	19 282	12 170	负债及股东权益总计	19 282	12 170

3.相关计算过程如下：

（1）销售商品、提供劳务收到的现金=50 000+8 500+（450-480）+（360-320）+（200-100）-10

　　=58 600（万元）

（2）购买商品、接受劳务支付的现金=26 500+465+（7 840-9 760）+（750-890）+（670-540）-70-210

　　=24 755（万元）

第十四章 会计调整

一、学习目的及要求

通过本章学习，了解会计政策、会计估计的概念，能区分会计政策变更和会计估计变更，在此基础上，掌握两者的会计处理；了解会计差错的种类，并掌握会计差错更正的会计处理；了解资产负债表日后事项的含义和内容，基本掌握资产负债表日后调整事项的会计处理。

二、本章主要知识点

◇会计政策及其变更

◇会计估计变更

◇会计差错及其更正

◇资产负债表日后事项

三、本章习题

（一）单项选择题

1.会计政策是指（　　）。

A.企业在会计确认、计量和报告中所采用的原则、基础和会计处理方法

B.企业在会计确认中所采用的原则、基础和会计处理方法

C.企业在会计计量中所采用的原则、基础和会计处理方法

D.企业在会计报告中所采用的原则、基础和会计处理方法

2.会计政策变更时，会计处理方法的选择应遵循的原则是（　　）。

A.必须采用未来适用法

B.在追溯调整法和未来适用法中任选其一

C.必须采用追溯调整法

D.会计政策变更累积影响数可以合理确定时采用追溯调整法，不能合理确定时采用未来适用法

3.某上市公司发生的下列交易或事项中，属于会计政策变更的是（　　）。

A.固定资产预计净残值由 1 000 元改为 2 000 元

B.期末对原按业务发生时的汇率折算的外币长期借款余额按期末市场汇率进行调整

C.发出存货的计价方法由先进先出法改为加权平均法

D.年末根据当期发生的暂时性差异所产生的递延所得税负债调整本期所得税费用

4.下列交易或事项中，属于会计政策变更的是（　　　　）。

A.固定资产预计使用年限由8年改为5年

B.无形资产费用化的开发支出在研发结束时转为资本化

C.坏账准备计提方法由应收账款余额百分比法改为账龄分析法

D.对投资性房地产由成本计量模式改为公允价值计量模式

5.某企业对下列各项业务进行的会计处理中，一般需要进行追溯调整的是（　　　　）。

A.有证据表明原使用寿命不确定的无形资产的使用寿命已能够合理估计

B.企业将投资性房地产的后续计量方法由成本模式变更为公允价值模式

C.原暂估入账的固定资产已办理完竣工决算手续

D.提前报废固定资产

6.采用追溯调整法计算出会计政策变更的累积影响数后，应当（　　　　）。

A.重新编制以前年度财务报表

B.调整列报前期最早期初留存收益，以及财务报表其他相关项目的期初数和上年数

C.调整列报前期最早期末及未来各期财务报表相关项目的数字

D.只需在报表附注中说明其累积影响金额

7.某股份公司在会计核算中采用了以下会计政策，其中属于会计准则不允许的政策是（　　　　）。

A.固定资产交付使用后的借款费用计入当期损益

B.固定资产交付使用后的借款费用计入固定资产价值

C.开始和完成分属不同年度的劳务按照完工百分比法确认收入

D.在同一年度开始和完成的劳务在劳务完成时确认收入

8.当难以区分某种会计变更属于会计政策变更还是会计估计变更时，通常将这种会计变更（　　　　）。

A.视为前期差错处理

B.视为会计政策变更处理

C.视为会计估计变更处理

D.视为资产负债表日后调整事项处理

9.下列项目中，属于会计估计项目的是（　　　　）。

A.固定资产的耐用年限和净残值　　　　B.借款费用是资本化还是费用化

C.非货币性资产交换的计量　　　　D.长期股权投资的会计处理方法

10.下列各项中，属于会计估计变更的是（　　　　）。

A.企业根据客户的资信情况的恶化，提高坏账准备的计提比例

B.企业执行新企业会计准则，将发出存货的计价方法由后进先出法改为先进先出法

C.收入确认由完成合同法改为完工百分比法

D.为了提高报表利润，企业将厂房总的折旧年限由20年延长至30年

11.甲企业一台从2014年1月1日开始计提折旧的设备，其原值为15 500元，预计使用年限为5年，预计净残值为500元，采用年数总和法计提折旧。从2016年起，该企业将该固定资产的折旧方法改为年限平均法，设备的预计使用年限由5年改为4年，设备的预计净残值由500元改为300元。该设备2016年的折旧额为（　　）元。

  A.3 100   B.3 000   C.3 250   D.4 000

12.下列有关前期差错的说法中，不正确的是（　　）。

A.前期差错通常包括计算错误、应用会计政策错误、疏忽或曲解事实以及舞弊产生的影响以及固定资产盘盈等

B.企业应当采用追溯重述法更正重要的前期差错，但确定前期差错累积影响数不切实可行的除外

C.追溯重述法是指在发现前期差错时，视同该项前期差错从未发生过，从而对财务报表相关项目进行更正的方法

D.确定前期差错累积影响数不切实可行的，可以从可追溯重述的最早期间开始调整留存收益的期初余额，财务报表其他相关项目的期初余额也应当一并调整，不得采用未来适用法

13.某上市公司2015年度的财务会计报告于2016年4月30日批准报出，2016年12月31日，该公司发现了2014年度的一项非重大差错。该公司正确的做法是（　　）。

A.调整2016年度财务报表的年初数和上年数

B.调整2016年度财务报表的年末数和本年数

C.调整2015年度财务报表的年末数和本年数

D.调整2015年度财务报表的年初数和上年数

14.下列表述中不正确的是（　　）。

A.某企业的一项无形资产摊销年限原定为10年，以后发生的情况表明，该资产的受益年限已不足10年，相应调减摊销年限

B.某企业原根据当时能够得到的信息，对应收账款每年按其余额的5%计提坏账准备。现在掌握了新的信息，判定不能收回的应收账款比例已达15%，企业改按15%的比例计提坏账准备

C.某企业的一项可计提折旧的固定资产，其有效使用年限或预计净残值的估计发生变更，影响了变更当期及资产以后使用年限内各个期间的折旧费用，这项会计估计的变更，应于变更当期及以后各期确认

D.某企业投资性房产采用公允价值模式计量，考虑到由于公允价值计量不计提折旧不进行摊销，影响所得税的扣除，决定将投资性房地产由公允价计量改为按成本模式计量

15.对下列会计差错，不正确的说法是（　　）。

A.所有会计差错均应在财务报表附注中披露

B.重要会计差错的内容应在财务报表附注中披露

C.本期发现的、属于前期的重要差错，应调整发现当期的期初留存收益和财务报表其他相关项目的期初数

D.本期发现的、属于以前年度的非重要会计差错，不调整财务报表相关项目的期初数，但应调整发现当期与前期相同的相关项目

16.某上市公司2015年度财务报告于2016年2月10日编制完成，所得税汇算清缴日是3月20日，注册会计师完成审计及签署审计报告日是2016年4月10日，经董事会批准报表对外公布日为4月20日，财务报告实际对外报出日为4月22日，股东大会召开日期是4月25日，按照企业会计准则的规定，资产负债表日后事项涵盖的期间为（ ）。

A.2016年1月1日至2016年2月10日

B.2016年2月10日至2016年4月22日

C.2016年2月10日至2016年4月25日

D.2016年1月1日至2016年4月20日

17.甲公司在年度财务报告批准报出日之前发现了报告年度的重大会计差错，需要做的会计处理是（ ）。

A.作为发现当期的会计差错更正

B.在发现当期报表附注做出披露

C.按照资产负债表日后事项非调整事项的处理原则做出说明

D.按照资产负债表日后事项调整事项的处理原则做出相应调整

18.下列有关资产负债表日后事项，表述正确的是（ ）。

A.资产负债表日至财务会计报告批准报出日之间，由董事会制订的财务会计报告所属期间利润分配方案中的盈余公积的提取，应作为调整事项处理

B.资产负债表日后发生的调整事项如涉及现金收支项目的，均可以调整报告年度资产负债表的货币资金项目，但不调整报告年度现金流量表各项目数字

C.资产负债表日后事项，作为调整事项调整财务报表有关项目数字后，还需要在财务报表附注中进行披露

D.资产负债表日至财务会计报告批准报出日之间，由董事会制订的财务会计报告所属期间利润分配方案中的现金股利，应作为调整事项处理

19.甲公司2016年1月10日向乙公司销售一批商品并确认收入实现，2016年2月20日，乙公司因产品质量原因将上述商品退货。甲公司2015年财务会计报告批准报出日为2016年4月30日。甲公司对此项退货业务正确的处理方法是（ ）。

A.作为资产负债表日后事项中的调整事项处理

B.作为资产负债表日后事项中的非调整事项处理

C.冲减2016年1月份相关收入、成本和税金等相关项目

D.冲减2016年2月份相关收入、成本和税金等相关项目

20.甲公司2015年10月份与乙公司签订一项供销合同，由于甲公司未按合同发货，致使乙公司发生重大经济损失。被乙公司提起诉讼，至2015年12月31日法院尚未判决。甲公司2015年12月31日在资产负债表中的"预计负债"项目反映了100万元的赔偿款。

2016年3月5日经法院判决，甲公司需偿付乙公司经济损失120万元。甲公司不再上诉，并假定赔偿款已经支付。甲公司2015年度财务会计报告批准报出日为2016年4月28日，不考虑所得税因素，则报告年度资产负债表中有关项目调整，正确的处理方法是（　　）。

A."预计负债"项目调增20万元；"其他应付款"项目没有变化

B."预计负债"项目调减100万元；"其他应付款"项目调增120万元

C."预计负债"项目调增20万元；"其他应付款"项目调增120万元

D."预计负债"项目调减120万元；"其他应付款"项目调增20万元

（二）多项选择题

1.下列各项中，属于会计政策项目的有（　　）。

A.收入的确认　　　　　　　　　　B.坏账损失的核算方法

C.存货的计价方法　　　　　　　　D.长期股权投资的核算方法

2.企业对于发生的会计政策变更，应披露的内容有（　　）。

A.会计政策变更的原因、性质、内容

B.当期和各个列报前期财务报表中受影响的项目名称

C.当期和各个列报前期财务报表中受影响的项目调整金额

D.无法进行追溯调整的，说明该事实和原因以及开始应用变更后的会计政策的时点、具体应用情况

3.下列各项中，符合会计准则规定的会计政策变更的有（　　）。

A.根据会计准则、规章的要求而变更会计政策

B.为提供更可靠、更相关的信息采用新的会计政策

C.对初次发生的事项采用新的会计政策

D.本期发生的交易或事项与以前相比具有本质差别而采用新的会计政策

4.应采用未来适用法处理会计政策变更的情况有（　　）。

A.企业因账簿超过法定保存期限而销毁，引起会计政策变更累积影响数无法确定

B.企业账簿因不可抗力而毁坏引起累积影响数无法确定

C.会计政策变更累积影响数能够确定，但法律或行政法规要求对会计政策的变更采用未来适用法

D.会计政策变更累积影响数能够合理确定，国家相关准则规定应追溯调整

5.下列关于会计政策变更的说法中，不正确的有（　　）。

A.会计政策是指企业在会计确认、计量和报告中所采用的原则、基础和会计处理方法

B.会计政策变更意味着以前期间的会计政策是错误的

C.会计政策变更一律采用追溯调整法进行处理

D.会计政策变更只需调整变更当年的资产负债表、利润表

6.会计估计的特点包括（　　）。

A.会计估计的存在是由于经济活动中内在的不确定性因素的影响

B.会计估计应当以最近可利用的信息或资料为基础

C.会计估计相应会削弱会计核算的可靠性

D.会计估计具有强制性

7.下列关于会计估计变更的说法中，正确的有（   ）。

A.会计估计变更应采用未来适用法进行会计处理

B.如果会计估计的变更仅影响变更当期，有关估计变更的影响应于当期确认

C.如果会计估计的变更既影响变更当期又影响未来期间，有关估计变更的影响在当期及以后期间确认

D.会计估计变更应采用追溯调整法进行会计处理

8.某股份有限公司对下列各项业务进行的会计处理中，符合会计准则规定的有（   ）。

A.由于物价持续下跌，存货的核算由原来的加权平均法改为先进先出法

B.由于银行提高了借款利率，当期发生的财务费用过高，故该公司将超出财务计划的利息暂作资本化处理

C.由于产品销路不畅，产品销售收入减少，固定费用相对过高，该公司将固定资产折旧方法由双倍余额递减法改为平均年限法

D.由于客户财务状况改善，该公司将坏账准备的计提比例由原来的6%降为3%

9.企业发生的下列事项中，应作为重要差错更正的有（   ）。

A.由于地震使厂房使用寿命受到影响，调减了厂房的预计使用年限

B.根据规定对资产计提减值准备，考虑到利润指标超额完成太多，根据谨慎性原则，多提了存货跌价准备

C.由于出现新技术，将专利权的摊销年限由8年改为5年

D.鉴于当期利润完成状况不佳，将固定资产的折旧方法由双倍余额递减法改为直线法

10.上市公司在其年度资产负债表日后至财务会计报告批准报出日前发生的下列事项中，属于非调整事项的有（   ）。

A.资产负债表日后发现了财务报表舞弊或差错

B.以前年度售出商品发生退货

C.董事会提出股票股利分配方案

D.因发生火灾导致存货严重损失

11.某公司2015年度财务报告批准报出日为2016年3月30日，该公司2016年1月1日至3月30日之间发生的下列事项，需要对2015年度财务报表进行调整的有（   ）。

A.2016年2月25日，发生火灾导致存货损失100万元

B.2016年1月29日得到法院通知，因2015年度银行贷款担保应向银行支付贷款及罚息等计95万元（2015年年末已确认预计负债80万元）

C.2016年1月25日完成了2015年12月20日销售设备的安装工作，并收到销售款100万元

D.2016年2月15日由于质量原因收到了被退回的于2015年12月15日销售的设备1台

12.资产负债表日后发生的调整事项，应当如同资产负债表所属期间发生的事项一

样，做出相关账务处理，并对资产负债表日已编制的财务报表作相应的调整。这里的财务报表包括（　　　）。

    A.资产负债表　　　　　　　　　　B.利润表

    C.现金流量表正表　　　　　　　　D.现金流量表补充资料的内容

13.资产负债表日后发生的调整事项的处理原则，可能会涉及的处理情况有（　　　）。

    A.不涉及损益以及利润分配的事项，直接调整相关科目

    B.涉及损益的事项，通过"以前年度损益调整"科目核算

    C.进行相关账务处理的同时，还应调整财务报表相关项目的数字

    D.涉及利润分配调整的事项，通过"利润分配——未分配利润"科目核算

14.甲股份有限公司2016年实现净利润8 500万元。该公司2016年发生和发现的下列交易或事项中，不会影响其年初未分配利润的是（　　　）。

    A.发现2014年少计管理费用4 500万元

    B.发现2015年少提财务费用0.10万元

    C.为2015年售出的设备提供售后服务发生支出550万元

    D.因客户资信状况明显改善，将应收账款坏账准备计提比例由10%改为5%

（三）判断题

1.对于初次发生的事项和交易采用新的会计政策，不属于会计政策变更。（　　）

2.企业会计政策应当保持前后各期的一致性，会计政策变更意味着以前期间的会计政策是错误的。（　　）

3.会计政策变更可以采用追溯调整法和未来适用法两种方法进行会计处理，采用哪种会计处理方法，应根据具体情况确定。（　　）

4.会计估计变更仅影响变更当期的，其影响数应当在变更当期予以确认；既影响变更当期又影响未来期间的，其影响数应当在变更当期和未来期间予以确认。（　　）

5.将经营性租赁的固定资产通过变更合同转为融资租赁固定资产，在会计上应当作为会计政策变更处理。（　　）

6.有关在财务报表附注中披露会计估计变更的要求与披露会计政策变更的要求是有差别的。（　　）

7.如果以前期间的会计估计是错误的，则属于差错，按前期差错更正的规定进行会计处理。（　　）

8.无充分合理的证据表明会计政策变更的合理性或者未经股东大会等类似权力机构批准擅自变更会计政策的，或者连续、反复地自行变更会计政策的，视为滥用会计政策，按照重要差错来进行会计处理。（　　）

9.资产负债表日后事项，是指资产负债表日至财务报告批准报出日之间发生的所有有利或不利的事项。（　　）

10.资产负债表日后事项如涉及现金收支项目，应调整报告年度资产负债表的货币资金项目，但不应调整现金流量表各项目数字。（　　）

（四）计算与会计处理题

1.甲公司是 2015 年 12 月 25 日改制的股份有限公司，所得税核算采用资产负债表债务法，所得税税率为 25%，每年按净利润的 10% 和 5% 分别计提法定盈余公积和任意盈余公积。为了提供更可靠、更相关的会计信息，经董事会批准，甲公司于 2016 年度对部分会计工作进行调整。有关事项的资料如下：

事项一：从 2016 年 1 月 1 日起，将行政管理部门使用的设备的预计使用年限由 12 年改为 8 年；同时，将设备的折旧方法由平均年限法改为年数总和法。根据税法规定，设备采用平均年限法计提折旧，折旧年限为 12 年，预计净残值为 0。上述设备已使用 3 年，并已计提了 3 年的折旧，尚可使用 5 年，其账面原价为 6 000 万元，累计折旧为 1 500 万元（未计提减值准备）。

事项二：从 2016 年 1 月 1 日起，将无形资产的期末计价由账面摊余价值改为账面摊余价值与可收回金额孰低计价。甲公司 2014 年 1 月 20 日购入某项专利权，实际成本为 2 400万元，预计使用年限为 16 年，按 16 年平均摊销（与税法一致）。2014 年年末、2015 年年末和 2016 年年末预计可收回金额分别为 2 100 万元、1 800 万元和 1 600 万元（假定预计使用年限不变）。

要求：

（1）判断上述事项各属于何种会计变更。

（2）写出甲公司 2016 年度对上述事项进行的会计处理（单位：万元）。如果属于会计估计变更，要求计算对本年度的影响数。

2.甲公司适用的所得税税率为 25%，所得税采用资产负债表债务法核算。甲公司 2015年度财务会计报告于 2016 年 4 月 30 日对外报出。甲公司 2015 年的汇算清缴在 3 月 15 日完成。甲公司于 2015 年 11 月涉及的一项诉讼，在编制 2015 年度财务报表时，法院尚未判决，甲公司确认预计负债 100 万元。2016 年 2 月 10 日，法院一审判决甲公司败诉，判决甲公司支付赔偿款 120 万元。甲公司不再上诉，并且赔偿款已经支付。假定税法规定实际支付的赔偿款允许在税前扣除。假定除此事项外，不存在其他纳税调整事项。假定不考虑盈余公积的调整，报告年度的应交所得税、递延所得税资产或递延所得税负债、所得税费用在资产负债表日已经计算。假定不考虑除所得税以外的其他相关税费。

要求：编制有关调整事项的会计分录（单位：万元）。

四、本章习题答案及解析

（一）单项选择题

1.A

2.D

3.C【解析】选项 A，固定资产预计净残值的改变属于会计估计变更；选项 B，企业发生外币业务时，采用外币业务发生时的市场汇率，在月份（或季度、年度）终了时，对于各外币账户的期末余额，按期末市场汇率将其折算为记账本位币金额，以确认汇兑损益，这不属于会计政策变更。

4.D【解析】选项A、C属于会计估计变更,选项B是会计差错。

5.B【解析】B选项属于会计政策变更,应该进行追溯调整,调整期初留存收益。

6.B【解析】追溯调整法,是指对某项交易或事项变更会计政策,视同该项交易或事项初次发生时即采用变更后的会计政策,并以此对财务报表相关项目进行调整的方法。根据计算得出的会计政策变更的累积影响数调整列报前期最早期初留存收益,以及财务报表其他相关项目的期初数和上年数。

7.B【解析】固定资产交付使用后的借款费用计入当期损益。

8.C【解析】如果企业难以区分某项变更为会计政策变更还是会计估计变更的,应当将其作为会计估计变更处理。

9.A【解析】固定资产的耐用年限和净残值属于会计估计项目,其他三项属于会计政策项目。

10.A【解析】B、C项属于会计政策变更;D项属于滥用会计估计变更,应作为会计差错处理。

11.A【解析】该事项属于会计估计变更;至2015年12月31日该设备的账面价值为6 500元(15 500-(15 500-500)×5÷15-(15 500-500)×4÷15),该设备2016年应计提的折旧额为3 100元((6 500-300)÷2)。

12.D【解析】确定前期差错影响数不切实可行的,可以从可追溯重述的最早期间开始调整留存收益的期初余额,财务报表其他相关项目的期初余额也应当一并调整,也可以采用未来适用法。

13.B【解析】该事项属于非日后期间发现的以前年度的非重大差错,应调整发现当期财务报表相关项目的本期数和期末数。

14.D【解析】选项D属于人为调节利润,不符合会计规定。

15.A【解析】重要会计差错的内容应在财务报表附注中披露。

16.D【解析】资产负债表日后事项涵盖的期间包括:报告年度次年的1月1日或报告期间下一期第一天起至董事会,或经理(厂长)会议或类似机构批准财务报告可以对外公布的日期,即以董事会,或经理(厂长)会议或类似机构批准财务报告对外公布的日期为截止日期。也就是说,资产负债表日后事项涵盖的期间是自资产负债表日次日起至财务报告批准报出日止的一段时间。

17.D【解析】该事项应当作为调整事项,按照资产负债表日后调整事项的处理原则进行相应调整。

18.A【解析】B选项,资产负债表日后发生的调整事项如涉及现金收支项目的,均不调整报告年度资产负债表的货币资金项目和现金流量表各项目数字。C选项,资产负债表日后事项,已经作为调整事项调整财务报表有关项目数字的,除去法律、法规以及其他会计准则另有规定外,不需要在财务报表附注中进行披露。D选项,资产负债表日至财务会计报告批准报出日之间,由董事会制订的财务会计报告所属期间利润分配方案中的现金股利和股票股利,均应作为非调整事项处理。

19.D【解析】此项退货业务不属于资产负债表日后事项中的调整事项,应冲减退货月份的收入、成本和税金等相关项目。

20.B【解析】会计分录为：

借：预计负债　　　　　　　　　　　　　　　　　　　　　　　　100

　　以前年度损益调整　　　　　　　　　　　　　　　　　　　　　20

　　　贷：其他应付款　　　　　　　　　　　　　　　　　　　　　　　　120

因为诉讼已经判决，甲公司不再上诉，所以甲公司应该将资产负债表日确认的预计负债100万元调整减少的。

借：其他应付款　　　　　　　　　　　　　　　　　　　　　　　120

　　贷：银行存款　　　　　　　　　　　　　　　　　　　　　　　　　120

注意：该笔分录涉及货币资金收支项目，不调整报告年度资产负债表的货币资金项目和现金流量表各项目的数字，应当作为2016年的正常会计事项处理。

（二）多项选择题

1.ABCD【解析】会计政策是指企业在会计确认、计量和报告中所采用的原则、基础和会计处理方法。

2.ABCD【解析】对于会计政策变更，企业除进行相关的会计处理后，还应当在财务报表附注中披露以下事项：（1）会计政策变更的性质、内容和原因。（2）当期和各个列报前期财务报表中受影响的项目名称和调整金额。（3）无法进行追溯调整的，说明该事实和原因以及开始应用变更后的会计政策的时点、具体应用情况。

3.AB【解析】按照企业会计准则的规定，以下两种情况不属于会计政策变更：本期发生的交易或事项与以前相比具有本质差别而采用新的会计政策；对初次发生的或不重要的交易或事项采用新的会计政策。

4.ABC【解析】如果会计政策变更累积影响数不能合理确定，无论是因为法规、规章要求而变更会计政策，还是因为经营环境、客观情况改变而变更会计政策，都可采用未来适用法进行会计处理。

5.BCD【解析】政策变更还可能要调整所有者权益变动表。

6.AB【解析】会计估计并不会削弱会计核算的可靠性，强制性是会计政策的特点。

7.ABC【解析】会计估计变更应采用未来适用法进行会计处理。

8.AD【解析】选项A为变更会计政策后能够提供更可靠、更相关的企业财务信息；选项D变更坏账计提比例后可以提供更可靠、更相关的企业财务信息。选项B、C是出于损益操纵目的而作的会计政策改变，不符合会计准则规定。

9.BD【解析】选项B、D属于企业滥用会计政策、会计估计及其变更，应作为重要差错进行处理。选项A和C属于正确的处理方法。

10.CD【解析】选项A、B属于资产负债表日后调整事项。

11.BD【解析】选项A属于非调整事项；选项C不属于资产负债表日后事项。

12.ABD【解析】不能因日后调整事项而调整报告年度的现金流量表正表，即不能对货币资金的收支作调整，所以选项C不应选。

13.ABCD【解析】资产负债表日后发生的调整事项，应具体分别以下情况进行处理：（1）涉及损益的事项，通过"以前年度损益调整"科目核算。（2）涉及利润分配调整的事项，直接在"利润分配——未分配利润"科目核算。（3）不涉及损益以及利润分配的事项，调整相关科目。（4）进行上述账务处理的同时，还应调整财务报表相关项目的数字，包括资产负债表日编制的财务报表相关项目的期末或本年发生数；当期编制的财务报表相关项目的期初数或上年数；上述调整如果涉及附注内容的，还应当调整附注相关项目的数字。

14.BCD【解析】选项A属于本期发现前期的重要差错，应调整发现当期财务报表的年初数和上年数；选项B属于本期发现前期非重要差错，应直接调整发现当期相关项目；选项C属于2016年发生的业务；选项D属于会计估计变更，应按未来适用法进行会计处理，不需调整财务报表的相关数字。

（三）判断题

1.√【解析】初次发生的事项和交易采用新的会计政策属于选用新政策，不属于政策变更。

2.×【解析】企业会计政策变更，并不意味着以前期间的会计政策是错误的，只是由于情况发生了变化，或者掌握了新的信息、积累了更多的经验，使得变更会计政策能够更好地反映企业的财务状况、经营成果和现金流量。

3.√【解析】会计政策变更，有两种会计处理方法，即追溯调整法和未来适用法。①法律、法规要求而发生的变更，如果规定了会计处理方法，应按规定的方法处理；如果未规定会计处理方法，应采用追溯调整法进行会计处理。②为使会计信息更相关、更可靠而发生的变更，应采用追溯调整法进行会计处理。③无论何种情形发生会计政策变更，如果累积影响数不能合理确定，则可以采用未来适用法进行会计处理，但应披露无法确定累积影响数的原因。

4.√

5.×【解析】经营租赁与融资租赁有本质区别，故这种变更不属于会计政策变更。

6.√【解析】两者披露的要求是不同的，比如会计政策变更要求披露变更的累积影响数，而会计估计变更只要求披露变更对当期和未来期间的影响数。

7.√【解析】如果以前期间的会计估计是错误的，则属于差错，应该采用差错更正的原则来进行会计处理，而不适用于会计估计变更的处理。

8.√

9.×【解析】资产负债表日后事项不是在这个特定期间内发生的全部事项，而是与资产负债表日存在状况有关的事项，或虽然与资产负债表日存在状况无关，但对企业财务状况具有重大影响的事项。

10.×【解析】资产负债表日后事项如涉及现金收支项目，均不调整报告年度资产负债表的货币资金项目和现金流量表正表各项目数字。

（四）计算与会计处理题

1.（1）事项一属于会计估计变更，事项二属于会计政策变更。

（2）事项一：

不调整以前各期折旧，也不计算累积影响数，只需从2016年起按重新预计的使用年限及新的折旧方法计算年折旧费用。

甲公司2016年度应计提的设备的折旧额＝（6 000－1 500）×5÷15＝1 500（万元）

此会计估计变更对本年度净利润的影响金额为减少750元（（1 500－500）×（1－25%））。

事项二：

计算2016年度该专利权的摊销额：

按照变更后的会计政策：

2014年专利权摊余价值＝2 400－2 400÷16＝2 250（万元）

2014年应提减值准备＝2 250－2 100＝150（万元）

2015年应摊销专利权价值＝2 100÷15＝140（万元）

2015年应提减值准备＝（2 100－140）－1 800＝160（万元）

2016年应摊销专利权价值＝1 800÷14＝128.57（万元）

按新的会计政策追溯调整，2016年1月1日无形资产的账面价值＝2 400－150－150－140－160＝1 800（万元），此时无形资产的计税基础＝2 400－150×2＝2 100（万元），累计产生的可抵扣暂时性差异为300万元，则递延所得税资产为：300×25%＝75（万元）。

借：利润分配——未分配利润		225
递延所得税资产		75
累计摊销		10
贷：无形资产减值准备		310
借：盈余公积——法定盈余公积		22.50
——任意盈余公积		11.25
贷：利润分配——未分配利润		33.75

2.编制的会计分录如下：

借：以前年度损益调整——调整营业外支出		20
预计负债		100
贷：其他应付款		120
借：其他应付款		120
贷：银行存款		120

注：该分录不需要调整报告年度报表项目。

借：应交税费——应交所得税（120×25%）		30
贷：以前年度损益调整——调整所得税费用		30
借：以前年度损益调整——调整所得税费用（100×25%）		25
贷：递延所得税资产		25
借：利润分配——未分配利润		15
贷：以前年度损益调整		15

一、**单项选择题**（在每小题的四个备选答案中，选出一个正确答案，并将正确答案的序号填入答题框内。每小题1分，共15分）

1	2	3	4	5	6	7	8	9	10	11	12	13	14	15

1.销售收入应计入销售期间的利润表，这体现的会计核算基本前提是（　　）。

A.会计分期　　　　　B.会计主体　　　　　C.货币计量　　　　　D.持续经营

2.现金长短款在查明原因后应确认损益，长款和短款经批准后应分别记入的科目是（　　）。

A."管理费用"、"管理费用"　　　　　B."营业外收入"、"营业外支出"

C."营业外收入"、"财务费用"　　　　　D."营业外收入"、"管理费用"

3.企业对随同产品出售而单独计价的包装物进行会计处理时，该包装物的实际成本应结转到（　　）科目。

A."制造费用"　　　　　　　　　　B."销售费用"

C."营业外支出"　　　　　　　　　　D."其他业务成本"

4.某企业为增值税一般纳税企业，适用的增值税税率为17%，适用的消费税税率为10%。该企业委托其他单位（增值税一般纳税企业）加工一批属于应税消费品的原材料（非金银首饰），该批委托加工原材料收回后用于继续生产应税消费品。发出材料的成本为180万元，支付的不含增值税的加工费为90万元，支付的增值税为15.3万元。该批原料已加工完成并验收的成本为（　　）万元。

A.270　　　　　　　B.280　　　　　　　C.300　　　　　　　D.315.3

5.与平均年限法相比，采用年数总和法对固定资产计提折旧将使（　　）。

A.计提折旧的初期，企业利润减少，固定资产账面价值减少

B.计提折旧的初期，企业利润减少，固定资产原值减少

C.计提折旧的后期，企业利润减少，固定资产账面价值减少

D.计提折旧的后期，企业利润减少，固定资产原值减少

6.企业摊销自用的、使用寿命确定的无形资产时，借记"管理费用"科目，贷记（　　）科目。

A."无形资产"　　　　　　　　　　B."累计摊销"

C."累计折旧"　　　　　　　　　　D."无形资产减值准备"

7.下列各项中，不需要计提折旧的是（　　　）。

A.经营租赁出租的设备　　　　　　B.不需用的厂房

C.修理停用的设备　　　　　　　　D.已提足折旧尚在使用的设备

8.就发行债券的企业而言，所获债券溢价收入的实质是（　　　）。

A.为以后少付利息而付出的代价　　B.为以后多付利息而得到的补偿

C.本期利息收入　　　　　　　　　D.以后期间的利息收入

9.我国企业会计准则规定，企业的会计核算应当以（　　　）为基础。

A.权责发生制　　　B.实地盘存制　　　C.永续盘存制　　　D.收付实现制

10.乙企业2016年10月10日售出商品，当日收到面值100 000元、年利率5%、期限为6个月的商业承兑汇票一张。企业取得该票据时应收票据的入账价值为（　　　）元。

A.115 000　　　　　B.105 000　　　　C.100 000　　　　D.101 250

11.甲股份有限公司对期末存货采用成本与可变现净值孰低法计价。2016年12月31日库存用于生产A产品的原材料的实际成本为40万元，预计进一步加工所需费用为16万元。预计销售费用及税金为8万元。该原材料加工完成后的产品预计销售价格为60万元。假定该公司以前年度未计提存货跌价准备。2016年12月31日该项存货应计提的跌价准备为（　　　）万元。

A.0　　　　　　　　B.4　　　　　　　C.16　　　　　　　D.20

12.企业取得持有至到期投资时支付的税金、手续费等相关费用，应（　　　）。

A.直接计入当期投资损益　　　　　B.一次计入财务费用

C.分次计入财务费用　　　　　　　D.计入初始投资成本

13.资产负债表中的"未分配利润"项目，应根据（　　　）填列。

A."利润分配"科目余额

B."本年利润"科目余额

C."本年利润"和"利润分配"科目的余额计算

D."盈余公积"科目余额

14.下列不影响营业利润的项目是（　　　）。

A.财务费用　　　　B.投资收益　　　C.资产减值损失　　D.营业外支出

15.债务人以一批自产产品偿还到期无法支付的债务时，应按照该产品的（　　　）确认主营业务收入的金额。

A.账面价值　　　　B.成本　　　　　C.公允价值　　　　D.账面余额

二、多项选择题（在每小题的备选答案中，选出至少两个正确的答案，并将正确答案的序号填入答题框内，多选、少选、错选均不得分。每小题2分，共20分）

1	2	3	4	5	6	7	8	9	10

1.下列交易和事项中，不影响当期经营活动产生的现金流量的有（　　　）。

A.用产成品偿还短期借款　　　　　　　B.支付管理人员工资

C.收到被投资单位分配的利润　　　　　D.计提管理用固定资产折旧

2.企业销售商品，发生的应收账款的入账价值应该包括（　　　）。

A.销售商品的价款　　　　　　　　　　B.增值税销项税额

C.代购货方垫付的包装费　　　　　　　D.代购货方垫付的运杂费

3.下列业务中允许使用现金的是（　　　）。

A.职工工资、津贴

B.根据国家规定颁发给个人的科学技术、文化艺术、体育等各种奖金

C.出差人员必须随身携带的差旅费

D.支付大额购货款

E.向个人收购农副产品和其他物资的价款

4.在金融资产的初始计量中，关于交易费用处理的叙述正确的有（　　　）。

A.交易性金融资产发生的相关交易费用直接计入当期损益

B.可供出售金融资产发生的相关交易费用应当计入初始确认金额

C.持有至到期投资发生的相关交易费用应当计入初始确认金额

D.交易性金融资产发生的相关交易费用应当计入初始确认金额

5.下列项目中，属于职工薪酬的是（　　　）。

A.计提工会经费　　　　　　　　　　B.职工离职后的非货币性福利

C.临时工的社会保险费　　　　　　　D.辞退福利

6.企业将固定资产清理后发生的净损益，可能转入（　　　）科目。

A."管理费用"　　　B."资本公积"　　　C."营业外收入"　　　D."营业外支出"

E."长期股权投资"

7.资产负债表中的"固定资产"项目期末余额数应根据（　　　）科目的余额填列。

A."固定资产"　　　B."累计折旧"　　　C."固定资产减值准备"　　　D."累计摊销"

8.非流动负债主要包括（　　　）。

A.长期借款　　　　B.应付债券　　　　C.长期应付款　　　　D.应付账款

9.所有者权益包括（　　　）。

A.实收资本　　　　B.资本公积　　　　C.盈余公积　　　　D.未分配利润

10.下列项目中，应计入营业外支出的有（　　　）。

A.固定资产盘亏损失　　　　　　　　B.债务重组损失

C.公益救济性捐赠支出　　　　　　　D.固定资产的正常报废损失

三、判断题（正确的在答题框内打"√"，错的在答题框内打"×"。每小题1分，共10分）

1	2	3	4	5	6	7	8	9	10

1.企业从银行转来的对账单上发现的未入账业务，可以对账单为依据进行记账。（　　）

2.企业在存货清查中发现盘盈，报经批准后，转入营业外收入。（　　）

3.企业取得的交易性金融资产，在持有期间按公允价值计量，且公允价值变动计入当期损益。（　　）

4.用双倍余额递减法计算折旧，开始时并不考虑预计净残值。（　　）

5.企业债券折价发行意味着实际利率低于票面利率。（　　）

6.用盈余公积弥补亏损，会影响所用者权益总额。（　　）

7.投资收益不构成营业利润。（　　）

8.资产负债表是反映企业一定期间财务状况的报表。（　　）

9.通过利润表可以了解企业所掌握的经济资源规模及其构成。（　　）

10.采用溢价方式发行股票筹集资本，其"股本"科目登记的金额为实际收到的款项。（　　）

四、计算题（每小题7.5分，共15分）

1.某月初，嘉华公司结存原材料计划成本50 000元，材料成本差异为贷方余额3 000元，本月购进原材料实际成本247 000元，计划成本230 000元；本月领用原材料计划成本250 000元。

要求：

（1）计算本月材料成本差异率；

（2）计算本月领用原材料应负担的成本差异；

（3）计算本月领用原材料的实际成本；

（4）计算本月结存原材料计划成本；

（5）计算本月结存原材料实际成本。

2.嘉宏公司的一台生产设备，原始价值125 000元，预计使用5年，预计净残值5 000元，采用年数总和法计提折旧。

要求：计算各年的折旧额。

五、业务题（第1题14分，第2题12分，第3题14分，共40分）

1.中信企业系上市公司，按年对外提供财务报表。

（1）2014年3月6日，中信企业以赚取差价为目的从二级市场购入X公司发行的股票100万股，作为交易性金融资产，取得时公允价值为每股5.2元，含已宣告但尚未发放的现金股利为每股0.2元，另支付交易费用5万元，全部价款以银行存款支付。

（2）2014年3月16日，收到最初支付价款中所含的现金股利。

（3）2014年12月31日，该股票公允价值为每股4.5元。

（4）2015年2月21日，X公司宣告发放的现金股利为每股0.3元。

（5）2015年3月21日，收到现金股利。

（6）2015年12月31日，该股票公允价值为每股5.3元。

（7）2016年3月16日，将该股票全部处置，每股5.1元，交易费用为5万元。

要求：编制有关交易性金融资产的会计分录（单位：万元）。

2.甲、乙公司均为一般纳税人，增值税税率为17%。2016年3月6日，甲公司委托乙公司销售商品，合同规定，如果乙公司没有将商品售出，可将商品退回甲公司，商品成本800万元，协议价为不含增值税额1 000万元，商品已发出。2016年6月8日，乙公司实际销售时开具的增值税发票上注明的售价为240万元、增值税税额为40.80万元，同日甲公司收到乙公司开来的代销清单，注明已销售代销商品的20%，甲公司给乙公司开具增值税发票，2016年6月28日收到货款。

要求：

（1）编制甲公司委托代销的会计分录（单位：万元）。

（2）编制乙公司受托代销的会计分录（单位：万元）。

3.嘉伟公司某年度相关损益的科目余额见下表（单位：万元）：

主营业务收入	5 000（贷）	营业外支出	200（借）	公允价值变动损益	100（借）
主营业务成本	3 500（借）	销售费用	380（借）	所得税费用	450（借）
其他业务收入	1 800（贷）	管理费用	340（借）	营业税金及附加	60（借）
其他业务成本	1 400（借）	财务费用	120（借）	投资收益	700（贷）
营业外收入	250（贷）	资产减值损失	150（借）		

要求：

（1）将损益类账户发生额分别转入"本年利润"账户（单位：万元）。

（2）根据上述资料编制利润表。

利润表

编制单位：嘉伟公司 　　　　　　　　　××年度 　　　　　　　　　单位：万元

项目	本期金额	上期金额（略）
一、营业收入		
减：营业成本		
营业税金及附加		
销售费用		
管理费用		
财务费用		
资产减值损失		
加：公允价值变动收益（损失以"-"号填列）		
投资收益（损失以"-"号填列）		

项目	本期金额	上期金额（略）
其中：对联营企业和合营企业的投资收益		
二、营业利润（亏损以"－"号填列）		
加：营业外收入		
其中：非流动资产处置利得		
减：营业外支出		
其中：非流动资产处置损失		
三、利润总额（亏损总额以"－"号填列）		
减：所得税费用		
四、净利润（净亏损以"－"号填列）		
五、其他综合收益的税后净额		
六、综合收益总额		
七、每股收益：		
（一）基本每股收益		
（二）稀释每股收益		

期末综合模拟试题答案

一、单项选择题（本题15分，每题1分）

1.A　2.D　3.D　4.A　5.A　6.B　7.D　8.B　9.A　10.C　11.B　12.D　13.C　14.D　15.C

二、多项选择题（本题20分，每题2分）

1.ACD　2.ABCD　3.ABCE　4.ABC　5.ABCD　6.CD　7.ABC　8.ABC　9.ABCD　10.ABCD

三、判断题（本题10分，每题1分）

1.×　2.×　3.√　4.√　5.×　6.×　7.×　8.×　9.×　10.×

四、计算题（本题15分，每题7.5分）

1.（每小题1.5分）

（1）本月材料成本差异率=（247 000－230 000－3 000）÷（50 000+230 000）×100%=5%

（2）本月领用原材料应负担的成本差异=250 000×5%=12 500（元）

（3）本月领用原材料的实际成本=250 000+12 500=262 500（元）

（4）本月结存原材料的计划成本=50 000+230 000－250 000=30 000（元）

（5）本月结存原材料实际成本=30 000×（1+5%）=31 500（元）

2.（每小题1.5分）

（1）设备第一年折旧额=（125 000－5 000）×5÷15=40 000（元）

（2）设备第二年折旧额=（125 000－5 000）×4÷15=32 000（元）

（3）设备第三年折旧额=（125 000－5 000）×3÷15=24 000（元）

（4）设备第四年折旧额=（125 000－5 000）×2÷15=16 000（元）

（5）设备第五年折旧额=（125 000－5 000）×1÷15=8 000（元）

五、业务题（14分+12分+14分）

1.（每小题2分，共14分）

（1）2014年3月6日取得交易性金融资产：

借：交易性金融资产——成本　　　　　　　　　　　　　500

　　应收股利　　　　　　　　　　　　　　　　　　　　20

　　投资收益

  贷：银行存款   525

（2）2014年3月16日收到最初支付价款中所含的现金股利：

  借：库存现金   20

   贷：应收股利   20

（3）2014年12月31日，该股票公允价值为每股4.5元：

  借：公允价值变动损益   50

   贷：交易性金融资产——公允价值变动   50

（4）2015年2月21日，X公司宣告但尚未发放的现金股利：

  借：应收股利（100×0.3）   30

   贷：投资收益   30

（5）2015年3月21日，收到现金股利：

  借：银行存款   30

   贷：应收股利   30

（6）2015年12月31日，该股票公允价值为每股5.3元：

  借：交易性金融资产——公允价值变动   80

   贷：公允价值变动损益（（5.3-4.5）×100）   80

（7）2016年3月16日，将该股票全部处置，每股5.1元，交易费用为5万元：

  借：银行存款（510-5）   505

   投资收益   25

   贷：交易性金融资产——成本   500

        ——公允价值变动   30

  借：公允价值变动损益   30

   贷：投资收益   30

2.（每小题6分，共12分）

（1）甲公司（委托方）：

①2016年3月6日甲公司将商品交给乙公司时：

  借：委托代销商品   800

   贷：库存商品   800

②2016年6月8日甲公司收到乙公司开来的代销清单：

  借：应收账款——乙公司   234

   贷：主营业务收入（1 000×20%）   200

     应交税费——应交增值税（销项税额）   34

  借：主营业务成本（800×20%）   160

   贷：委托代销商品   160

③2016年6月28日收到货款：

  借：银行存款   234

   贷：应收账款——乙公司   234

（2）乙公司（受托方）：

①2016年3月6日乙公司收到商品时：

借：受托代销商品 1 000

　贷：受托代销商品款 1 000

②2016年6月8日实际销售时：

借：银行存款 280.80

　贷：主营业务收入 240

　　　应交税费——应交增值税（销项税额） 40.80

借：主营业务成本 200

　贷：受托代销商品 200

借：受托代销商品款 200

　　应交税费——应交增值税（进项税额） 34

　贷：应付账款——甲公司 234

③2016年6月28日支付货款时：

借：应付账款 234

　贷：银行存款 234

3.（每小题7分，共14分）

（1）借：主营业务收入 5 000

　　　其他业务收入 1 800

　　　投资收益 700

　　　营业外收入 250

　　贷：本年利润 7 750

借：本年利润 6 700

　贷：主营业务成本 3 500

　　　其他业务成本 1 400

　　　营业税金及附加 60

　　　公允价值变动损益 100

　　　销售费用 380

　　　管理费用 340

　　　财务费用 120

　　　资产减值损失 150

　　　营业外支出 200

　　　所得税费用 450

（2）编制的利润表如下：

利润表

编制单位：嘉伟公司　　　　　　　　　　××年度　　　　　　　　　　单位：万元

项目	本期金额	上期金额（略）
一、营业收入	6 800	
减：营业成本	4 900	
营业税金及附加	60	
销售费用	380	
管理费用	340	
财务费用	120	
资产减值损失	150	
加：公允价值变动收益（损失以"－"号填列）	－100	
投资收益（损失以"－"号填列）	700	
其中：对联营企业和合营企业的投资收益	0	
二、营业利润（亏损以"－"号填列）	1 450	
加：营业外收入	250	
其中：非流动资产处置利得	0	
减：营业外支出	200	
其中：非流动资产处置损失	0	
三、利润总额（亏损总额以"－"号填列）	1 500	
减：所得税费用	450	
四、净利润（净亏损以"－"号填列）	1 050	
五、其他综合收益的税后净额	（略）	
六、综合收益总额	（略）	
七、每股收益：	（略）	
（一）基本每股收益		
（二）稀释每股收益